발간사

　제9회 한국청소년문학상 수상 작품집을 발간합니다.

　대상, 금상, 은상, 동상을 받은 작품들을 모아 발간한 이 책은 우리나라 청소년들의 사상과 감정, 그리고 서정적 지향을 확인하는 중요한 자료가 될 것입니다. 또한 문학 창작의 길에 들어서려는 청소년들에게 좋은 본보기 글이 되리라 믿습니다.

　보고 즐기는 문화가 만연하는 이 시대, 물질문명의 발달과 금전 만능주의가 팽배한 현실에서 자라나는 청소년들에게 정신문화의 발양은 시급합니다. 이에 [사단법인 문학사랑협의회]에서는 2002년부터 '한국청소년문학상' 을 제정하여 시행하고 있습니다. 1,200여 편의 작품을 심사하느라 수고하신 심사위원들께 감사드립니다.

　응모한 청소년들에게 고마운 마음을 전합니다. 앞으로 더 좋은 작품을 창작하여 우리나라 문학예술을 이끌어 나갈 훌륭한 인재로 성장하기를 바랍니다. 수상작품 중, 중편이나 장편은 일부만 수록하고, 남은 부분은 [문학사랑 글짱들] 카페에서 문학적 성취를 확인하도록 하였습니다. 작품 전체를 수록하지 못한 점 양해를 구합니다.

　수상작품집을 펴내며, 앞으로 더욱 알차게 문영할 것을 약속드립니다.

사단법인 문학사랑협의회 이사장

차 례

‖ 발간사 ‖ ………………………………………………………… 11

운문부문 당선작품

대상 ‖ 전 혜 인 (서울문영여자고등학교 3학년)
　　　 등대지기 ………………………………………………… 18

금상 ‖ 송 민 진 (광주 동아여자고등학교 3학년)
　　　 사내의 그림자에선 물감 냄새가 난다 ………………… 20

은상 ‖ 황 희 정 (안양예술고등학교 2학년)
　　　 목련의 말 ………………………………………………… 22
　　　‖ 김 현 재 (안양예술고등학교 3학년)
　　　 사라진 아프리카 ………………………………………… 24
　　　‖ 주 영 주 (서울 대진여자고등학교 3학년)
　　　 그림자 ……………………………………………………… 26
　　　‖ 허　　환 (고양시 백마중학교 3학년)
　　　 그믐달 ……………………………………………………… 28
　　　‖ 배 동 섭 (대전버드내중학교 3학년)
　　　 가로등 ……………………………………………………… 30

∥ 차 례 ∥

∥ **박 소 영** (안양예술고등학교 2학년)
　가야 ………………………………………………………… 32
∥ **홍 승 표** (원주 육민관고등학교 3학년)
　박제 ………………………………………………………… 34
∥ **서 아 라** (광주 전남여자고등학교 3학년)
　바다 ………………………………………………………… 36
∥ **유 창 희** (대전변동중학교 3학년)
　갈대 ………………………………………………………… 38
∥ **한 명 오** (안양예술고등학교 1학년)
　방울새 ……………………………………………………… 40
∥ **전 대 원** (전남목포 덕인중학교 3학년)
　늦가을의 회상 …………………………………………… 42
∥ **김 민 주** (안양예술고등학교 1학년)
　손 …………………………………………………………… 44
∥ **김 가 은** (광주 서강고등학교 3학년)
　금요일 밤의 독주회 …………………………………… 46
∥ **정 선 경** (서울 창덕여자고등학교 3학년)
　오늘도 당신은 채소를 팔고 있습니다 ……………… 48
∥ **경 남 희** (서울 성수고등학교 2학년)
　장마 전주곡 ……………………………………………… 50

차 례

산문부문 당선작품

대상
‖ 김 희 수 (부산 동래여자고등학교 3학년)
  알사탕 ·· 54

금상
‖ 오 소 영 (숙명여자고등학교 2학년)
  친애하는 나의 아저씨 ·· 72

은상
‖ 염 보 라 (경화여자고등학교 3학년)
  평화로운 자살 ··· 97
‖ 김 상 선 (전북사범대부설고등학교 3학년)
  괴물 ·· 110
‖ 우마루내 (인천 인일여자고등학교 3학년)
  소쿨(So Cool) ·· 123
‖ 조 수 빈 (안양예술고등학교 3학년)
  껌 ·· 137
‖ 최 윤 영 (서울 창덕여자고등학교 3학년)
  엄마의 가을 ·· 150

동상
‖ 이 항 로 (안양예술고등학교 2학년)
  계단 ·· 153

‖ 차 례 ‖

‖ 이 다 혜 (이화여대병설미디어고등학교 3학년)
　카나리아의 노래························· 161
‖ 류 태 종 (광주 동신고등학교 3학년)
　목격자································ 180
‖ 이 소 미 (서울 금호여자중학교 2학년)
　주인공································ 194
‖ 이 은 솔 (대구 소선여자중학교 1학년)
　개과천선······························ 197
‖ 장 윤 정 (양주 덕정고등학교 1학년)
　엄마·································· 213
‖ 김 미 현 (호남 제일고등학교 3학년)
　아버지의 기차························· 217
‖ 이 희 진 (경북여자상업고등학교 3학년)
　올 라이트····························· 226
‖ 고 명 수 (대전둔산여자고등학교 3학년)
　비가 그쳤어요, 이제 나가봐요············ 242
‖ 윤 다 혜 (서대전여자고등학교 3학년)
　둥지·································· 256

‖ 운문심사평 ‖ ························· 259
‖ 산문심사평 ‖ ························· 261

 **대상**

등대지기

전 혜 인
(서울 문영여자고등학교 3학년)

팔미도 바다는 겨울을 무서워했다.
바위는 묵묵히 바다를 달래고
파도는 바위 곁으로 모여들었다.
갈매기 날갯짓을 따라
가끔 부두에 도착하는 배는
팔미도에 발길을 내었다.
모래사장 위에 새겨진 발자국
파도가 몰래 와 지우듯
발길은 다시 배를 타고 떠났다.
언제 또 보게 될지 모르는
그 발길
제일 먼저 뒤따라 배웅했다.
손끝만 닿아도 시린 바람이 불었다.
나는 곧 겨울바람에 익숙해져 갔다.

해거름이 깔린 팔미도의 저녁
붙박이별에 하나씩 불이 켜졌다.
그것은 나를 따뜻하게 감싸기에 아직 어렸다.
붙박이별보다 성숙한 등대 불빛
검게 출렁이는 바다를 향했다.
바다가 등대 불빛을 끌어안을 때까지
나는 떠나지 않았다.

 금상

사내의 그림자에선 물감 냄새가 난다

송 민 진
(광주 동아여자고등학교 3학년)

하늘을 캔버스 삼아 스케치하는 포플러 이파리
잘 마른 구름은 가는 붓터치에 자꾸 덧칠된다
공원에 자리 잡은 낚시의자는
사내의 작업실
사내는 구경꾼들의 눈길을 투망질한다
갖가지 색들로 만개한 팔레트는
이젤처럼 굳은 사람들의 미소를 칠한다
고개를 쭉 내밀어 구경하는 가로수
액자처럼 전시된 벤치엔 탄성이 앉아있다
붓 가는대로 그리는 게 인생이지,
화구통에 담기던 아버지의 호통소리 닫아버리고
그림쟁이가 된 사내
기댈 곳 없이 그려지는 대로 살아왔던 날들
산들바람이 사내의 등에 묽게 번진다

초여름을 채색하는 햇살
비둘기는 공원 바닥에서
모이 먹듯 점묘를 하고
분수줄기는 저마다의 곡선을 만들어 낸다
홍조를 띠는 파스텔을 칠한 것 같은 들꽃
초여름의 공원을 만들어 내는
사내의 그림자에선 물감 냄새가 난다

 은상

목련의 말

황 희 정
(안양예술고등학교 2학년)

툭, 툭
목련의 꽉 쥔 주먹이
내 방 창문을 두드린다
봄비와 함께 불어오는 바람
목련 송이는 더 다급하게 창문을 두드린다
나는 그 간절함을 모르는 척
이불을 머리끝까지 잡아 끌어올린다

비 그친 아침, 마당 앞
다 피기도 전에 낱장으로 떨어진 하얀 잎들
지난 밤 빗줄기에 밟히기라도 한 걸까
짓이겨져 바닥에 눌어붙은
온몸에 상처투성이인 잎
목련을 쓸어 담는 엄마는 아무 말이 없다

숙인 등 위로 떨어지는 꽃잎 한 장
왜 이렇게 늦었니
저녁은 먹었니
오늘 하루는 어땠니
대꾸도 없이 세차게 닫힌 내 방 문에
부딪쳐 힘없이 떨어진 엄마의 걱정들
방을 돌아서던 엄마가 속으로 삼킨 말들이
툭, 툭
내 방 창문을 두드렸던 것일까

마당을 환하게 비추던
하얀 목련 잎 다 떨군 나무
가지를 타고 흐르는 빗물만
툭, 툭
바닥으로 떨어진다
지난 밤 엄마의 눈동자처럼 까만 어둠 속
하지 못한 말들이
바닥에 소복이 쌓여 있다

 은상

사라진 아프리카

김 현 재
(안양예술고등학교 3학년)

나는 본 적 없는 아프리카를 그린다
어둠은
사방이 응시의 울타리로 둘러싸인 이 거대한 동물원,
숨길 수 없는 몸을 덮어주러 올 것이다
마지막 숨을 내쉴 때
아직까지 빠져나가지 않은 누군가가 있다면
내 몸은 감정 없는 바위처럼 보이리라
건기와 우기는 없고
폐선처럼 낡아가는 콘크리트 바닥이
늙은 동물들의 망상을 견디는 여기에서
내 코는 가장 먼저 잊혀질 것이다
변하지 않는 색맹의 계절
마지막 목욕을 마친 별들이 잠깐
환한 몸을 비출 때

나는 배운 적 별자리를 짚어
한 곳으로 몸을 누인다
사육사들은 친절했지만
두꺼운 가죽이 흰 뼈로 돌아갈 시간을
허락하지 않을 것이다
아주 짧은 시간에 한 줌으로 남을 나는
내전이 멈추지 않는 땅,
풀꽃으로 다시 피어나지 못하리라
몇 개의 비석으로 남을 우리를
이 거대한 동물원
먹다 버린 과자 부스러기에 환멸을 배운 나를
아프리카라고 부르지 말 것
진흙으로 구운 낯빛의 아이들이
텅 빈 뼈대만으로 우는 밤
나는 한 마리 거대한 짐승
멀리서 온 총성에 귀먹은 사라진 아프리카

 은상

그림자

주 영 주
(서울 대진여자고등학교 3학년)

유년의 기억 속 아버지는
달이 창문 귀퉁이에 꽂힐 때면
현관문 종소리에 달라붙은 바람을
기침소리로 털어내곤 했다
시계를 볼 줄 몰랐던 나는
공중에 붕 떠있는 아파트에서
멀거니 가까운 밤하늘만 바라보곤 했다

장난감 상자 속 기다란 꼬마기차
장판 가로줄무늬 각지게 맞추면
잔잔한 경적소리
거실 벽마다 가득 차올랐다

엘리베이터 함초롬한 기침소리

현관문 앞에 선 그림자
반듯하게 솟아오르곤 했는데……
그 모습 그리면 마음이 살랑거려
아버지 손에 들려있을 호두과자 냄새가
미리부터 코끝을 헹궈내는 것이었다

이제 그 반듯했던 그림자는 보이지 않는다
낙타 혹처럼 둥글게 말린 그림자 자국만
달빛을 받아 음영 질 때면
굽은 그림자 가까이 투명한 손을 뻗어
가만히 아버지 등을 쓰다듬는다

 **은상**

그믐달

허 환
(고양시 백마중학교 3학년)

밤하늘에 상처가 났다
촘촘히 뜨개질 한 어둠을 입고 있는 하늘에서
얇은 불빛이 새어나온다
누가 하늘을 긁어놓았을까
손톱자국은 선명하게 빛나는 중이다
아래께 새벽, 나무를 잘 타는 도둑고양이가
몰래 밤하늘을 할퀴었을지 모른다

손톱자국 사이로 별빛들이 새어나온다
그 틈으로 행성들이 포도씨 뱉어내듯 튀어나올 것이다
고양이가 나무타고 별을 따러 갈 때마다
손톱자국이 자꾸 늘어날 것이다
영혼이 반짝거리는 우주 속에
걸려있는 별들이 밤하늘을 흩트려 놓자

우주선처럼 날아올라간 할머니의 혼불이 생각난다
그때 별똥별이 나무 사이에 걸린 거미줄에 박혀 빛난다

 은상

가로등

배 동 섭
(대전버드내중학교 3학년)

아버지는 가로등
늘
한 발로 어둠 속에 서 계셨다

비가 오는 날이면
비를 맞고
한 발로만 서 계셨다

아버지를 비추는 가로등이
어느 날은 창백해 보여
뒤로만 숨고 싶었다

아버지만큼 커서
아버지만큼

밝으면
나도 한 발로 설 수 있을까

아버지는 늘
가로등
한 발로 서 계셨다

 동상

가야

박 소 영
(안양예술고등학교 2학년)

무너진 가야의 옛터, 낙동강 둔치에서
낚싯대를 드리운 사내가
천오백년 전 뱃사공의 얼굴로 앉아있다
옛 물결 낚시 바늘 끝에 가 닿는다
가야의 노랫자락이 바람에 섞여 불어온다
달빛이 잉어들의 환한 비늘을 비추면
죽은 병사들의 얼굴이 떠오른다
신라의 화살이 강물에 박히던 오후엔,
먼 북소리 들려오고
해진 갑옷 사이의 병사들의
통곡이 그치지 않았는데
먼 철새들이 불길하게
오후를 가르지르면
아낙들이 멀리서 흰 동정깃을 적시며

강가를 떠돌았다
신라로 떠나던
우륵의 가야금 소리가 울음처럼 들려오고
짙은 물살 위로 파문이 일면
낚싯대 사이로
붉은 갑옷 비늘의 잉어 한 마리
사내는 화살 박힌 정강이를 이끌고
나룻배에 앉아 울던 병사의 얼굴을 떠올린다
사내의 발치에 모여든 잉어들이
지친 몸을 기대는 밤,
갈대들의 텅 빈 몸속에서
바람이 통과하는 소리가 위위 들려온다

 **동상**

박제

홍 승 표
(원주 육민관고등학교 3학년)

눈을 떠보니 세상은 말라 있었다.
수북했던 내 삶도 내 모피도
지금은 윤기를 잃고
그 끝이 한없이 갈라져
사랑스러웠던 나의 모습도
엉켜버린 가시덩굴이 되어 버렸다.

방아쇠를 당긴 포수의 총구에서
번쩍하고 절망의 불꽃이 터져 나왔다.
놈은 나의 살갗을 뚫고 들어와
내 심장과 내장, 그리고 자존심까지
마구 헤집다가 빙그르르 꼬아버렸다.

눈을 떠보니 세상은 말라 있었고

더욱 건조한 시선들이
나를 조롱하듯 속삭였다.
여기 실패한 자의 박제,
절망한 자의 표본이 있다. 라고…….

사나이는 그저
뻑뻑한 눈을 끔벅이며
속절없이 하품만
내뱉을 뿐이었다.

 동상

바다

서 아 라
(광주 전남여자고등학교 3학년)

조기잡이인 사내, 바다를 걷어올린다
한 마리 한 마리 잡아올린
서늘한 은빛이 그대로 살아있다
들끓는 조기떼들은 바다를 헤엄치던
길 그대로 그물에 달라붙었다
그물에 걸린 조기들은
아버지따라 바다 갔던
유년의 기억들처럼 펄떡거린다

바다가 되고 싶다던 아버지,
시간 따라 바다 따라 흘러
바람의 말씀을 남기고
물그림자처럼 수면 아래 잠들었다
사내는 두 손에 더욱 힘을 쥔다

물고기 비늘같은 손가락 끝에
비린내가 짙게 벤다
파도의 비늘을 툴툴 털어 내며
비린내 가득한 시간들을 흘러보내는 사내,
이마에 주름진 얼굴에도
파도의 흔적이 썰물처럼 빠진다

사내가 지나간 길은 짠내가 흩어지고
허기진 달빛만 빈 배를 가득 채운다

 동상

갈대

유 창 희
(대전변동중학교 3학년)

갈대는 휘어져 소리내 운다
움킬 수 없는 바람이기에
갈대는 그저 아파서
온몸으로 떨고만 있는 것이다

아버지는 갈대다.

당신은 소나무라고 하시지만
가족들은 갈대란 것을 알고 있다
그러나 항상 맞다 갈대라고 응수 해 드린다.

오늘도 아버진 소주 한 병 들고 퇴근하셨다.
움킬 수 없는 또 무슨 바람에 맞았길래
안주도 없는 소주를 들고 오셨다.

일찍들 자라는 아버지의 음성에는
떨리는 아픔의
질긴 고통이
독한 소주 냄새처럼 묻어 난다.

가족들은 제각각 방으로 들어가
날이 샐 때까지 나오지 않을 것이다
자칭 소나무 아버지의
떨고 있는 현장을 목격해서는 안 되기 때문이다.

바람에 뿌리째 흔들리는 갈대의 밤
가족들은 가슴으로
눈 감고
갈대는 휘어져 숨죽여 운다.

 동상

방울새

한 명 오
(안양예술고등학교 1학년)

땅에 발을 딛고도 어지러운
강남아파트 맨 꼭대기 1801호
가슴 짠한 막내아들 바다 건너 보내고
언제든 부르면 가야한다고
손 닿을 듯 하늘이 지척인
까마득 높은 곳에 와 세상 뜰 일 하나로 사는 방울새

고층 아파트
처음 찾아 올라 본 날
두 발이 허공에 들린 것 같아
베란다 가까이도 가지 못했다

막내가족 이민 간 줄 모르고
돌아올 날 손꼽아 기다리신다

오늘도 서늘한 엘리베이터 타고
옥상텃밭 한 번 돌아와서야
가슴 가라앉는 할머니 곁에는
시간의 태엽을 느슨히 푸는 기억의 저편,

자식을 향한 웅크린 꿈만이 자리 잡고 있었다.

 동상

늦가을의 회상

전 대 원
(전남목포 덕인중학교 3학년)

표정 없는 얼굴이
눈가에 떠오를 때
나는 무거운 침묵의
포로가 된다.

길가에 늘어선 가로수
몸둥이 뒤척거려도
길가에 늘어선 코스모스
화사한 미소 지어도
많은 추억들이
멈춰선 길목에서
누군가 찾아 올 것 같아
발길 멈춘다.

이별하는 모든 것이

홀로 떠나버린
빛바랜 길모퉁이에
지친 발길 멈춘 채
고동빛으로 감겨드는
시계 바늘을 바라보며
시간의 갈피에서
잃은 얼굴 찾아가는
여행을 준비 한다.

꿈으로 피어난 꽃잎이
하나 둘 안타까이
숨을 거두면
무지개 빛으로 피어올랐던
나의 작은 꿈도
작별 인사를 한다.

시간의 언덕을
다시 돌아올 찬란한 봄을
기다림이란
낱말 깊숙이 접어둔 채
흔들림이 깃든
붉은 노을 속으로
맑은 웃음소리가
가을을 끌고 떠난다.

 **동상**

손

김 민 주
(안양예술고등학교 1학년)

아무 이유 없이 눈이 일찍 떠진 일요일,
나는 그저 황망히 젖고만 싶다
월요일에서 토요일까지의 단어에는
사막이 자리잡고 있어서
언제라도 털어내주어야 하지
낙타 발굽이라도 갖지 않는 한
마른 모래 속을 횡단할 수 없을 테니까

그래서 나는 더운 물에 몸을 맡기고
비누가 되는 상상을 한다
물 속에서 한층 더 몽땅해지는 몸
거품기 뺀 내 모습은
이렇게나 짧고 굵다
무언가 방출해 내야 하는 수증기 안

물방울이 시커먼 기억을 긁어낸다
힘 없이 떨어져나가는 6일의 행적
차곡차곡 쌓아온 피부가 죽어 있다
항상 퉁퉁 불어야 시작되는 이별
그리고 초록 타올을 낀 저 손

이태리 타올의 원산지가 한국이듯이
나는 가본 적 없는 바다를 새기고 있다
거친 표면에 밀려나는 살덩이
손길을 따라 일렁인다
겹겹이 겹쳐지는 살색의 파도
휴일이라는 굳은 살이 익사한다

 동상

금요일 밤의 독주회

김 가 은
(광주 서강고등학교 3학년)

썰물이 한마디씩 빠져나간다
음표가 잔뜩 그려있는 악보에는
사내의 첫사랑이 오선 위에
아슬아슬하게 매달려있다
달빛이 만개하는 빈 콘서트홀에는
온음표만 무겁게 가라앉아있다
오케스트라 지휘자 자리에는
널찍한 바위 한켠이 우뚝 솟아있다
금요일 밤만 되면,
입장료 없는 사내의 독주회
새들만 슬몃슬몃 자리를 잡는다
사내의 연주가 시작되자
새색시처럼 다소곳하게 앉아있는 새들은
흰 건반과 검은 건반을 닮았다

데크레센도! 데크레센도!
바람은 사내의 귓가를 둥글게
스쳐지나가며 속삭인다
하나, 둘 무대의 조명이 희미해지고
마지막 장을 향한 사내는
도돌이표에 흠뻑 빠져있다

 **동상**

오늘도 당신은 채소를 팔고 있습니다

정 선 경
(서울 창덕여자고등학교 3학년)

잡아보면
거친 그 손톱 손톱마다
검은 흙이 세 들었다.
그래도
깊게 패인 고랑 위
흐르는 웃음만은
적어도 내가 본 이십 년 간
가뭄이 든 적이 없다.

나 어릴 적부터
시장 구석에 앉아
열무를 다듬으신
내 할머니는
나만 보면
"어이구 내 새끼"하며

콩나물과 배추 내음으로 꽉 안아주셨다.

낡은 빗자루에 쓸려가는
시든 파레기는
풍파의 세월이 하사한 훈장.
비 오는 날
우산 없이 학교를 가던
막내딸의 눈물로 키운
콩나물은
굽은 육신과 여기까지 왔다.

노강(老强)의 여인이여.
어느 가난이
도란도란
노래하는 이 뒷골목을,
이제는
다 커버린 막내딸의 아이에게 줄
과일바구니를 들고 오는,
초록 내음으로
꽉 안아주는
내
할머니여.
오늘도 당신은 채소를 팔고 있습니다.

 동상

장마 전주곡

경 남 희
(서울 성수고등학교 2학년)

누렇게 뜬 벽지 사이로 그려진 장마전선
어머니의 눈에서도 며칠째 눈물이 쏟아진다
슬레이트 지붕이 연주하는
빗방울 전주곡 소리가 찰랑이는 반지하방
눅눅해진 이불을 털어내는 어머니의 손길에
젖은 먼지들이 내려앉는다

곰팡이가 게슴츠레 쳐다보는 구멍 속
홍수에 잔뜩 불은 이삿짐을 꾸린
바퀴벌레가 우르르 몰려나왔다
떠나는 발자국이 새겨지는 길 끝
축축한 비명이 찰랑거리는 집 안에서
희미해지는 꿈을 휘저으며
나는 하염없이 젖는 아버지의 맨발을 부여잡았다

홍수로 떠내려간 아버지와
장마에 홀로 남은 어머니

장마야 빨래를 걷어라
장마야 이삿짐을 꾸려라
저 산이 무너지기 전에 어서 이 집을 떠나라

마을 곳곳의 전신주마다
빗방울의 음계가 송신되며
빈 집에 불빛이 하나, 둘 꺼지기 시작했다

사정없이 내리는 전주곡에
장마를 지키던 침묵이 어둡게 빛난다

제2부

산문부문 당선작품

 대상

알사탕

김 희 수
(부산 동래여자고등학교 3학년)

 말갛던 하늘이 잿빛 먹구름으로 가득 차올랐다. 오래된 아파트 주위로 뽀얗게 쌓였던 먼지가 빗소리와 함께 쓸려 내려갔다.
 차가운 바람이 두 뺨을 스치자, 또 다시 사각거리며 떨어지는 빗소리가 단단한 아스팔트 위를 쉼 없이 두드렸다. 그렇게 나는 어두운 길목 한 복판에 한동안 멍하니 멈춰서 있었다. 여리게 흩어지는 가랑비를 보는 것은 꽤나 오랜만이었다. 물론, 까다롭기 그지없는 엄마가 이를 보았다면 크게 역정 낼 일이었다. 갑작스런 엄마의 모습이 떠오르자 나는 미간에 인상을 가득 머금은 채 서둘러 아파트 안으로 몸을 숨겼다.
 어느새 엷은 비가 우산 없는 내 옷을 추적추적 적셨는지 물 먹은 솜털마냥 두 어깨에 묵직한 기분이 감돌았다. 푸르딩딩 해진 두툼한 입술 사이로 돌멩이의 몸체가 힘껏 부닥치는 불편한 소리가 새어나왔다. 마음이 급해진 나는 떨려오는 양 팔을 서로 꽉 쥐며 계단을 향해 발을 뻗었고, 그 순간 귓가를 간질거리는 미세한 소음이 들려왔다. 나는 버릇처럼 아파트 지하 창고를 향해 시선을 옮겼다. 이곳에 이사 온 첫 날부터 지금까지 끝없는 어둠으로 뻗어져 나가는 저 공간이 나는 싫었다. 오늘처럼 비라도 오는 날이면 지하주차장의 눅눅한 냄새처럼 기분을 불쾌하게 만드는 것도 늘 못마땅했던 터였다.

나는 왠지 모르게 손끝이 저려오더니 식은 땀 한 방울이 등줄기를 타고 흘러 내려오는 것을 느꼈다. 덜덜 떨리던 젖은 입술도 어느새 꽉 앙다문 채로 조용히 멈춰 섰고, 지나치는 바람소리이거니 하며 모른 척 계단 위로 올라서려는 순간, 다시 한 번 달그락거리는 소리와 함께 어둠속에서 미세하게 흔들리던 검은 물체가 서서히 모습을 드러냈다.

내가 그 물체의 형상을 제대로 보기까지는 꽤 오랜 시간이 걸렸다. 나는 왠지 모를 호기심과 기대감으로 가득 차 곧게 굳은 석고상처럼 미동조차 하지 않은 채 그 자리에 서 있었다.

작은 공간 속에서 들리는 소리라곤 겨우 내 옅은 숨소리밖에 없음을 깨달을 즈음, 곧이어 희미한 불빛을 받으며 시야에 들어온 것은 다름 아닌 일흔은 족히 넘을 듯 보이는 늙은 노인의 모습이었다. 거뭇거뭇한 잿빛 수염이 흉해보일 만큼 까무잡잡한 얼굴에 고루 퍼져있었고, 내리는 비를 맞았는지 꾀죄죄한 때 국물이 주름진 입가에 고인 채 침묵으로 흘러내리고 있었다.

나는 낯선 노인의 모습을 보고는 저도 모르게 뒷걸음질을 쳤다. 그러나 그런 나의 행동과는 상관없이 거의 반쯤은 감긴 쌍꺼풀 없는 두툼한 눈꺼풀을 느리게 껌뻑이며, 무뚝뚝한 표정으로 나를 바라보고 서 있는 것이다. 나는 애써 당황함을 감추고 곧이어 노인의 몸체로 시선을 옮겼다. 노인의 겉옷 소매 끝에는 불에 거슬린 것처럼 시커멓게 물들어 병든 나뭇가지 마냥 적색의 색깔을 띠고 있었고, 바지는 얼마나 오랫동안 입었던 것인지 여기저기가 다 헤집어지고 찢어져 바람에 너덜거리는 낡은 비닐 같았다. 양말 없는 두 발은 흙 묻은 맨발을 한 채로 금방이라도 떨어져 나갈 것처럼 보이는 슬리퍼 두 짝에 의지한 채 위태롭게 서 있었다.

나는 노인의 눈을 피하며 인상을 찌푸렸다. 게다가 노인에게서 풍겨오는 형언할 수 없는 악취란 내 머릿속을 핑 돌게 만들만큼 코끝을 찡하게 만들었다. 한참을 그렇게 노인을 관찰하던 나는, 다시 지하로 내려가려는 그를 향해 떨리는 목소리를 억누르며 물었다.

"누구…세요?"

제법 용기 있게 물어본 것이 스스로도 만족했는지 나는 턱을 더 높게 치켜들었다. 그러나, 그 물음에도 노인은 아무런 대답도 하지 않은 채 멀뚱히 나를 바라보는 것이었다. 그러더니 노인은 다시 등을 돌리고선 지하로 느릿한 걸음을 옮겼다. 나는 불빛 한 점 없는 지하를 두어 번 내려다보았으나 바스락 거리던 불편한 소음은 더 이상 들려오지 않았다.

뜨거운 햇살이 창살의 쇠를 녹이는 비릿한 냄새를 풍기며 단잠을 깨웠다. 아침 일찍부터 온 집안을 울리는 웅장한 진공청소기의 거센 소음이 짜증스럽게 들려오자, 나는 일부러 문을 소리 나게 열어젖혔다. 가정적인 것과는 거리가 멀었던 엄마는 웬일인지 앞치마를 허리에 두른 채로 구석구석을 쓸고 닦으며 오랫동안 묵은 먼지를 씻어내느라 여념이 없었다.

"정윤수! 그만 늦장부리고 얼른 옷 갈아입어, 손님 오시기로 했으니까."

"손님이라니, 누가요?"

"누구긴, 재우 엄마 오기로 했다. 그나저나 너 재우랑 친하게 잘 지내고 있는 건 맞지? 싸우지 말고 재우 비위 좀 잘 맞춰줘."

엄마의 애원조가 오늘따라 유난히 달갑지 않게 느껴졌다. 학교에서 들리는 소문에 새로운 학생 어머니 회장이 선출되었다고 하더니, 이번엔 재우 녀석 엄마가 그 자리를 도맡게 된 모양이었다. 저 바닥끝에서부터 이유모를 신경질이 끓어오르는 것 같았다.

"민호 엄마가 그러는데 지하에 웬 노인네 이사 왔다던데, 윤수 너 행여나 가깝게 지낼 생각 말아!"

결국, 엄마의 말을 끝으로 나는 운동화 두 짝에만 의지한 채 집 밖을 도망치듯 뛰어나왔다. 엄마의 부르짖음이 들려왔지만 그곳에 더 있었다가는 금방이라도 숨이 턱 하고 막힐

것만 같았다. 자신에게 이득이 될 사람이면 간이라도 내어 줄 것처럼 행동하는 엄마가 나는 싫었다.

찌는 무더위에 눈앞의 물체가 흐릿하게 아른거렸다. 얼마간 비가 내리는가 싶더니 다시 무더위가 시작되려는 듯 했다. 이마 줄기를 타고 흘러내리는 끈끈한 땀방울을 한손으로 스윽 닦아내자, 서러운 울음을 짓는 매미소리 사이로 삐걱거리는 알 수 없는 소음이 여백 없이 귓속을 가득 메웠다. 그 소리를 따라 시선을 옮기자, 자신의 덩치보다 몇 배는 더 커 보이는 폐휴지와 각종 병들을 수레에 싣고 동네의 오르막길을 힘겹게 오르는 노인의 모습이 보였다. 그의 차림새는 처음 봤을 때와 별반 다를 바가 없었다. 바뀐 것이라곤 다 떨어져가던 슬리퍼를 다시 온전하게 제자리에 붙인 것뿐이었다.

노인은 흘러내리는 땀이 눈 안으로 들어가기라도 했는지 계속해서 눈을 깜빡이며 금방이라도 중심을 잃을 것처럼 수레를 이리저리 비틀대며 끌어당겼다. 노인의 주름진 얼굴에는 이미 지친 기색이 역력했다. 허리는 거의 반쯤 구부려진 상태로 끙끙대며 오르막을 오르는 노인을 보자, 벼락같이 소리치던 엄마의 말이 생각 나 고개를 휘휘 저었다. 곧이어 엄마의 목소리를 겨우 떨쳐내고선 노인을 도와주리라 마음먹었던 그 순간, 이미 그는 나의 시야에서 점점 멀어져가고 있었다. 나는 한참을 멈춤 없이 재촉하는 노인의 걸음이 완전히 사라질 때까지 그의 낡은 신발을 멍하니 바라본 채 서 있었다.

이른 아침부터 아파트 민원실에서는 요란한 소음이 터져 나왔다. 평소엔 남 일에 신경 쓰지 않다가도, 아파트의 일이라면 열일을 걷어 재치고 주민의 아줌마들을 동원해 매번 일을 크게 만드는 민호엄마 때문이었다. 엄마의 심부름에 집을 나선 걸음은 결국 민원실을 지나치지 못한 채, 그 속의 소음들을 귀 기울여 듣기 시작하고 있었다.

"도대체가 아파트 주민들을 무시해도 유분수지, 어떻게 상의 한마디 없이 저런 사람을 우리 아파트에 들여놓을 수 있어요?"

민호 엄마가 앙칼진 음성으로 경비 아저씨를 닦달했다. 얼떨결에 민호 엄마를 따라 나선 아파트 주민들은 어찌할 바를 몰라 서로 눈치만 보고 있었고, 잠자코 민호 엄마의 얘기를 듣고 있던 경비 아저씨는 더 이상 참기 힘들었는지 혼잣말로 퉁명스럽게 말했다.
"제 돈 내고 들어와서 살겠다는데 거기에도 신분지천이 있나, 이거 원…."
"뭐라고요? 안 그래도 요즘 세상이 무서워서 애들 밖에 나가는 것도 불안해 죽겠는데, 이래가지고선 애들 교육이나 제대로 되겠어요?"
경비 아저씨의 혼잣말을 놓치지 않고 민호 엄마는 말꼬리를 잡아 매섭게 쏘아대기 시작했다. 자신의 아버지뻘인 아저씨에게 한마디도 지지 않고 대드는 모습에 뭣 모르고 따라나선 아파트 주민 몇몇도 인상을 찌푸렸다. 민호 엄마는 마치 먹이를 기다리는 맹수의 눈빛을 하고선 아저씨가 말을 꺼내기 무섭게 쉼 없이 입을 움직여댔다.
"애들 교육이 걱정되는 게 아니라 아파트 땅값이 떨어질까봐 무서운 거겠지…."
그러자, 아저씨의 말에 민호 엄마는 대꾸조차 하지 못한 채 얼굴이 홍당무처럼 벌겋게 달아올라선 씰쭉한 표정으로 민원실을 박차고 나가버리는 것이다. 그제야 민호 엄마를 둘러싸고 있던 견고한 벽들도 순순히 자리를 비켜주었고, 경비 아저씨는 모자를 벗으며 이마 줄기를 타고 흐르는 진땀을 맨 손으로 훔쳐내었다. 이미 아저씨의 손에 들린 모자에는 흥건히 베인 물기 자국이 선명했다.
"밖에 윤수냐? 서 있지 말고 이리와 앉아라."
아까부터 서성거리던 나의 그림자를 발견한 것인지 아저씨는 태연스럽게 나를 불러 자신의 맞은편에 앉혔다. 아저씨는 언제나 웃는 얼굴로 자주 이곳에 나를 불러 먹을 것을 주곤 했다. 그러나 오늘 가까이에서 마주 본 아저씨의 얼굴에는 웃음기는 사라지고 생각보다 더 지쳐보였다. 아저씨는 탁자 위에 놓인 차가운 물을 한 모금 들이키더니 마치 신세를 한탄하듯 내게 습관처럼 하나 둘 털어놓기 시작했다.

"장씨 그 사람 말이야, 젊었을 때 마누라랑 사별하고 자식 놈들은 죄다 자기 살길 찾아 떠나가고 저렇게 혼자라도 살아보겠다고 발버둥치는 거라고… 젊었을 땐 얼마나 깔끔하고 단정했는데…."

"예전부터 알던 사이셨어요?"

"그럼, 내가 다 죽어갈 때 도와준 사람이 저 양반이라고. 윤수 너 여기 사람들처럼 못 살고 가난하다고 함부로 대하면 절대 안 된다. 네 할아버지다 생각하고 잘해드려."

경비 아저씨의 부탁에도 생각보다 쉽사리 대답이 나오지 않았다. 사실 아파트 주민의 공공의 적인 장씨 할아버지를 제대로 된 눈으로 편견 없이 대할 수 있는지도 의문이었다. 그렇게 내가 아저씨의 부탁을 재고 따지는 그 순간에도 그의 눈가에는 동정과 연민이 맺혀 한껏 글썽거리고 있었다. 어쩌면 아저씨는 단지 불쌍해서 라기 보다는 자신의 젊은 날을 구해준 은인에 대한 마지막 보답을 하고 싶었는지도 모른다.

하지만 아저씨의 간곡한 부탁에도 결국 아무런 대답을 하지 못한 채로 민원실을 빠져나왔다. 고작 학생의 신분인 내가 무언가를 해 줄 수 있을 것이라 믿는 아저씨의 태도가 이해가 가질 않았다. 이야기를 하는 내내 아저씨는 내가 장씨 할아버지에게 큰 힘이 되 줄 수 있을 거라는 듯이 기대에 찬 눈으로 나를 바라봤고, 내가 자리에서 일어나 나가는 그 순간까지도 자신의 시선에서 날 쉽게 놓아주지 않았다. 언제나 엄마에 의해 결정되고 움직여졌던 짧은 내 삶에 처음으로 스스로 결정해야만 하는 두 가지 갈림길에 놓이게 된 것이다.

엄마는 늘 자신의 무능력함과 가난을 내게 말하며 그것을 내가 해결해주리라 생각했고, 나에 대한 지나친 기대감과 부담을 숨기지 않은 채 모든 것을 표정과 말로 드러내는 철없이 어린 사람이었다. 그런 면에서는 어쩌면 엄마의 유년시절이 남들과는 달랐기 때문이 아닐까 싶기도 했다. 엄마는 해남에서 커다란 고구마 농장을 운영하는 부유한 부모님 밑에서, 동네사람들은 비싸서 엄두도 내지 못하는 피아노 학원을 다니며 피아니스트의 꿈을 키운 귀한 외동딸로 태어났다고 했다. 어쩌다 콩쿠르에 입상이라도 한다 치면, 외할머니는 어김없이 앞마을 신씨네 떡 방앗간을 찾아가서 금방 뽑아낸 가래떡을 머리에 이고 나타나곤 하셨단다. 그렇게 부유하고 행복하던 엄마가 고등학교 2학년이 되던 해, 할아버지는 오랫동안 공장을 운영해 온 탓인지 이렇다 할 병명도 없이 혼자선 제대로 걷지 못할 정도로 쇠약해져 앉아있는 시간보다 방안에서 앓아 누워있는 시간이 더 많아지셨고, 그것은 곧 외할아버지의 죽음으로 이어졌다. 이 사실을 지금까지도 납득하지 못하는 엄마에게 독실한 기독교 신자인 외할머니는, 매일같이 성경의 한 구절을 읽어주며 그때 아버지의 마지막을 잊지 못하는 엄마를 위로했다. 그러나 엄마는 아버지에 대한 그리움과 슬픔을 종교적 믿음으로 바꿔버린 외할머니에 대한 원망과 불신이 더 컸고, 생계를 책임져야 하는 바쁜 몸임에도 나의 양육을 위해 단 한 번도 외할머니에게 손을 내민 적이 없었다. 고속버스 터미널에서 미화원 일을 할 때에도 갓난아기인 나를 등에 업고서라도 게으름 없이 출근했고, 모유를 줄 때에서 배탈이 났다는 핑계로 화장실에 몰래 들어 와 내게 젖을 물리곤 했다. 외할아버지가 없어진 엄마의 세상은 암흑이었다. 지금은 굳어져 건반을 제대로 치지 못하는 엄마의 상처투성이인 손가락도, 부잣집 자식들과 친하게 지내길 바라는 어리석은 바람도, 어쩌면 지금 살고 있는 엄마의 여윈 뒷모습을 대변해 주는 것일지도 모른다. 나는, 나를 키우는 동안 끔찍한 가난을 경험했던 엄마가 장씨 할아버지를 유난히 싫어하는 이유는 자신의 비참했던 옛 기억을 되살리기 때문이라 생각했다. 엄마는 장씨 할아버지 이외에도 자신보다 못 사는 사람들을 이유 없이 무시하고 타박했으며, 심지어는 거지들을 조상으로 둔 자식 놈들이라며 그들이 내미는 구원의 손길을 매몰차게 뿌리치곤 했다. 나는 그런 엄마의 행동을 이해했고, 그러한 삶을 동정했다.

　한참을 경비실 벽에 기대어 서서 온갖 잡다한 생각들을 떠올리는데, 낡은 운동화 너머로 익숙한 형체가 느릿느릿한 걸음으로 걸어왔다. 나는 마치 그 걸음이 두 시간 동안 한 자세로 꿈쩍도 하지 않은 채 나무에게 매달려 있는 나무늘보 같다고 생각했다. 장씨 할아버지가 두툼한 두 눈덩이를 게슴츠레 껌벅이며 평소와 다름없는 차림으로 폐품이 든 수레를 힘겹게 끌며 아파트 주변을 서성거렸다. 그는 주민들이 내놓은 신문더미나 빈 유리병을 찾는 듯 했다. 오래된 수레 안으로 시선을 옮기자, 보이는 것이라곤 배달음식에나 딸려 나오는 작은 음료 페트병 몇 개와 경비 아저씨가 챙겨 준 묶음 신문지 뭉치가 전부였다. 아저씨 말로는 페트병을 많이 받아봐야 20원이고 운 좋게 소주병 하나를 건지면 겨우 100원을 받는 것이 이 일이라고 했다. 불규칙적인 생계유지는 물론이거니와 몇 백 원짜리 물 한 병을 살 때에도 벌벌 떨며 동전을 내미는 것이 장씨 할아버지의 생활이라고 했다. 나는 불현듯 경비 아저씨가 애처로운 표정을 지으며 할아버지의 얘기를 하는 모습을 떠올렸고, 그 시선 또한 힘겹게 앞을 지나가는 할아버지의 작고 깡마른 체구로 옮겨졌다. 전에 봤던 모습보다 노인은 더 말라보였고 더 지쳐보였다.

　노인은 무언가를 찾는 듯 주위를 살피더니 아파트 내에 있는 분리수거함을 뒤적거리기 시작했다. 이미 새벽에 고물차가 와서 쓸 만한 것들은 다 수거해 갔을 것인데, 그는 묵묵히 떨어진 종잇장들을 한 장씩 펴서 땅에 겹쳐 올리기 시작했다. 종이 중에는 신문에서 빠져나온 앞면 페이지 몇 장과 마트에서 나눠주는 세일 품목표 등 여러 가지가 섞여 있었다. 남은 종이들을 쌓아올리자 꽤 무거운 종이 뭉치가 만들어졌다. 나는 할아버지의 알뜰한 행동에 신기한 듯 쳐다보았고, 이내 그는 순식간에 늘어난 종이 부피에 끙끙대며 수레에 올리려고 안간힘을 썼다. 왜 하필 이런 때에 경비 아저씨는 나오지 않는 것일까. 나는 혼잣말로 중얼대며 초조하게 그를 바라봤다. 하루 세끼조차 제대로 챙겨먹지 못하는 노인은 몇 되지 않는 무게에도 지친 몸이 비틀거리기 일쑤였고, 그는 그다지 높지 않은 수레의 높이에도 끙끙대며 겨우 종이 뭉치를 올려놓았다. 몸은 경비실 벽 뒤로 껌 딱지 마냥 달라붙어

있었지만, 이미 나의 눈은 장씨 할아버지만을 바라보며 숨을 죽이고 있었다. 태어나서 단 한 번도 할아버지라는 존재를 만나보지도, 그의 사랑을 느껴보지도 못한 내게는 문득문득 가슴속에서 꾸물꾸물 거리며 올라오는 어색한 감정에 적응하지 못했다. 보다 못한 나는, 이 뜨거운 땡볕 아래서 간단한 소일거리를 가지고 앓는 소리를 내며 일하는 노인의 모습을 끝까지 다 지켜보지 못하고 그에게로 한 발자국을 내딛었다. 햇빛너머로 쏴아 거리는 시원한 바다소리가 귓가에 들려오는 것만 같았다. 나는 등 뒤로 흐르는 끈적거리던 땀방울 위로 마치 얼음물을 부은 것처럼 상쾌하게 젖어가는 기분을 느꼈다. 왜인지는 모르겠지만 장씨 할아버지에게 다가가는 그 걸음으로 조금씩 그에게 가까워져 갈수록, 내가 무엇인가를 해내고야 말았다는 요상한 승리감에 취하는 것이었다.

"제가 좀 도와드릴까요?"

괜히 한 손으로 뒷목을 쓸며 노인에게 물음을 던지자, 그는 쑥스러운 목소리를 들었는지 굽은 허리를 살짝 펴서는 고개를 들어 나를 바라봤다. 밤새 모기에게 뜯겼는지 노인의 눈 두 덩이는 벌겋게 부어올라서 그렇지 않아도 작고 찢어진 그의 눈매를 더 안쓰럽게 만들어놓았다. 피부 연고를 살 돈 조차 없는 것일까, 할아버지는 시커먼 먼지가 가득 끼여 있는 지저분한 손끝으로 모기에 물린 입가를 긁적였다. 그는 나의 물음에 도와달라는 말도, 그냥 가던 길을 마저 가라는 흔한 대답조차 하지 않았다. 그저 내가 무언가 다음 행동을 결정하기를 마냥 기다리는 것만 같았다.

"할아버지, 제 말 듣고 계세요?"

결국 답답함을 참지 못하고 다시 물음을 던진 것은 다름 아닌 내 쪽이었다. 그제야 성급한 목소리로 변해버린 나의 물음에 할아버지는 뻣뻣하게 굳은 목으로 천천히 고개를 끄덕이는 것이었다. 나도 모르게 입가에 웃음이 지어졌다. 아까까지만 해도 경비아저씨의 부탁에 갈등하며 뜸을 들이던 내가, 노인의 대답을 들었다는 것에 대해서 왠지 모를 성취감을 느끼고 있었던 것이다. 나는 노인의 대답을 듣는 것과 동시에 흰 반팔 옷에 묵은 먼지들이 묻고 있다는 사실도 모른 채, 바닥에 흐트러진 종이들을 맨 손으로 쓸어 담기 시작했다. 할아버지가 종류에 상관없이 제멋대로 묶어놓은 종이 뭉치들도 다 풀어헤쳐서는 일일이 분리하기 시작하였고, 몇 개 되지도 않지만 수레에 실려 있는 페트병의 뚜껑들을 열어 여기저기 구멍이 뚫린 검은 비닐봉지에 담기 시작했다. 장씨 할아버지는 나의 적극적인 도움에도 그저 묵묵히 수레 위로 올려놓은 종이 뭉치들을 낡은 끈으로 세심하게 묶고만 있었다. 나는 그런 노인이 내가 도와준 것에 대해서 고마워해줬으면 하는 생각도, 누군가가 내가 일하는 모습을 봐주고는 칭찬해줬으면 좋겠다, 라는 생각도 하지 않았다. 그것은 단순히 나를 위한 일이었고, 내 행복을 위한 행동이었다.

노인의 처음 본 그날, 그리고 엄마에게 타박을 받았던 그날부터 장씨 할아버지의 위태로운 뒷모습은 항상 나를 힘들게 했다. 그것은 그동안 신경 쓰지 않은 채 가둬두기만 했던 나의 양심을 건드리는 예민한 작업이었으며, 올바른 선택을 하는 동안의 고된 과정이었다. 나는 이마줄기를 타고 흘러내리는 땀줄기를 까무잡잡하게 탄 팔 끝으로 스윽 훔쳐내었다. 견딜 수 없을 만큼의 무더운 더위에도 평소와는 다르게 몸이 가벼워지는 것 같았다. 할아버지는 일이 모두 끝나자 구부정한 다리를 움직여 뒤뚱거리며 내게 천천히 다가오더니 우뚝 멈춰서는 것이다. 나는 노인의 예상치 못한 행동에 불안한 기색으로 눈동자를 굴리며 그를 바라봤다. 하지만 예상과는 다르게 그는 앙상한 나뭇가지 같은 손을 바지춤으로 넣고는 두어 번 꼼지락 거리는가 싶더니 주섬주섬 무언가를 꺼내는 것이었다. 나는 할아버지의 마른 손아귀에 붙잡히듯 끌려나온 부스럭거림의 정체를 내려다보았고, 그것을 보기도 전에 그는 자신의 손바닥을 천천히 펴더니 내 앞으로 천천히 내밀었다. 사탕. 그것은 구겨진 껍질 속에 쌓여있는 알사탕 몇 개였다. 나는 그 사탕을 노려보듯 쳐다보다가 이내 노인의 눈을 바라봤다. 그는 이전과 다름없이 덤덤한 얼굴로 내가 그 사탕을 받을 때까지 손바닥을 다시 오므리지 않았다. 나는 그의 소리 없는 강압에 말없이 사탕을 두 손으로 조심스럽게 받아 들었다. 메론 맛 알사탕이 두 개, 딸기 맛이 하나, 독한 향기에 입에 대지도 않는 계피 맛 사탕이 셋. 나는 그 사탕을 받아들고서는 멍하니 서서 허리춤 위로 수레의 손잡이를 걸치는 장씨 할아버지를 바라보았다. 그는 여느 때와 다름없이 아파트 밖의 동네 주변을 한 바퀴 돌아 볼 심산인 듯 했다. 나는 걸음을 옮기려는 노인에게 고맙다는 인사를 하기도 전에 노발대발 하며 저 멀리서 뛰어오는 엄마와 눈이 마주치고 말았다. 그리고 엄마의 억척스런 목소리는 늦잠을 자는 아파트 주민들을 다 깨울 만큼 요란했다.

"정윤수! 너 미쳤어? 어디로 사라졌나 했더니, 여기서 뭐하는 거야! 너 엄마가 이 사람이랑 행여나 가깝게 지낼 생각 말고 얼씬도 하지 말라고 했어 안 했어? 정말 엄마 죽는 꼴 볼래, 너?"

"……"

엄마의 매운 손바닥은 얇은 티셔츠 한 장만을 걸친 내 등짝을 매섭게 내리쳤고, 나는 내가 어떤 잘못을 해서 엄마에게 이렇게 타박을 받는 것인지 도무지 알 길이 없었다. 학교에 가면 도덕 윤리 선생님으로도 모자라서 들어오는 선생님들마다 노인을 공경해야 한다, 나이 든 노약자 분들을 보면 항상 자리를 양보해야 한다, 귀에 못이 박히도록 우리들에게 교육을 시키는데 하다못해 부모라는 자리에 있는 엄마가, 늙은 노인을 도와주는 아들을 이렇게 혼내며 구박한다는 것은 참 웃지도 울지도 못 할 얘기였다.

"노인 보호소는 뭐한데? 저런 양반 안 데려가고! 저기 할아버지! 남의 귀한 자식 꼬드겨서 행여나 그 힘든 일 시킬 생각 말고 얼른 이사 나가요! 안 그래도 땅 값이 떨어지네 마네 주민들 분위기도 뒤숭숭한데, 이젠 별…."

"엄마! 그만 하세요! 얼른 들어가요."

오히려 엄마의 말을 듣다 참지 못하고 먼저 끊어버린 것은 나였고, 나는 엄마의 팔뚝을 세게 잡아당기며 아파트 안으로 엄마를 이끌었다. 엄마는 그런 말을 할아버지에게 내뱉으면서도 아직 분이 풀리지 않는 것인지 애꿎은 엘리베이터 문을 발로 뻥 차버리는 것이었다. 그리고는 나에게 칠푼이 팔푼이라는 웃기지도 않은 호칭을 붙이며 이미 벌겋게 부어올랐을 등짝을 또 내리쳤다. 나는 엄마의 행동에 반항하지 않고 담담히 받아들였으며, 방문을 닫고 들어가 나오지도 않는 엄마를 설득하려 노력하지도 않았다. 아마 엄마는 아파트 부녀회장과 돈독한 사이를 유지하는 데 있어서, 내가 장씨 할아버지와 친하게 지내는 것에 말 못할 불안감을 가지고 있는 것 같았다.

참 우습게도 이 넓은 동네에 산다는 것이 알고 보면 개미집만한 곳에서 서로 몸을 부비며 사는 것이라서, 주민들과 친목을 다진다는 것은 작은 사회의 중요한 생활이자 피할 수 없는 선택인 것이다. 그 사회의 법칙을 깨고 다른 길을 선택하려는 순간 그들은 바다 속에서 흩어지는 물고기 떼들처럼, 한 녀석만을 큰 물고기에게 먹이를 던져주듯 버리고는 다함께 도망쳐버리는 것이 이곳의 이치이자 방식이었다. 이것은 약육강식도, 강한 자가 살아남는 생존의 논리도 아니었다. 단순히 자신의 이와 득을 위해서 얼마나 많은 것들을 얻어내는가에 대한 싸움이었다. 그런 싸움에서 결국 나는 엄마의 장애물이 되어버린 셈이다. 나는 그것을 알기에 엄마의 분이 담기 타박에도 아무 변명 없이 엄마를 따라 집으로 들어온 것이다. 내가 만약 그 사실을 알지 못하는 철부지였다면, 혼자 남겨진 장씨 할아버지를 두고 순순히 엄마와 함께 집으로 돌아오지 않을 것이었다.

나는 청바지 주머니에서 할아버지에게 받은 계피 맛 알사탕을 하나 뜯어 입속으로 밀어넣었다. 평소에는 집안 냄새제거에 엄마가 걸어둔 계피 향 방향제조차 싫어하던 내가 이 사탕을 먹고 있다는 것 자체도 신기한 일이었다. 계피의 매우면서도 달착지근한 맛이 혀끝에 감돌았다. 나는 입 속에서 점점 녹아가는 사탕을 이리저리 굴려대며 혼자 남겨진 장씨 할아버지의 모습을 떠올렸다. 엄마의 지독스런 말에도 그는 노려보지도, 서러운 표정을 짓

지도 않은 채 그저 자신이 가려던 길을 가려고만 했다. 그리고 순간 마주친 노인의 눈에는 그 어떤 화가 끓어오르는 분노의 기미 또한 전혀 보이지 않았다. 나는 오히려 그런 노인의 모습이 더욱 신경 쓰였다. 처음 그와 마주쳤을 때에도 당황한 내 눈빛에 늘 있었던 일인 것처럼 아무렇지 않게 행동했던 그의 모습처럼 오늘 일 또한 할아버지에게는 자주 있는 일인 것처럼 보였다. 지금쯤 다른 동네에서 또 종류와 상관없이 종이들을 모아 그냥 묶어 버리고 있는 것은 아닐까, 나는 물가에 내놓은 어린 아이를 걱정하듯이 장씨 할아버지를 떠올렸다. 어느새 입속에 물려있던 작은 알사탕은 가득하게 진한 향기만 남긴 채, 아무런 감촉도 없이 입 안에서 눈 녹듯 사라져버렸다.

 장씨 할아버지와의 만남의 시간은 짧았지만 아침의 시간은 금방 다가왔다. 엄마는 어제 무지막지한 힘으로 나를 때렸던 것이 미안했는지, 일을 나가기 전에 아침 식사치고는 꽤 부담스럽게 푸짐한 밥상을 차려놓고는 나간 듯 보였다. 담임선생님의 만류에도 공부에 뜻이 없는 내게 방학 중에도 학교에 나오라는 것은 고문이나 다름없는 일이었기에, 나는 그저 하루하루를 침대에서 뒹굴고 헌 책방에서 간간히 사놓은 얇은 책자를 읽는 것으로 하루를 보내곤 했다. 평소와 다름없이 책꽂이 높은 곳에 꽂혀있는 얇고 가벼운 책을 꺼내 들어서는 소파 위에 몸을 던지듯 누웠다. 높은 온도에 살과 소파의 가죽이 맞붙자 몸을 움직일 때마다 쩍쩍거리는 듣기 싫은 소리가 들려왔다. 결국 선풍기를 고정시키고는 소파에서 내려와 등을 기대고 앉아서 책장을 넘기는 데, 열려진 베란다 문 사이로 듣고 싶지 않은 목소리들이 잔뜩 흘러들어왔다.

 "이봐요, 할아버지! 우리 아파트 사람들도 좀 생각해줘야죠. 내가 뭐 나 하나 잘 살자고 이러는 것 같아요? 여기 주민이 몇 명인데요, 우리 애는 할아버지 무서워서 밖에도 안 나가려고 한다고요! 우리 사정 좀 봐줘요 네?"

 "……"

"아니, 정말. 우리말이 그렇게 우스워요? 요즘 노인 복지시설이 얼마나 잘 되 있는데 이런 지하에서 굳이 힘든 일까지 해가면서 아등바등 살아요? 경비 아저씨한테 말해서 내일이라도 당장 복지관에 자리 알아봐 달라고 할 거니까 그렇게 아세요."

아래를 내려다보자 어제와 다름없는 몰골로 민호엄마의 폭풍우 같은 말에 제대로 대답도 하지 못하고 가만히 듣기만 하고 있는 장씨 할아버지의 모습이 보였다. 나는 현관으로 달려가 급히 슬리퍼를 신고는 아파트 아래로 빠르게 내려왔다. 이미 경비 아저씨는 못 말린다는 듯 고개를 절레절레 저으며 그 광경을 지켜보고 있었고 주민 아줌마들은 날이라도 잡은 것처럼 다들 작은 몸의 장씨 할아버지를 둘러싸고 조목조목 따져가며 할아버지를 향해 비수를 꽂고 있었다. 말이 좋아 주민을 위한 행동이지, 결국에는 다수의 사람들이 나약한 노인을 강제적으로 쫓아 내버리는 횡포에 불과했다.

순간 민호 엄마의 불손한 태도에 나는 저도 모르게 할아버지 앞을 두 팔로 막아섰다. 경비 아저씨는 놀란 듯 나의 행동을 지켜봤고 민호 엄마는 황당한 표정을 감추지 못하며 나를 노려봤다. 여전히 할아버지는 구부정한 허리를 펴지 못하고 내 뒤에 서서 어린 아이처럼 몸을 감추고 있었지만 그의 눈빛은 촉촉하게 빛나보였다.

"윤수, 너 뭐야? 아줌마한테 할 말 있어?"

"다들 너무하세요. 그래도 팔순은 족히 넘으신 분한테 너무 과한 거 아니세요?"

"뭐? 너 엄마 어디 계셔! 너희 엄마가 어른한테 이렇게 무식하게 대들라고 하든?"

"이건 엄마가 아니라, 제 문제에요. 제가 도와드리고 싶어서 도와드리는 거라고요. 더 이상 할아버지 괴롭히지 말아주세요. 이분도 정당하게 값 치르시고 여기로 이사 온 분이신데 아주머니들께서 나가라 마라 할 권리는 없으세요."

나의 말에 아줌마들은 모두들 기가 막힌다는 눈빛으로 쳐다보았고 할아버지는 땅에 발이 붙은 것 마냥 한 치의 미동도 없이 그 자리에 굳어 서 있었다. 나는 먼지 묻은 할아버지의 팔에 팔짱을 끼고는 천천히 잡아당겨 그의 집 방향으로 이끌었다. 할아버지는 거절하는 기색 없이 내 행동에 따라주었고, 민호엄마는 평소에 조용하고 소심하기만 했던 나의 변한 행동에 당황한 기색이 역력했다. 그녀의 눈빛에는 나를 혼내려고 하거나 멀어져가는 할아버지의 걸음을 붙잡을 생각이 더 이상은 없어보였다.

"할아버지, 괜찮으세요?"

나의 걱정스런 물음에 장씨 할아버지는 그저 나를 한번 올려다보고는 다시 걸음을 재촉하는 것 외에는 다른 행동이 없었다. 그의 집 현관에 들어서자, 이미 큼큼한 곰팡이 냄새가 온 방안에 가득했고, 벽지를 보자 검버섯 같은 거무스름한 색들이 흰 천장에 골고루 퍼져있었다. 부엌을 바라보자 그릇이란 그릇은 다 쌓여서 악취를 풍기고 있었고, 집안에는 물기의 흔적이라곤 없는 말라붙은 바닥에 떨어진 벌레들로 가득 했다. 할아버지는 경악스런 나의 표정을 본 것인지 내가 붙잡고 있던 팔에서 살짝 몸을 빼내더니, 신발을 신은 채로 방안에 들어가서는 이내 작은 짚 바구니에 담겨진 사탕 꾸러미를 내 앞으로 내밀었다. 먹고 싶은 만큼 가져가라는 의미인 것처럼 보였다. 그는 내게 고맙고 미안하다는 의사의 표시로 사탕을 내어주는 듯 했다. 나는 할아버지의 권유에도 사탕을 바구니를 손으로 밀어내며 아직은 어색한 말투로 그를 향해 행여나 상처받을까 조심스럽게 말했다.

"어제 받은 거 아직 다 못 먹었어요. 다 먹으면 또 받으러 올게요."

내 말뜻을 이해한 것인지 할아버지는 사탕 바구니를 현관 신발장 위에 가지런히 올려두었다. 언제든 내가 필요하다고 하면 꺼내서 가져올 것처럼 보이는 곳에 두려는 것일까. 할아버지는 그제야 내게 돌아가도 괜찮다는 듯 오른손으로 손짓을 했다. 그의 손짓에 나는 주춤하는가 싶더니 꾸벅 고개를 숙여 인사하고는 위층으로 천천히 걸어올라 왔다. 방금 전에 보았던 할아버지의 집의 모습이 잊혀 지지 않았다. 햇빛이 들어오지 않는다는 것은 그렇다 치더라도 이제는 전기까지 끊긴 것인지 제대로 된 생활이 불가능해보였다. 어쩌면 민호엄마가 말한 노인 보호시설로 옮기는 것이 오히려 낳을지도 모른다는 생각까지 들게 할 정도였다. 하지만 그를 복지소로 옮긴다는 것은, 겉으로는 더 좋은 곳으로 가서 남은 생을 힘들지 않게 살아갈 수 있음을 의미하는 것이었지만, 결론적으로는 아파트 주민사람들의 압박에 견디지 못해 쫓겨난 불쌍하고 가엾은 한명의 가난하고 유약한 노약자의 모습일 뿐이었다.

 그 소동이 있은 후 엄마에 대한 민호엄마의 불신은 더욱 커졌고, 엄마는 이제 나를 때리지도 타박하지도 않았다. 그저 내가 하는 일에 대해서 더 이상 신경을 쓰지 않으려고 하는 듯 나에게 할아버지에 대한 얘기를 묻지 않으려고 노력하는 것처럼 보였다. 그리고 나는 그런 엄마의 행동이 평소와는 달랐음의 이유를 얼마가지 않아 알게 되었다. 요 며칠 새 장씨 할아버지의 모습은 좀처럼 보이지 않았고, 엄마 몰래 할아버지의 집 현관문을 두드려 보았지만 아무런 기척도 느낄 수 없었다. 처음에는 나이도 연로한데다가 고된 일까지 겸하고 있으니 건강에 무슨 문제가 있는 것이 아닐까라는 생각을 했지만, 경비 아저씨는 고개만 저을 뿐 내게 아무런 확답을 주지 않았고, 엄마 또한 나의 물음에 그저 쉬쉬하며 모르쇠로 일관했다. 그런데 이날따라 내가 살고 있는 아파트 동에는 북적이는 주민들과 웬 커다란 차량으로 북적거리기 시작하는 것이었다. 모두들 무슨 사고라도 났나 싶어 하나 둘 집 베란다에 고개를 빼죽 내밀고는 아래를 바라보는데 나 또한 아파트 문 앞으로 내려 와 사람들의 사이를 비집고 그 광경을 바라보았다. 그 곳에는 서넛은 되어 보이는 사내들이 장씨 할아버지를 부축하며 집 밖으로 모시고 나왔고, 나머지 사람은 노란 플라스틱 박스 안에 그의 살림 도구들을 하나씩 담아서 꺼내들고 나오는 것이었다. 나는 두 눈이 동그래져서는 짐을 옮기는 한 사내에게 다가가 조심스럽게 물었다.

 "할아버지 어디로 가시는 건가요?"
 "아, 노인 복지센터로 신고가 들어와서 오늘 복지관으로 모셔가는 겁니다."

어쩌면 잘 된 일일지도 몰랐다. 끊겨버린 전기에 물에, 쌀밥이라고는 눈 씻고 찾아봐도 볼 수 없는 그 집에서 생활하는 것 보다는 차라리 등 따시고 배불리 살 수 있는 곳에서 지내는 것이 할아버지에게는 더 좋은 일일 것이다. 하지만, 대체 누가 할아버지를 이곳에 가도록 신고했단 말인가. 왠지 모를 섭섭함과 슬픔에 눈가가 촉촉이 젖어오는 것이 느껴졌다. 그동안 할아버지를 제대로 지켜주지 못한 것에 대한 죄책감 또한 그 눈물에 묻어 나오는 것만 같았다. 할아버지는 이미 봉고차에 올라 타 새로운 쉼터로 가는 것을 담담한 표정으로 기다리고 있었고, 나는 그런 그가 타 있는 차 앞에 마주서서 땀으로 젖은 손바닥을 내밀었다. 장씨 할아버지는 펼쳐진 내 손바닥 위를 바라봤고, 그곳에는 할아버지가 내게 준 남은 사탕 몇 알이 올려져 있었다. 할아버지는 그 전 보다 볼이 몰라보게 움푹 패었다. 나는 가슴이 꽉 메어왔다. 나는 그런 노인의 얼굴을 보면서 개구쟁이 같은 웃음을 지으며 말했다.

"다 먹으면 또 받으러 오려고 했는데… 이거 가져가서 거기 분들하고 나눠드세요."

사실 몇 개 남지도 않은 사탕으로 그곳에서 살고계시는 분들과 나눠드시라는 것도 말도 안 되는 이야기였지만, 그것이 내가 할아버지를 향해 말할 수 있는 마지막 인사였다.

마른 장작처럼 자작자작 거리는 낙엽의 부서지는 소리가 발끝에서 들려왔다. 나뭇가지들은 이제 앙상한 모습으로 아파트 주변에 외롭게 서있었고, 나는 습관처럼 아파트 경비실에 택배를 확인하기 위해 문을 열어젖혔다. 경비 아저씨는 가을을 타는 지 요즘은 늘 라디오에서 흘러나오는 옛날 음악에 심취해서 늘 가사를 따라 쓰고는 했다.

"자, 오늘 택배. 아 참. 윤수야 너 이거 가져가라."

아저씨가 돌아서려는 나를 불러 세웠다. 그리고는 나에게 내민 찢어진 종이쪽지에는 삐뚤삐뚤한 글씨로 서툴게 적어놓은 글귀가 눈에 들어왔다.

[우성 복지회관, 051-562-xxxx, 장성택]

"그거, 장씨가 복지관으로 가기 전에 나한테 준거야. 여기 주민들이 신고한 게 아니라 나한테 직접 부탁 한 거야. 제 딴에는 너한테 더 이상 피해주고 싶지 않아서 일부러 나한테 부탁한 것 같더라고. 비밀로 해달라고 부탁해서 그동안 말 못한 건데, 오늘 택배까지 같이 와서 그냥 보여주는 거니까 그 양반한테는 비밀이다, 너."

나는 경비 아저씨의 말에 찢어진 종이쪽을 주머니 안으로 밀어 넣고는 우성 복지회관에서 보낸 작은 택배상자의 포장을 뜯어내었다. 그 속에는 내가 싫어하는 계피 맛 사탕에서부터 커피 맛 까지 갖가지 알사탕들이 들어있었고, 섞인 사탕들 사이로 꾸깃꾸깃 접혀진 흰 종이가 시야에 들어왔다. 나는 황급히 접힌 종이를 꺼내들어 펼쳐보았고, 그 쪽지에는 앞에 경비아저씨에게 받았던 종이에 담긴 글씨와 다름없이 번진 잉크에, 서툰 솜씨로 정성스레 쓴 할아버지의 따뜻한 한마디가 적혀있었다.

[윤수. 맛있게 드세요.]

학생인 나에게 드시라는 어색한 표현으로 글을 적어 보낸 장씨 할아버지를 떠올리자 금세 미소가 지어졌다. 나는 할아버지의 말대로 작은 상자에 담긴 계피 사탕을 하나 뜯고는, 오늘 학교에서 돌아오는 길에 보았던 나무의 색과 같이 짙게 물든 갈색 사탕을 한 입에 넣었다. 맵고 쌉쌀했던 계피의 향기는 사라지고, 오늘은 달기만 한 맛만이 입 안속에서 가득 퍼져나갔다.

 금상

친애하는 나의 아저씨

오 소 영
(숙명여자고등학교 2학년)

* * *

    후원자인 백작의 청으로 22살 화가의 집에 정체를 알 수 없는 소녀가 동거하게 된다. 정글에서 잡혀왔다 하며 자신의 이름이 무엇인지도 알지 못하는 소녀에게 화가는 미엔느라는 이름을 붙여주고, 자신은 '친애하는 나의 아저씨'란 의미인 몽쉘통통이라 불러 달라 말한다.
    세상을 보이는 것 위주의 감각적으로 이해하는지라 보이지 않는 추상적인 개념이 도저히 이해되지 않는 미엔느는 시도 때도 없이 화가에게 '왜?' 하는 질문을 던진다. 공권력이 약자를 폭행하는 것을 보았을 때 숨어버리는 소시민이지만 화가는 자신이 이해하는 한에서 성심성의껏 대답해주고, 그의 시선을 통해 미엔느는 정글이 아닌 곳에서 살아가는 사람들을 이해해나간다. 그러던 중 미엔느를 맡게 된 지 일주일이 지나 백작에게 돌아간 화가는 미엔느가 그의 곁으로 오게 된 계기를 듣게 된다.
    그림으로 계급 사회에 대항하면서도 속은 아직 어설픈 어른아이와 세상에 막 눈 뜨기 시작한 야생의 어린아이가 열흘 동안 함께 보는 세상 이야기.

* * *

선선한 봄날이었다. 아지랑이가 아릿하게 피어오를 그 시기, 나는 내 후원자 되는 백작의 부름에 응하여 그의 저택으로 가고 있었다. 변변치 않게나마 화가라는 타이틀을 달고 사는 나를 후원해주려는 귀족은 그리 많지 않았고, 비록 금전적 외의 큰 도움은 주지 않는다 해도 백작은 그 소수 중 한 명이었기 때문에, 나로서는 딱히 그의 부름을 거절할 이유도 명분도 없었다. 마침 붓이 손에 잡히지 않아 다시 우울해지려는 때였으니, 날도 제법 적절했다.

앞에 설 때마다 사람을 위축되게 만드는 그의 저택에 도착하자 기다리고 있던 문지기들이 날 안으로 안내했다. 그러나 응접실로 들어섰을 때 그림 부탁 정도 받을 거라는 내 예상과 달리, 백작은 어떤 소녀 하나와 함께 나를 기다리고 있었다. 내 눈이 틀리지 않다면, 즉 저 아이가 소년만 아니라면, 그 소녀는 내가 보아왔던 모든 여자아이들 중 가장 억세고 거칠게 생긴 소녀였다. 나는 한참 동안 소녀에게서 시선을 떼지 못하고 바라보았다.

대충 빗었는지, 아니면 아예 빗지 않았는지 소녀의 머리카락은 성기게 얽혀 있었고 매섭게 올라간 눈꼬리 끝에 달린 긴 속눈썹은 여성적이라기보다는 야생짐승처럼 예민할 것 같은 인상을 더 부여하고 있었다. 고집스럽게 다문 입매에서 어느 정도 그 성격을 짐작할 수 있었다. 그와 동시에 나는 백작이 귀족 사회에 전혀 어울릴 것 같지 않은 이런 소녀를 대동한 이유가 무엇인지, 아니, 그 전에 이런 소녀를 어디서 찾아온 것인지 고민했.

백작이 말했다.

"일주일간, 이 소녀를 맡아주길 바라네."

"예?"

놀라 눈을 크게 떴지만, 백작의 어조는 스케치 한 장 부탁한다는 듯이 가벼웠다.

"어느 정도 교육은 시켜놨고, 일상적인 말도 제법 구사할 줄 아는 아이일세. 자네와 의사소통하기에도 무리가 없을 테니 사회에 어울리기 위한 교양 정도만 갖출 수 있게 하면 되네."

"어, 그걸 왜 제가……."

"그야 자네가,"

백작의 입가에 미소가 떠오르고, 나는 뭔가 귀찮은 일에 휘말렸다는 것을 직감했다. 아름다운 봄날과는 어울리지 않을, 그런 지독한 일에.

"내가 아는 가장 철없는 사람이니까."

어째서.

*

예의상 몇 번 반항의 몸짓을 하다 결국 나는 터덜터덜 소녀를 데리고 나와야 했다. 내놓을 명분도 없었을 뿐더러 감히 후원자의 요청을 거절할 용기도 내겐 없었다. 몇 안 되는 소녀의 옷가지들을 받아 저택을 나서며 나는 소녀를 주의 깊게 살펴보았다. 22살의 청년에게 열 살도 채 되지 않았을 어린아이를 맡기는 것도 이상했지만 입술을 꾹 깨물고 억지로 따라오는 듯한 소녀의 태도가 더 신경 쓰였다. 어느 나라 풍습에도 어울릴 것 같지 않은 지저분한 머리와 옷차림 등으로 미루어 외국인 같지도 않다. 오히려 억눌린 야생짐승의 느낌, 소녀는 그런 것을 가지고 있었다.

"넌 어디서 왔니?"

소녀가 날카로운 눈으로 나를 올려보았다. 흡사 째려보는 것 같아 주춤했지만 소녀는 정말, 그냥 쳐다보았다는 식으로 나를 보다 내뱉었다. 기묘하게 딱딱한 억양이 익숙한 것 같지는 않았고, 그 눈이 미묘하게 무서웠다.

"정글."

"정글?"

"정글."

"정글……."

어쩐지 바보들의 대화가 떠올라 피식 웃자 소녀는 이상한 눈으로 날 쳐다보았다. 그를 외면하며 나는 뒷짐 지고 천천히 걸었다.

"정글에서 왜?"

"잡혔어."

저 짧은 말투도 신경 쓰였다.

"말은 어디서 배웠는데?"

"몰라."

"누가 가르쳐줬어?"

"몰라."

"시녀? 유모? 시종들? 아가씨?"

말을 꺼내며 나는 얼굴을 조금 붉혔다. 백작가의 아름다운 아가씨, 사실 얼굴 본 것도 몇 번 되지 않지만 딱 한 번 가문의 전담 화가로서 그녀의 초상화를 그린 적이 있다. 그때 윤곽선 따는 것도 잊고 한참 동안 쳐다보기만 해서, 질책 섞인 시선을 받았던 것도 생각났다.

소녀가 말했다.

"몰라."

참 매정하다, 생각하면서 난 그 이상 물어보지 않았다. 묻는다 해도 더 좋은 대답을 이끌어낼 수 없을 것이 분명해 보였기 때문이다. 약간은 경계가 풀어진 듯한 걸음으로 나를 따라오다 소녀가 건조하게 나를 불렀다.

"아저씨."

잠깐 누구를 부르는 거지, 생각했지만 그곳에서 소녀가 부를 만한 사람은 나밖에 없었고, 그래서 나는 소녀를 돌아보았다.

"나?"

소녀가 고개를 끄덕였다. 얼마나 늙었길래 아저씨라 부르는 거지, 얼굴을 쓸어내리다 난 소녀와 대략적으로만 계산해도 열…… 몇 살의 차이가 남을 깨달았다. 그 정도면 아저씨 맞나.

"왜?"

"사과 좋아해?"

소녀의 표정은 진지했다. 그 앞에서 차마 인상을 찌푸릴 수 없던 나는 잠깐 생각하고 말했다.

"좋아해."

그러자 소녀의 얼굴에 이질적인 표정이 떠올랐다. 천천히, 눈에서부터 떠오른 그것은 아침 햇살이 퍼지듯 얼굴 전체로 번져나갔다. 순간적으로 멍한 기분이 되어 나는 소녀의 얼굴에 떠오르는 변화를 바라만 보았다.

그리고 소녀는, 맑은 웃음소리로 웃었다. 순간 백작가의 아가씨와 견줄 수도 있을 만큼 환히 펴지는 소녀의 얼굴을 보고 난 조금 놀랐다.

웃을 때는, 음, 예쁘다.

"나도 좋아해!"

그게 무어 그리 대수라고, 생각이 들었지만 소녀는 그것 하나만으로 나와 자신 사이의 공통점을 찾았다는 듯이 밝게 웃고 있었다. 이런 상황에서는 어떻게 대답해야 할까, 고민하다가 난 떠오르는 대로 말해버렸다.

"웃으니까 좋네."

소녀는, 딱히 이렇다 할 반응을 보여주지 않았다.
역시 이상한 아이다.

*

그 후 그다지 나눈 이야기는 없었다. 시끄러운 거리를 침묵 속에서 함께 어느 정도 걸어간 후에, 복잡하게 꼬인 예술가들의 골목으로 들어서며 나는 집에 들어가기 전에 뭐라도 말을 꺼내야겠다 싶어 약간 어색한 기분으로 물었다.

"이름이 뭐야?"

"이름?"

"이름."

고개를 끄덕여주자 소녀의 얼굴에 어리둥절함이 떠올랐다.

"그게 뭔데?"

약간 당황스러웠지만, 그래도 난 소녀의 눈을 똑바로 바라볼 수 있었다. 소녀는 피하지 않고 내 시선을 받아주었다.

"뭔지 몰라?"

"몰라."

"그런 거 없어?"

"없어."

"다른 사람이 너를 부르는 호칭, 그런 거 없어?"

소녀는 물끄러미 날 보다 답했다.

"없어."

이름이 없다, 나는 약간 곤란해져 머리를 긁적였다.

"그럼……."

소녀의 의아한 눈이 느리게 걸어가는 날 따라왔다.

"내가 만들어줄까?"

"왜?"

"왜냐니, 이름이 있어야 하지 않겠어?"

그것은 지극히 당연한 상식이라 난 아무렇지도 않게 말했다. 하지만 소녀는 이해가 안 된다는 것처럼 물끄러미 날 쳐다보았고, 그 시선이 꽤 오래 가 마주보자 소녀가 고개를 갸웃했다.

"왜?"

"어, 이름이 왜 있어야 하냐고?"

소녀가 고개를 끄덕였다.

"그야, 이름이 있어야 널 부를 수 있으니까. 다른 사람한테 소개할 수도 있을 거고."

"왜?"

"왜 널 부르고 소개해야 하냐고?"

굉장히 이상하고 귀찮은 질문을 한다. 뭐라고 답해줘야 할지 몰라 애꿎은 머리만 아프도록 긁적이다 난 툭 던졌다.

"같이 살 거잖아."

"응."

"그러니까 우리가 함께 지낼 방식을 정해야지. 네 이름은 뭐고, 난 뭐라고 불러야 하며, 넌 몇 시에 일어나고 난 아침으로 뭘 먹는다는 식으로."

"왜?"

저 왜 좀 그만 들었으면 좋겠다고 생각하면서도 나는 계속 대답해주고 있었다.

"그래야 싸우지 않으니까."

"싸우면 안돼?"

"안되지. 싸우는 걸 좋아하는 사람이 어디 있어. 서로서로 맞춰가면서 최대한 다툼 없이, 그렇게 지내야 좋은 거지, 안 그래?"

동의를 구하듯 물었지만 소녀는 도리어 혼란스러워졌는지 고개를 갸웃했다. 설마 그런 기본 상식도 모르는 걸까, 싶었지만 소녀의 태도로 보아 정말 모르는 것 같았다. 하긴 정글에서 왔다고 했던가. 대답을 얻을 수 없다는 것을 깨닫고 어깨를 으쓱이다, 난 빙긋 웃으며 말했다.

"이름은 뭐로 하고 싶어?"

"몰라."

소녀는 생각보다 훨씬 솔직했다. 아니면 단순히 거짓말 하는 법을 배우지 못한 걸지도. 고민하다 나는 아무거나 떠오르는 단어를 꺼내보았다.

"미엔느(Mienne), 어때?"

"그게 뭔데?"

단순히 '미엔느'가 뭐냐고 묻는 것인지, 그 뜻이 뭐냐고 묻는 것인지, 고민하다 나는 아마도 후자이리라 짐작하고 답해주었다.

"나의 것, 이라는 의미야."

"내가 아저씨 거야?"

"음, 글쎄…… 그냥 이제 함께 지낼 거니까, 오늘 너를 얻어온 거나 다름없으니까 그런 이름 생각해봤어. 싫으면 티엔느(Tienne: 너의 것)도 예쁠 것 같은데?"

소녀는 헷갈리는지 고개를 몇 번 갸웃거렸다. 작은 입술에 손가락을 물고, 소녀가 고개를 주억거렸다.

"미엔느가 좋아."

"그래, 그럼 미엔느라 부를게, 귀여운 아가씨."

"그건 뭔데?"

말간 눈으로 날 올려보는 소녀, 이제 미엔느를 보고 나는 내 입을 때리고 싶어졌다. 쓸데없는 말을 꺼내면 꼭 그게 뭐냐고 물어보는 걸까. 이거 엄청나게 귀찮은 아이를 떠맡은 거 아닌가, 싶었지만 소녀의 순진한 눈망울을 차마 외면할 수 없었기 때문에 나는 웃으며 답했다.

"너 말이야, 미엔느. 네가 귀엽다고."

"귀여운 게 뭔데?"

이거 참.

"예쁘고 사랑스러워서, 머리 쓰다듬어주고 싶은 그런 거."

말하며 나는 미엔느의 머리에 손을 뻗었다. 하지만 미엔느는 내가 자기를 공격이라도 할 거라 여겼는지 눈에 띄게 움찔하며 재빨리 내 옆에서 비켜섰다. 덕분에 무안해진 나는 괜히 옷자락을 펴는 체 하며 손을 거두었다.

"예쁜 건 뭔데?"

"보고 있으면 자꾸 웃음이 나고, 기분이 좋아지는 거 말이야."

"그럼 '아가씨' 는 뭐야?"

"너 같은 아이부터 스무 살 즈음의 여자들까지, 젊은 여성을 모두 통틀어 아가씨라 칭해."

"흐응……."

"이제 궁금증 풀렸지? 그럼 빨리 가자. 우리 집 보여 줄게."

미엔느는 아직도 가물가물한지 연신 고개를 기울였다. 하지만 더 따지지 않은 채 순종

적인 걸음으로 내 뒤를 따라왔다.

  예상했던 것보다 훨씬 얌전한 성격인지라 마음이 놓였지만, 그래도 여자아이를 데리고 남자 혼자 사는 집에 들어가는 것은 보기 좋은 일이 아니었기 때문에 집 근처에 도착했을 때 나는 약간 주춤거렸다. 주위의 시선을 살피며, 나는 남몰래 미엔느를 집 안으로 들여보내었다.

  특히 옆집 아주머니에게 들키지 않도록 각별히 조심하여야 했다. 그 아주머니의 눈에 미엔느가 들어갈 시에는 당장 서민이고 귀족이고 할 것 없이 온 도시에 소문이 퍼질 테니까. 가난한 화가가 여자아이 하나 맡아 키우는 게 무어 그리 대수냐만은, 그 아주머니는 윗집 개가 새끼를 낳았다는 소문까지도 국가기밀 수준으로 만들 수 있을 만큼 짜증스러운 입담을 가지고 있었기 때문이다.

*

  문간에 서서 미엔느는 말없이 허름한 집안을 둘러보았다. 벽 곳곳에는 균열이 생겨 있었고 심심찮게 석회 가루 비슷한 것이 떨어져 내리고도 있었다. 간단히 말해서 철거되기 직전의 빈민촌 수준. 부끄러워진 나는 재빨리 벽에 기대어 쌓여있는 액자를 옮겨 균열을 가리려 했다. 그러나 액자는 오히려 요란한 소리를 내며 떨어져 내 발등을 찧었고, 펄쩍 뛰는 날 보고 미엔느가 다시 고개를 갸웃했다. 난 급히 어설프게나마 균열 앞에 액자를 세워놓았다.

  하지만 미엔느의 눈은 이미 넓지도 않은 집을 구석구석 둘러보고 있었다. 바닥에 나뒹구는 팔레트와 캔버스, 붓과 물감 등을 보자 금방 얼굴이 붉어졌다. 함께 구르고 있는 옷가지도 서둘러 쓸어 담은 나는 새삼스럽게 집 안을 청소하기 시작했다. 미엔느는 아무래도 상관없다는 듯이 천천히 그 잡동사니 사이를 걸어가 하나뿐인 방문을 열어보았다. 수북이 쌓인 그림들, 전해주지 못한 초상화, 낙서처럼 휘갈긴 풍경화, 미처 칠하지 못한 스케치들이 먼지 속에서 드러났다.
"음, 거기서 자면 돼. 내가…… 아저씨가 청소해줄 테니까, 미엔느, 넌 거기서 지내."
"왜?"
"거기가 네 방이니까."
대답하며 난 옷가지들을 전부 바구니에 담았다. 느리게 따라온 미엔느가 고개를 갸웃거렸다.
"아저씨는 같이 안 자?"
"같이? 어, 불편하지 않겠어? 방이 없는 것도 아니고 너는 여자……."
말하다 나는 미엔느의 얼굴에 떠오른 표정을 보고 말을 삼켰다. 이 소녀는 꼭 갓난아기 같아서, 내가 알고 있는 상식과 사회에 통용되는 법칙들을 무의미하게 만든다.
"음, 너는 상관없긴 하겠지만 그래도."
"흐응……."
금방 또 흥미를 잃어버렸는지 미엔느는 천천히 걸음을 돌렸다. 타박이며 걸어간 작은 발이 그림들 앞에 멈춰서고, 미엔느는 가는 손가락으로 슬쩍 그림을 건드려보았다. 마치 살아있는 생물을 대하듯이 조심스러운 손놀림에 나는 작게 웃을 뻔했다.
"만져 봐도 돼."
"왜?"
"어, 뭐가 왜인데?"
보통 거기서 왜가 따라오면 안 되지 않던가. 미엔느는 어린 짐승 같은 눈으로 날 보다 고개를 돌렸다.
"이게 뭐야?"

"음, 그림이야. 아저씨가 그린 거고."
"왜?"
"왜냐니. 그림을 왜 그리냐고?"
미엔느는 이제 익숙해진 동작으로 고개를 갸웃하고, 말했다.
"응."
"그야, 그게 직업이니까. 아저씨는 그걸 그려서 먹고 사는 거거든."
"왜?"
슬슬 적응이 되어가는 것도 같다. 난 자연스럽게 미엔느의 질문에 살을 붙였다.
"왜 그림으로 먹고 사냐는 거지? 음, 그거밖에 할 줄 아는 게 없어서…… 랄까. 그래도 그림은 유일하게 잘한다 생각하는 거니까."
"왜?"
"왜 그림을 잘한다 생각하냐면…… 사실은 글도 써보고 음악도 해보고 이것저것 해봤지만, 그래도 그림만큼 확실하게 인정받을 수 있는 게 없더라. 뭐, 요즘 성향과는 맞지 않아서 이렇게 도시 바깥의 골목 신세를 벗어나긴 힘들지만, 그래도 내가 또 유일하게 좋아하는 거기도 하고."
"그림 좋아해?"
나는 빙긋 웃었다. 미엔느의 어리둥절한 표정이 보였지만 그냥 부드럽게 미소 지어주었다.
"응."
"왜?"
"표현할 수 있으니까."
너무 짧은 설명이었는지 미엔느의 얼굴에 아무 반응도 떠오르지 않자 나는 가볍게 덧붙였다.
"내가 생각하는 것, 말하고 싶은 것, 바꾸고 싶은 것, 전부 이야기할 수 있으니까. 그냥 내 심정을 사람들에게 보여줄 수만 있다면, 그 수단이 글이든 그림이든 좋아할 수밖에 없는 거거든."
그 말을 천천히 받아들이려는지 미엔느는 두어 번 고개를 끄덕였다. 그리고 대답했다.
"모르겠어."
솔직한 미엔느의 대답에 나는 피식 웃었다.
"너도 언젠간 알게 될 거야. 어른이 되면."
"왜?"
"아이는 누구나 어른이 되고, 어른은 누구나 사회인이 되니까."

*

저녁 내내 집을 치우면서 지켜본 미엔느는 조용한 아이였다. 고집 세어 보이는 눈매와 인상을 가지고 있더라도 이것저것 시키는 내 말에 반항하지 않았다. 그릇을 가져다 놓으라면 순순히 그릇을 가져갔고 붓을 주워 달라 하면 아무 대꾸 없이 따랐다. 달라진 환경에 적응하기 위함인지 미엔느는 가느다란 눈으로 주위를 거듭하여 살필 뿐 그 이상으로 나를 귀찮게 하지 않았다. 물론 시도 때도 없이 던지는 '왜' 질문은 별개였지만, 나는 그것이 주변을 감각적으로 받아들이는 미엔느가 해결하지 못한 의문의 표출이라 믿고 하나하나 대답해 주었다.
가벼운 빵과 수프로 저녁을 때우고 금방 나는 내일 아침 메뉴를 궁리했다. 가난한 사람들은 어쩔 수 없다. 그림의 이상보다는 현실의 배고픔이 먼저다. 남은 야채를 긁어모아 끓일까, 아침에 받은 대금으로 장을 볼까, 고민하다 대략적인 계획이 잡혀졌을 때야 나는 욕실에 지저분한 미엔느를 밀어 넣었다. 얇은 옷가지를 벗자 소녀의 어린 몸이 드러났지만 별다른 생각은 들지 않았다.
"욕조 안으로 들어가."
부끄러움이 없는지 미엔느는 가릴 생각도 하지 않고 욕조 안에 들어갔다. 미리 받아둔 따뜻한 물에 발끝이 닿자 잠깐 움찔하는 기색이었지만, 이내 미엔느는 물속에 그 몸을 푸욱 담그고 말똥말똥 나를 올려보았다. 얼기설기 얽힌 머리칼을 고정하던 머리 끈을 풀고 대충 그 머리를 빗은 후에 나는 미엔느의 머리에서부터 물을 부었다. 배수시설이 좋지 않아 찬 물이 나오지는 않을지, 그것만이 걱정되었다.
"차가우면 말해, 미엔느."
"흐응……."
어깨를 움츠릴 뿐 미엔느는 별말 하지 않았다. 한참 동안 첨벙이는 물소리가 욕실 안을 메우고, 미엔느의 머리에 비누를 묻히고 있을 때 눈 감은 미엔느가 날 불렀다.
"아저씨."
"응?"
"아저씨 이름은 뭐야?"
"내 이름?"
짐짓, 나는 강하게 미엔느의 머리를 문질렀다. 약하게 찌푸려지는 미엔느의 미간을 보고 얼른 손에 힘을 풀긴 했지만. 그보다 감고 감겨도 자꾸 때가 나오는 게 차라리 머리를 밀어버리고 싶은 심정이었다.
"내 이름은 왜?"
"아저씨는 이름 없어?"
비누가 들어갈 세라 시키는 대로 눈을 꼬옥 감고 작은 입술이 조물이는 게 귀여웠다.

나도 모르게 부모 같은 미소를 지으며 나는 대답했다.
"있지. 알고 싶어?"
"응."
"왜?"
왠지 내가 미엔느가 된 것 같아 다시금 웃음이 났다. 내 웃음소리를 들었는지 미엔느가 눈을 가늘게 뜨고 날 올려보았다.
"이름이 있어야, 부를 수 있다며."
"음, 그랬지."
"아저씨는 뭐라고 불러?"
가르쳐주고 싶지 않은데, 작게 웃자 미엔느가 눈으로 의문을 표시했다. 고개를 갸웃이지 않아도 어리둥절하고 있다는 게 표정에서 드러났다.
"같이 살려면 필요한 거랬잖아."
"음, 그랬지."
"아니야?"
"어…… 그러니까, 아저씨가 분명 그렇게 말했긴 한데, 그래도 가끔 그러고 싶지 않을 때도 있는 거거든."
뭔가 변명처럼 되어버려 말하는 내가 고개를 갸웃했다. 머리를 긁적이려다 그 손에 비누가 묻어있음을 깨닫고 관두는 대신, 대야에 가득 찬 물을 미엔느의 머리에 부었다.
"그냥, 몽쉘통통(Mon cher tonton)이라고 불러."
"그게 뭐야?"
"글쎄, 뭘까?"
고양이처럼 엷게 뜨인 미엔느의 눈이 물끄러미 날 바라보았다. 아저씨 정말 이상하네,

하는 것 같이. 피식 웃고는 난 다시 한 번 대야에 물을 받았다. 눈 감아, 말하자 순순히 눈을 감으면서도 미엔느의 얼굴에 떠오른 의문은 사라지지 않았다. 미엔느의 작은 입술이 보일 듯 말듯하게 움직였다.

'몽쉘통통. 아저씨?' 나는 빙긋 웃었다.

몽쉘통통, 그 뜻은, 친애하는 나의 아저씨-

*

말끔하게 씻기고 나자 미엔느도 어느 정도 그럴 듯하게 보였다. 아직 소녀라 치기에는 인상이 지나치게 매섭지만, 그래도 제법 계집아이 티가 났다는 말이다. 물에 젖은 머리를 닦아주고 가만가만 빗겨주자 어릴 적 누나와 하던 인형놀이 생각이 났다. 위로 누나만 둘이었기 때문인지 어린 나는 밖에 나가 공 차는 것보다 집에서 뒹구는 것을 더 좋아했고, 낙서 같은 그림 그리는 나를 붙잡고 누나들은 심심찮게 인형놀이하자 조르곤 했다. 그때 살아있지 않은 인형의 머리를 빗기는 느낌이 얼마나 이상했던지.

하지만 미엔느의 머리는 인형처럼 죽어있지 않았다. 갈빛 도는 피부와 대조되어 밝은 금발은, 어찌 보면 까만 장작에 하얀 불꽃이 옮겨 붙은 것처럼 보이기도 했다. 성긴 머리칼을 빗기는 동안 미엔느는 인형놀이의 인형이 그러하듯 반항 한 번 없이 얌전히 앉아 있었다. 인상을 보아 본래 성격이 이럴 것 같지는 않은데, 말을 잘 듣도록 교육받은 것 같았다. 기특해서 머리를 조금 쓰다듬어주자 이질감에 미엔느가 날 올려보았다.

"몽쉘통통."

마치 과자 이름을 부르는 것 같아 나는 조금 웃었다.

"왜, 미엔느."

"몽쉘통통도 책 읽어?"

"책? 읽지."

대수롭지 않은 질문이었는지 미엔느는 고개를 옅게 주억거리며 시선을 내렸다. 나무빗으로 그 머릿결을 쓸어내리며 내가 물었다.

"책 읽고 싶어?"

"몰라."

읽고 싶으면 싶은 거고 아니면 아닌 거지 '몰라'는 뭘까, 나는 조금 고민했다.

"책 보여줄까?"

"흐응……."

특유의 생각하는 듯한, 혹은 아무 의미 없는 소리를 내다 미엔느는 고개를 끄덕였다.

"응."

아직 덜 마른 머리에 수건을 올려놓고 난 자리에서 일어났다. 얌전히 일어난 미엔느가 뒤따르고, 나는 치워둔 방으로 들어가 벽장문을 열었다. 오랜만에 바깥 공기를 쐬자 갇혀 있던 먼지들이 와락 달려 나와 기침이 터졌지만, 그래도 수북이 쌓인 책들을 보고 미엔느가 놀라는 걸 보자 실없는 웃음이 나왔다.

아주 오래 전 잡지부터 최근의 소설책까지, 책을 보는 것도 좋아하지만 모으는 것도 좋아하던 나는 그림을 팔아 번 돈으로 책을 사곤 했다. 요즈음에는 흥미가 떨어져 펼쳐보는 일이 없지만 얼마 전까지만 해도 독서는 내게 유일한 안식처로서 언제나 즐거움을 주는 활동이었다.

나는 미엔느를 보며 의기양양하게까지 말했다.

"읽고 싶은 책 있으면 골라도 돼."

"흐응…… 몽쉘통통?"

"응? 왜?"

미엔느는 표정 없는 눈으로 책 더미를 보다 말했다.
"읽을 줄 몰라."
뭘? 물으려다가 나는 새삼스러운 사실을 깨달았다.
"아…… 설마, 글자 모르는 거야?"
"응."
"어, 그럼…… 어떡하지. 읽어줄까?"
반은 장난으로 한 말이었다. 하지만 미엔느는 갑작스럽게 눈을 반짝이더니 커다란 눈망울로 나를 올려보았다. 그 시선을 피했다가는 천하의 나쁜 놈이 될 것 같아 마주보자 미엔느는 입가에 옅은 웃음까지 띠고 고개를 끄덕였다.
"읽어줘."
"지, 진짜 읽어달라고?"
"응!"
또 귀찮은 일 하나 벌였군. 머리를 긁적거리다 난 수건에 덮인 미엔느의 머리를 턱 짚었다. 어린 짐승의 눈으로 날 보는 미엔느에게, 난 최대한 태연스러운 미소를 지으며 말했다.
"나중에 읽어줄게. 내일 아침, 아니, 내일 밤."
"왜?"
"왜냐고? 음, 사실 그냥 해본 말이었고…… 지금은 너무 졸려. 밤이 늦었잖아? 이제 자야지. 피곤하지 않아?"
미엔느는 고개를 가로저었다.
"피곤한 게 뭔데?"
"어이쿠, 아가씨. 피곤하다는 건, 몸과 마음이 지쳐서 졸립다는 거, 그런 거야. 자, 어서 자야지, 미엔느? 착한 어린이는 일찍 자고 일찍 일어나야 하는 거야. 책은 내일 읽어줄게, 응?"

역시 아무리 들어도 변명이라고 속으로 생각하며 난 미엔느를 이불 없는 침대로 밀어 넣었다. 그래 봤자 미엔느는 변명이 뭔지도 모를 테니까. 남자 혼자 사는 집이 절대 깨끗할 리 없었기 때문에 어린 숙녀를 재우기 위해서는 이불을 일단 빨아야 했다. 임시로 두터운 코트를 꺼내 덮어주자 미엔느의 작은 몸이 그 아래 포옥 들어가 나는 조금 웃었다. 하지만 미엔느는 불만스러운, 어쩌면 배신감까지 느껴지는 듯한 눈으로 날 쳐다보았다.

"어서 자, 미엔느."

"몽쉘통통은 어른이야?"

물기가 잡혀지는 미엔느의 머리칼을 쓸다가 난 고개를 갸웃했다.

"어른이지, 그럼."

"몽쉘통통은 어른이니까, 일찍 안 자고 일찍 안 일어나도 돼?"

"그건 아니지만…… 꼭 그래야 한다는 규칙은 없지. 아저씨는 어른이니까."

"몽쉘통통은 어른이니까, 책 안 읽어줘도 돼?"

그때 나는 웃어버렸다.

"설마 삐친 거야, 미엔느?"

"삐치는 게 뭔데?"

"토라지는 거 말이야. 상대방이 약속을 지키지 않았거나 기분을 상하게 했을 때, 서운한 거."

여전히 불만족스럽게 날 보다, 미엔느는 코트를 턱 아래까지 끌어올렸다.

"모르겠어."

"기분이 막 안 좋고, 상대가 원망스러워서 툴툴거릴 때 삐쳤다고 하는 거야, 미엔느. 지금 책 안 읽어줘서 기분이 안 좋은 거지?"
 "응."
 "내일 읽어준다니까. 내일 꼬옥 읽어줄게."
 역시나 고집이 강했는지, 미엔느는 지지 않고 꿋꿋하게 따졌다.
 "그렇지만 아까 읽어준다 했잖아."
 "내일 읽어준대도? 오늘은 늦었으니까 일찍 자고, 내일 꼭 읽어줄게."
 "읽어준다 그러고 왜 안 읽어줘?"
 "읽어줄게, 꼭. 정말로 꼬옥. 자, 약속해."
 새끼손가락을 내밀자 미엔느는 물끄러미 그것을 바라보다 입을 벌렸다. 왕, 손가락을 물려드는 미엔느의 태도에 나는 당황해 재빨리 손을 빼었다.
 "아냐, 미엔느. 먹으라는 게 아니라 손가락을 거는 거야."
 "그게 뭔데?"
 "약속하는 거지. 아저씨가 내일 책 읽어준다고 한 말, 꼭 지키라고 손가락 걸고 맹세하는 거야. 자, 너도 새끼손가락 내밀어 봐."
 미엔느는 미심쩍게 날 바라보았다. 진짜라니까, 덧붙이자 그제야 코트 아래서 작은 갈빛 손가락이 꼬물이며 기어 나왔다. 가느다란 새끼손가락에 투박한 내 손가락을 걸고, 나는 빙그레 웃었다.
 "자, 약속. 내일 꼭 책 읽어줄게."
 "진짜?"
 "진짜.
 등잔불을 끄며 나는 미엔느의 이마를 쓰다듬었다.
 "그러니 어서 자요, 귀여운 꼬마숙녀 양."

"그건 뭔데?"
나는 혀를 깨물어버렸다. 아이고.

*

다음날은 이렇다 하게 잡아놓은 약속도 없어 하루 종일 그림에 투자할 생각이었다. 새벽녘까지 브랜디를 친우 삼아 뜬 눈으로 지새우다 깜빡 잠들었더니 어느덧 해가 중천에 떠있었다. 아침잠이 없는 건지 말끔한 얼굴의 미엔느가 창가에 매달려 바깥을 구경하고 있었고, 가볍게 얼굴을 씻은 나는 늘어져라 하품하며 미엔느에게 다가갔다.
"뭘 보고 있어?"
"몽쉘통통, 저거."
미엔느의 작은 손가락이 가리키는 곳을 따라가자 구걸하는 어린 소년이 보였다. 이 비좁은 골목에서 얻어먹을 게 무엇이 있다고 자리 잡은 걸까, 안쓰러워 바라보았을 때 소년에게 다가가는 경찰 한 명이 보였다. 무슨 대화를 나누는지까지는 들리지 않았지만 좋지 않은 이야기가 분명해 보여 난 커튼을 치기 위해 손을 뻗었다.
그러나 미처 커튼으로 가리기 전에 경찰이 소년을 걷어찼다. 잔인하게 날아간 발이 그 머리에 꽂히고, 가냘픈 아이는 바닥에 쓰러져 폭력을 그대로 받아내었다. 퍽퍽, 하는 소리가 골목을 울리는데도 나오는 사람은 아무도 없었다. 분명 지켜보는 이들은 보였는데. 혀를 차고 그를 외면하며 나 역시 커튼을 쳤다.
"저런 거 보지 마, 미엔느."
"왜?"
"어린아이한테 안 좋은 거야."
미엔느는 어떠한 불순물도 들어있지 않은 눈으로 날 올려보았다.

"저 아저씨는 어른이지?"

"응? 음, 그렇지. 그렇다 해도 모든 어른이 저렇게 나쁜 건 아냐."

"그럼 저 아저씨는, 왜?"

어른들의 세계를 본 어린아이에게, 과연 무슨 말을 해주어야 할까. 나는 주머니에 손을 꽂으며 머리를 긁적였다.

"저런 데서 구걸하면 안 되거든. 뭐라고 해야 할까, 도시 이미지가 안 좋아지기 때문에? 요즘은 거지들을 거리에서 쫓아내는 추세라 저 아이도, 잘못했기 때문에 저렇게 혼나는 거고……."

"왜?"

"왜냐니, 뭐가? 잘못했는데 왜 혼나냐고?"

약간 요지가 다른 것 같았지만 미엔느는 고개를 끄덕였다.

"응."

"그게 '당연한' 거니까. 잘못하면 혼나는 거고, 나쁜 짓 하면 벌 받는 거야. 그러지 않으면 너도 나도 잘못을 저지르게 될 테니까 저렇게 사회적 약속을 어긴 사람들은 따끔하게 혼내야 하는 거지."

"왜?"

"그래야 다시는 그런 일이 없을 테니까."

미엔느는 아직도 아리송한 표정이었다.

"몽쉘통통?"

"왜, 미엔느."

"잘못이 뭐야?"

그게 문제였구나, 나는 한숨을 조금 내쉬었다.

"잘못이라는 건, 옳지 않은 짓을 했을 때 그걸 잘못이라 하는 거야. 해서는 안 된다는 일, 해선 안 된다 정해놓은 일, 하면 다른 사람을 아프게 하는 일. 그런 것들이 전부 잘못이야."

"하면 안 되는 거? 원숭이 꼬리 잡아당기는 거?"

원숭이 꼬리 잡아당길 일이 뭐가 있을까, 그리고 왜 그러면 안 될까. 웃음이 나오려는 걸 참으며 나는 고개를 끄덕여 긍정했다.

"그래, 그런 거."

"그럼 왜 해?"

"잘못을 왜 저지르냐면…… 글쎄, 사람이니까 그렇겠지. 사람이니까, 저 소년도 먹고 살아야 하니까 안 된다는 걸 알면서도 저런 곳에 앉아있던 거고, 그게 잘못이기 때문에 경찰이 혼내는 거지. 물론 그 정도가 지나치긴 했지만…… 그래, 저 경찰도 잘못이 있긴 있네. 저런 식의 처벌이 옳은 방법은 아니지."

그래도 밖에까지 나가 따질 생각은 내게 없었다. 그래 봤자 소시민인걸. 커튼 뒤로 숨는다고 뭐라고 하는 사람은 없다. 어차피 다 그러니까.

"그럼 저 아저씨는 왜 잘못해도 안 혼나?"

꼬마 아가씨, 너무 많은 걸 묻지 말아요, 웃으며 머리를 쓰다듬자 미엔느가 어리둥절하며 날 보았다. 그 눈이 정말 갓난 새끼 고양이와 닮아 보여 나는 조금 더 깊게 웃었다.

"어른이 되면, 너도 알게 될 거야."

"어른이 뭔데?"

"세상을 바꾸기보다는 세상에 맞춰가는 사람, 그게 어른이지."

여전히 어리둥절해하는 미엔느를 내버려두고 난 대충 잡동사니들을 밀어놓아 넓은 자리를 마련하기 시작했다. 그렇게 캔버스를 꺼내고 그림 그릴 준비를 하자 심심했던지 미엔느가 뒤에서 물끄러미 날 바라보았다. 타인의 시선을 의식하지 않고 그림 그릴 수 있게 된 지 오래였건만 어린 아이의 빤한 시선은 차마 모르는 척하기 어려운 것이라 나는 애써 웃으며 미엔느에게 말했다.

"미엔느, 너도 그릴래?"

"뭐를?"

"아무거나, 그리고 싶은 거 그리면 돼. 머릿속에 떠오르는 거라던가, 가장 먼저 눈에 보이는 거."

어린아이의 수줍음인지 머뭇거리다가도 미엔느는 내게서 연필을 받아 쥐었다. 미엔느를 위한 연습장을 꺼내다 주고, 역시 연필을 향해 손을 뻗다 나는 잠깐 멈추었다. 연필보다는 역시…….

기껏 깎아두었던 연필을 내버려두고 자리에서 일어난 난 목탄을 꺼내었다.

사실 목탄을 애용하지는 않는 편이다. 구하기도 쉽고 그리기도 쉬우나 지나치게 투박한 선과 세밀하지 않은 묘사는 그다지 내 취향에 부합하는 종류가 아니었기 때문이다. 게다가 지우개로는, 아껴두었던 식빵을 꺼내었다. 먹을 걸로 장난치면 천벌 받는다고 집에서 누누이 잔소리 들었지만 예술에 관해서라면 어른들의 교훈도 잠시 가슴 한켠으로 치워둘 수밖에 없다. 그대로 빵을 베어 물어 아침으로 때우고 싶은 것을 참으며 나는 종이 위로 검은 선을 그려나갔다.

둥글게, 아니, 생각보다 갸름하게. 제대로 먹지 못한 탓일까. 미엔느의 얼굴은 통통하기보다는 바짝 마른 편이었다. 제 손가락만한 굵기의 연필이 들린 가느다란 팔뚝이 안쓰러워 보여 나는 조금 한숨 쉬었다. 정글이라 했다. 어디서, 왜 데려왔을까? 아무것도 모르는 저런 아이를 내게 맡겨서 백작이 기대하는 것은 뭘까? 답 없는 질문이 머릿속에서 배회하는 것을 느끼며 나는 거치나 자유로운 목탄을 간만에 마음껏 그었다.

"몽쉘통통, 몽쉘통통."

그새 그림을 마쳤는지 종종걸음으로 걸어오는 미엔느를 보고 난 조금 웃었다. 모델이 움직여버렸지만 내 그림 또한 마무리 부분에 들어간 상태였고 나머지 잔영은 머릿속에 있으니 걱정할 것이 없었다. 그런 염려는 까맣게 모르고 다가온 미엔느가 제 연습장을 내게 내밀었다. 역시 아이는 아이다. 칭찬을 바라고 포상을 기대하는 건 사회적인 아이나 정글에서 살다 온 아이나 다를 바가 없겠지. 웃으며 난 연습장을 받아 들었다. (이하 생략)

＊긴 글이어서 작품 전체를 수록하지 못합니다.
온전한 글은 문학사랑 카페 〈문학사랑 글짱들〉 청소년문학상 코너에서 읽어보세요.

평화로운 자살

염 보 라
(경화여자고등학교 3학년)

우리들의 자살에 딱히 이유가 있는 것은 아니다. 돼지가 도살되는 것이 먹기 위한 수단에 지나지 않은 것처럼 19년 짧은 생을 산 우리에게, 아니 적어도 내게 죽음이란 미련 없는 삶에 대한 골인점이 아닐까. 굴곡진 삶. 이를테면 왕따, 방황, 폭력, 가족의 불화 등으로 인한 죽음엔 다들 그 '이유'가 있다고들 한다. 그렇지만 평화로운 삶만이 인생의 정착지가 되는 것 또한 아니다. 평화로운 자살. 여기에도 우리는 우리 나름의 죽음 공식이 성립하는 법이다.

"너 그거 들었어?"
"뭐?"
"은수 말이야. 고은수"
"고은수? 중학교 때 전교 일등 하던 그 고은수?"
"그래 걔, 죽었대."

유난히도 화창하던 5월. 매점에서 과자를 먹고 있던 내게 그것은 꽤 어울리는 간식 거리였다. 고은수 하면 같은 중 나온 애들치고 안 들어본 애들이 없을 만큼 공부는 물론이고 운동, 미술, 음악 등 못하는 게 없는 엄친아 였으니까.
"뭐? 왜? 자살 한거야?"
"아니 그건 아니고 차사고 났다는 거 같던데."
"진짜 대박이다. 사람일은 모른다더니……."
"그러니까. 중학교 때 걔 좋아하던 애들이 한둘이냐. 울고불고 난리 났었을 걸."
"언제 죽었는데?"
"잘은 모르겠고 한 달 정도 됐나."
"아…….근데 좀 소름 끼친다."
 팔에 돋은 닭살을 쓰다듬으며 자리를 정리하고는 반으로 향했다. 아드레날린이 찔끔찔끔 흘러나올 만큼 자극적이긴 했지만 그건 또 그날뿐이었다. 온 몸에 아드레날린이 분출되어 발 끝 말초신경까지 건드리기 시작한건 그로부터 세 달이 지나서였다.

 떡 진 머리를 질끈 묶고 파란 추리닝 차림으로 엘리베이터 버튼을 눌렀다. 아침부터 고지서를 가져오라며 이천 원을 쥐어주는 엄마 때문에 까끌거리는 목을 뒤로 한 채 현관을 나선 것이다. 1층에서 내려 낯선 철통들을 들여다보며 1301호를 훑어 나갔다. 허연 봉투들을 휘익 뽑아들자 찌그덕 거리며 벌려져 있던 입이 요란스레 닫혔다. 아직 1층에서 기다리고 있는 엘리베이터에 올라타서는 다시 집으로 돌아갔다.
"나은아, 이건 너한테 왔는데?"
 다시 이불을 뒤집어쓰려는 참에 엄마의 목소리가 들려왔다.
"편지요? 나한테 그런 거 올 거 없는데"
 짜증과 잠이 섞인 목소리로 대꾸하며 다시 방문을 열었다.
"고은수 라고 적혀있어. 친구니?"

그때까지만 해도 편지가 왔다는 사실이 신기했을 뿐이지 보낸 사람이 누굴까에 염두를 두지는 않았다. 흰 봉투에는 아래에 경기도 광주시 송정동 멜로디 아파트 604동 1301호 김나은 앞 이라고 쓰여 있었고 위에는 고은수 라고만 정자체로 적혀있었다.

아빠다리로 침대에 앉아 봉투를 뜯어 왼손에 부어보니 세로로 두 번 접힌 에이포 용지 한 장과 아무것도 달려있지 않은 자그마한 열쇠하나가 떨어졌다. 펼쳐든 새하얀 종이에는 또박한 글씨로 나를 부르고 있었고, 줄 하나 없는데도 내 눈에만 보이지 않는 것처럼 글자들은 가지런히 배열되어 있었다. 그 편지는 전혀 놀라움 없게도 네 달 전 죽은 고은수가 쓴 글이 맞았으며 중학교 3년 내내 같은 반을 한 나로서 충분히 잊히지 않을 만큼 깔끔한 고은수의 솜씨였다. 그 수상한 편지를 뜯기 시작한 순간 마지막 남은 2주의 여름방학에 기름이 콸콸 부어지고 있었다.

죽음에 대한 공식은 아래와 같다.
$D = L.L - C.P \times O.H$
죽음은 삶의 전체(Longevity of Life)에서 고통에 대한 자각과 행복에 대한 망각을 곱한 값(Consciousness of Pain × Oblivion of Happiness)을 뺀 값이다.

나는 어릴 적 부터 평범한 가정 속에서 평범한 친구들과 평범한 생활, 평범한 행복을 누리며 살아왔다. 드라마나 영화 속에 나오는 위험한 일들은 단지 극적 요소일 뿐이라고 생각했고 할아버지 두 분이 내가 태어나기 전부터 돌아가셨다는 걸 제외 하면 가족 모두 건강해서 장례식조차 참석한 적이 없었다. 내게도 물론 친구들과의 다툼, 부모님의 부부싸움 등은 어느 정도 있었지만 그건 어디까지나 '어느 정도'였다. 팔팔한 사춘기였던 내게 이런 소소한 일상은 행복이 아니라 지루함이었고 그런 내게는 다른 사람이 나를 특출이

돌아봐줄만한 훈장이 필요했다. 그렇게 나는 중3겨울 적당한 두려움과 망설임을 안은 채 손목을 그은 것이다. 손이 바들바들 떨리고 식은땀이 계속 흘러 깊게 베지도 못하고 여러 번 시도만 했다. 커터 칼로 길게 낸 자리에는 빨간 피가 몽글몽글 맺혀만 있었고 TV에서처럼 빈약한 여주인공의 모습은 어디에도 없었다. 겨울이라 '나 자살시도 했어요.' 자랑할 수도 없었을 뿐 아니라 부모님이 볼까봐 집에서도 내내 긴 팔을 입고 있어야만 했다. 같잖은 자살시도는 그렇게 흐지부지 끝난 것이다. 그 후로도 몇 번 게보린을 과다복용 한다거나 일주일을 쫄쫄 굶는 다거나 하는 시도는 했지만 몇 번 학교를 빠진 것 외에 큰 성과는 없었다. 그러다 작년 갑자기 터진 맹장 수술을 하고 일주일 동안 끙끙 앓고서야 건강한 게 제일 속 편하다는 당연한 진리를 배우고 더 이상의 자살시도에는 손을 끊었다. 그런 점에서 나는 방황을 일찍 끝냈고 철도 빨리 든 편이라고 생각했다. 누구에게나 방황은 있으니 혼자 자해하고 혼자 자책하며 자신을 만들어가는 방법이 다를 뿐일 거라고. 그러나 은수의 경우엔, 내가 바라던 훈장을 죽음이 아니라 다른 것들을 통해 충분히 따놓은 그 고운 수가 내게 편지를, 그것도 이런 말도 안 되는 내용의 편지를 보내왔다는 건 도무지 어떻게 받아들여야 하는 걸까. 더구나 '살인범을 찾아 달라' 니.

"학생! 종착역이야."

"……아 네! 감사합니다."

버스카드를 서둘러 찍고는 서울역에 내렸다. 편지의 마지막엔 '서울역 2번 출구 18번'이라고 되어있었다. 따로 설명하지 않아도 나는 이미 열쇠를 꽉 쥐고 나갈 채비를 했다. 서울역 직원이 닫혀있는 사물함을 이상하게 여겨 따버렸으면 어쩌나 하는 우려와 달리 2번 출구에는 다 녹슬어서 달려있는 열쇠도 몇 개 없는 고철 덩어리가 놓여있었다. 역시 고은수가 괜히 고은수가 아니라는 생각에 닿기까지 그리 오랜 시간이 걸리지는 않았다. 주저 없이 18번이라고 적힌 구멍에 가져온 황빛 열쇠를 넣었고 이어 찌뿌듯한 비명과 함께 문은 활짝 열렸다. 특유의 쇠 냄새와 함께 내 눈에 들어온 건 스톱워치와 또 다른 열쇠, 그리고 봉투였다.

  봉투에서 편지를 꺼내 끝까지 읽어 내려간 나는 버스에서 생각해 놓은 레퍼토리를 되뇌며 엄마한테 전화를 걸었다.

  "엄마 나 오늘 주희네서 자려고요. 응. 응 아니. 방학숙제도 남았고……. 네 알았어요. 지금 도서관이니까 저녁 먹고 또 할게. 네 끊어요."

  종이에 적힌 주소대로 경산으로 가는 동대구역 3시 표를 끊었고 3분2초17에서 멈춰있는 스톱워치를 손에 든 채 기차를 기다리기 시작했다.

  살인에 대한 공식은 아래와 같다.
$$M=(H+S)\times SA$$
  살인은 적개심(Hostility)에 자기성찰(Self-esteem)을 더한 후 사회적 소외감(Social Alienation)을 곱한 값이다.

  편지에는 약도와 버스 노선 등 꽤 친절히 쓰여 있었다. 하물며 떡볶이가 맛있다는 분식점 까지. 하기야 고은수 이 놈은 원래부터 이랬다. 남녀노소 할 것 없이 모두에게 친절했고, 항상 웃는 낯이어서 전교 꼴등을 하는 애였더라도 선생님과 친구들의 사랑을 듬뿍 받을 상이였다. 그런 애와 3년이나 같은 반을 하다보면 자연스레 나의 존재는 내게서 잊히기 십상이었고 부러움과 존경을 넘어서 이따금 살인 충동 같은걸 느끼곤 했다. 어디까지나 생각이었고 실천적 의지도 없었지만 무작정 이렇게 그를 위해 -비록 살인범 잡기라는 말도 안되는 명목 하에- 움직이고 있는 건 그때 들었던 생각에 대한 죄책감일지도 모르겠다. '저런 완벽한 애들이 다 죽어야 나 같은 애들이 빛을 보지.' 에서 '나 같은 건 어찌됐

든 안 돼.'에 이르러 '오장육부 뒤집히게 아픈 것 보다야 평범히 공부하는 게 제일이다.' 까지 나는 결국 북 치고 장구 치다 극복했는데 너는 왜 그렇게 허무하게 죽어버렸을까. 처음으로 너한테 연민이 든 건 아마도 주희한테서 네 죽음을 접한 삼 개월 전, 그때부터 이미 내 몸속엔 동정이라는 녀석이 적혈구와 함께 핑글핑글 돌기 시작했을 거다.

　　720번 버스가 광암 초등학교를 외치며 나를 그곳에 내려놓았고 시간은 어느새 노을에 짙게 덮여 8시를 가리키고 있었다. 초등학교는 생각했던 것보다 더 많이 작았다. 2층으로 된 일자형 시멘트 건물과 그물 없는 축구골대, 그네 두개, 그리고 열 그루 정도의 나무들이 듬성듬성 심어져 있을 뿐이었다. 교문을 들어서 두리번거리다가 '사랑 봉사 실천'이 쓰인 글씨 밑 유리문으로 걸음을 옮겼다. 시골이라 그런 건지 고은수를 믿어서 그런 건지는 몰라도 의심 없이 3학년 2반 교실을 찾아 나섰다. 복도를 따라 왼편으로 쭉 들어서며 틈틈이 불을 켰고 2반의 앞문으로 들어서서는 불을 딸깍 켰다. 허리춤도 안 오는 작은 책상들이 있었고 여기서 수업을 하긴 하는 건지 나름 화분들도 창문에 세워져 있었다. 나는 뒤편에 놓인 사물함 앞에 다가서서 17번 문을 당겨냈다. 거기엔 초등학생용 크레파스와 교과서 몇 권뿐이었다. 뒤적거리다 문을 다시 닫았다. 그러고 보니 자물쇠가 있지도 않았고 손잡이 옆에는 삐뚤한 글씨로 '이수정'이라고 적혀있을 뿐이었다. 여길 말한 게 아닌가? 그럼 3분 2초 17은 뭐지? 왜 여기로 오라고 한 거야? 편지에는 주소만 적혀있을 뿐 더 이상의 요구사항은 없었다. 난 다시 가방을 뒤적여 두 번째 편지를 꺼내 들었고 찬찬히 읽어 내려갔다. 그때였다.
　　"학생"
　　나는 죄지은 것 마냥 흠칫 놀라 고개를 들었다.
　　"여기서 뭐하나? 이 시간에 맘대로 들어오면 안 되는데……."

"아, 죄송합니다. 얼른 나갈게요."
나는 앉아있던 책상에서 일어나 가방을 다시 메고는 반을 나섰다.
"아……. 저기 학생! 혹시……."
손전등을 들고 수위복을 입은 아저씨가 나를 불러 세웠다.
"김나은 학생이야?"
"……네?"
"아니……. 아니야, 그럴 리가 없지. 어여 조심히 가."
사투리가 적절히 벤 그 목소리에서 흘러나온 건 분명 내 이름이었다.
"아 저 김나은 맞는데요."
"맞다고?"
"……네."
아저씨는 허허 웃으며 턱을 쓰다듬었다. 그러고는 골똘히 생각 하시는가 싶더니 따라오라고 하셨다. 복도 끝에 붙어있는 자그마한 수위실에서 아저씨는 십여 분 동안 뭘 찾으시다가는 내게 건네주었다. 아동용 실내화 였다.
"이게 뭐에요?"
내가 그것을 받아들며 되묻자 아저씨는 자초지종을 설명해 주셨다. 그러니까 3월 달 초 즈음에 한 남학생이 찾아와서는 다짜고짜 이걸 내밀더란다. 그러고는 8월 초에 자기 또래의 김나은이라는 학생이 올 거라고 그럼 꼭 좀 전해주라고 했다고 한다. 아저씨께서는 20년 동안 근무하면서 이런 일이 없다고, 안된다고 하셨는데 너무도 간곡히 말해서 하는 수 없이 받아 두셨다고. 그런데 설마 진짜 찾으러 올 줄은 몰랐다고 하시는 거였다. 나는 감사하다고 꾸벅 인사를 하고는 건물을 빠져 나왔다. 휑한 운동장을 가로질러 그네에 앉아 받아온 물건을 들여다보았다. 때 묻은 실내화 가방에는 파워 레인저 다섯 용사가 튀어 나올 듯 새겨져 있었다.
"하아"
한숨부터 새어나오기 시작했다. 가운데 있는 빨간 용사를 손으로 쓸어보니 삐져나오는 물음들은 더 커져만 갔다. 서울역에 있었던 편지에는 다음과 같이 쓰여 있었다.

'이 곳까지 나를 만나러 와준 것도 참 많이 고마워. 왜 그런 편지를 너에게 보냈을까. 솔직히 아직 나도 잘은 모르겠어. 그렇지만 뭐랄까 넌 알고 있을 거라 생각했어. 3년 동안 나와 같은 반을 했었던 넌 나를 죽인 범인을 꼭 밝혀낼 거라고.
　　알고 있을 진 모르겠지만 너하고 난 많이 닮았어. 지나버린 시간을 그리워하고 현재에 아득한 미련을 품고 있다는 점. 거스를 수 없는 미래를 갈망하고 동시에 도돌이 치고만 있는 그 점이. 나은아, 네가 날 어떻게 생각해 왔는지는 모르지만 이제부터 너한테 내 과거를 보여주고자 해. 정확하게는 '진짜 고은수'를. 돌아갈 수 없는 그 곳으로 네가 와주길 기다리고 있을게.'

그는 분명 '과거'라고 했다. 그럼 이 곳이 그가 나온 초등학교일 거고, 멈춘 시간은 3학년 2반 17번 고은수를 가리키고 있음이 틀림없었다. 그렇지만 알 수 없는 건 여전히 고은수를 죽인 범인이라는 것이다. 분명 정말이지 누군가 그를 죽일 걸 알고 있었다면 그는 진작 경찰에 연락 했을 것이다. 그런데 내게, 이렇게 죽고 나서야 진상을 파헤쳐달라는 심보는 도무지 어림잡아지지 않았다. 솔직히 그가 나와 같은 생각을 갖고 있다는 건 놀라웠다. 그의 표현은 어렵기는 했지만 지금의 삶에 미련이 없다는 것, 그렇지만 지나온 과거를 끊임없이 추억한다는 것. 이런 건 언제나 내가 짊어온 '나' 였으니까. 어쩌면 은수는 자신을 모르는 내가 그를 알아 봐주기를 원한 것일까? 그렇다면 왜? 굳이 가만히 있는 나를? 물음은 점점 논점에서 벗어나 나 자신의 근원적 무언가를 건드리고 있었다. 꼬여진 실타래를 잘라내는 것 밖에는 해결책이 없다. 고개를 들었고 하늘에는 총총히 뜬 별들이 자신들의 언어를 몸짓으로 표현하며 내가 해야 할 일을 짚어주고 있었다.

　실내화 가방의 찍찍이를 뜯자 그 곳엔 자물쇠로 채워진 비밀일기장 하나가 들어있었고 서울역 사물함에 있던 열쇠를 넣어 딸깍 돌리자 얄밉게도 케케묵은 봉인은 사르르 풀려버렸다.

　　　오늘 나는 주영이 생일파티에 갔다. 치킨도 먹고 피자도 먹었다. 학교에서는 받아쓰기를 했는데 저번보다 두 개를 더 맞아서 좋았다. 집에 가면 엄마가 칭찬을 해줄 거다. 그리고 나는 주영이가 좋다. 주영이랑 계속 친구가 되었으면 좋겠다. 또 나는 오늘 주영이랑 축구도 했다. 커서 주영이랑 같이 축구 선수가 될 거다.

　일기장엔 여지없이 과거의 고은수가 들어있었다. 축구를 좋아하는 아이, 친구를 좋아하는 아이, 먹을 것을 좋아하는 아이. 그 아이들은 삐뚤삐뚤한 글씨만큼이나 덜 성장한 어린 은수를 고스란히 드러내고 있었다.

　근처 찜질방에서 잠을 자고 아침 일찍 몸을 일으켰다. 미역국을 사먹고는 광암 초등학교 주변으로 곳곳을 탐색하기 시작했다. 형편없는 솜씨로 쓰인 일기장에 나와 있는 대로 문방구, 놀이터, 뒷 둑 등을 다녀 보았다. 물론 어린 은수가 보는 시점과 지금의 내가 보는 시점은 많이 달랐지만 잠시나마 나는 그를 대신해 우수에 젖어볼 수 있었다.

　내가 초등학생 땐 뭘 했었지? 그때만 해도 적어도 학원에 치여 살지는 않았던 것 같다. 쉴 수 있는 여유가 있었고, 앞으로의 걱정보다는 지금의 즐거움이 당시에는 가장 우선이었다. 뒷산에 나는 산딸기를 따먹고 꽃을 꺾어서는 꿀이 나온다고 쪽쪽 입에 물고 다니거나 시장 놀이, 엄마 놀이, 숨바꼭질을 하며, 어울린다는 것 그 자체를 온 몸으로 체험하고 배웠었다. 주위를 둘러볼 필요도 없이 지금의 나는 어떠한가. 일기장을 읽으면 읽어갈수록 이 녀석은 형편없는 게 아니라 정말이지 형편없는 내 형편을 더 꼬집어 주고 있음을 실감하고 있었다.

서둘러 버스를 탔다. 일기장 맨 마지막엔 멈춰 버린 은수가 쓴 마지막 일기가 있었다.

'2011년 3월 2일 날씨 맑음
전화 한통을 받았다. 주영이 어머니 였다. 아버지 일 때문에 경기도로 전학을 오면서 주영이 와는 연락이 끊겼었는데, 오랜만에 듣는 아주머니 목소리 치고는 좋지 않았다. 그렇지만 차마 왜 그러시냐고 물을 엄두는 나지 않아 계속 안부만 물었다. 어쩌면 나는 이미 지역번호가 다른 053이 뜰 때부터 아니, 선천적으로 폐가 안 좋던 그 녀석을 혼자 두고 전학을 와버렸을 때부터 항상 불길한, 그 찝찝한 무언가는 맞고야 말거라고 짐작하고 있었을 거다. 강에 뿌렸다는 아주머니의 말씀에 어디냐고 물을 필요는 없었다. 녀석과 내게 가장 소중한 장소는 어김없이 그 곳일 테니까.'

햇볕이 유독 강하게 내리쬐는 8월. 그것도 가장 고조에 다다른 대구에서 극도로 치솟은 내 아드레날린 수치는 점점 내려갈 기미를 보이고 있었다.
커다란 느티나무를 보고 있으니 나마저 거대한 숲의 일부가 되어버린 느낌이었다. 나무 몸통위에 한 손을 가만히 올려 보았다. 심장 뛰는 소리가 쿵쿵 하고 들려왔다. 정확히 말하자면 그건 나의 울림이 나무를 타고 다시 내게 돌아오는, 현재를 딛고 있는 나의 외침이라는 표현이 옳았다. 숨을 가다듬고 다섯 발자국 정도 떨어져 올려다보니 그 나무는 다른 쪽 나무와 길게 끈으로 연결되어 있었는데 그 끈에는 또 수많은 노란 종이들이 묶여 있었다. 그리고 그 가운데 쯤엔 새하얀 종이가 돋보이게 위치하고 있었다. 나는 주저 없이 그 밑에 섰고 망설임 없이 종이를 풀어냈다.

'↑'

달랑 이 화살표만 그려져 있어서 앞뒤로 확인해 봤지만 역시 그것뿐이었다.

하늘을 가리키는 건가? 아냐. 그렇게 의미 없이 묶어두지는 않았을 거야. 그럼 오른쪽? 왼쪽? 생각해 보자. 내가 다른 누군가에게 뭘 전해야 한다면 어디에 보관할까.

변하지 않는 곳, 변하지 않을 곳. 그건 항상 그날을 사는 '현재'였다.

나는 딛고 있는 곳에 웅크리고 앉아 바닥을 파내기 시작했다. 은수가 써 놓은 일기에는 그들만의 이 노란종이에 담긴 희망이 적혀있었고 그렇다는 건 오랫동안 발판이 되어준 이 땅도 변함없는 희망을 담고 있었을 거라는 얘기다.

새벽에 비가 왔었는지 꽤 촉촉한 땅은 팔수록 쉽게 파여졌고 십여 분 동안 방향을 헤매던 나는 철통으로 된 작은 손가방만한 상자를 발견했다. 우습게도 그걸 누가 찾을 거란 생각은 안했는지 자물쇠는 열려 있었다.

 거기에 들어 있는 건 통장과 도장, 은수의 마지막 편지였다.

사람들은 누구나 그들만의 짧고 김이 있다. 나의 경우도 아직 살 길이라는 철로에 사분의 일만을 걸어왔지만 감기가 걸렸을 때, 친구와 싸웠을 때, 부모님께 혼이 났을 때 나름의 상대적 속상함이 작용을 한다. 그렇지만 절대적으로 모두에게 적용되는 짧고 김은 '몰입도'라고 생각한다. 목표라는 문이 앞에서 기다린다면 누구든 문고리를 돌리기 위해 온 정신을 거기에 쏟아 붓는다. 그러나 막상 도착한 문에 문고리가 달려 있지 않다면 대게 실망하기 마련이다. 그래도 사람들은 나가기 위해 다른 문을 찾아보고는 하는데, 어떤 한 사람에게 출구는 오직 그 문 하나라면 상황은 다르다. 몰입도가 절대적으로 곤두박질치기 때문이다.
 이러한 점에서 나는 다음과 같은 세 번째 공식을 적용할 수 있다고 생각한다.
 S=D×M÷I
 죽음 공식에 살인 공식을 곱하고 그 값을 인생의 몰입도(Immersion)로 나누면 자살공식이 성립한다.
 통장에는 800여만 원이 들어있었다. 연도를 보니 초등학교 때는 5만원 씩 넣다가 중학교를 들어오면서부터 10만원 씩 저금한 듯 했다. 학생치고는 꽤 큰돈인데 용돈을 아껴 다른 데 쓰지 않고 저금해 온 것이 분명했다.
 편지에는 이렇게 적혀 있었다.

 '폐 수술하는데 얼마가 드는지 아니? 난 아직도 잘 모르겠어. 주영이 그 자식이 아픈 거만큼 돈도 그만큼 들겠지 하고 무작정 모아온 거니까 많이 모으면 좋을 거라고 생각했거든. 내가 되고 싶었던 축구 선수, 과학자, 선생님 이런 건 다 김주영 꿈이었는데……. 그 녀석이 없는 이상 내 꿈도 없어져 버렸어. 그게 무슨 의민지 진정으로 네가 날 이해해 줬으면 좋겠다. 주영이는, 못나긴 했지만 나라는 놈이 울어라도 주니 19년 인생 잘 살았다고 할 만 하지만 과연 내가 차에 치여 죽었을 때, 칼에 찔려 죽었을 때 눈으로 말고 마음으로 울어줄만한 사람이 몇 있을까 회의감이 들고는 했었어. 그런 면에서 나은아, 나와 주영이가 함께하는 여기, 폐병 따위 얼른 낫게 해달라고 노란 종이를 열심히 묶어왔던 이곳에서 날 위해 남들처럼 더 이상 울고 있지만은 않았으면 해.'

 손톱엔 흙이 잔뜩 끼고 머리카락도 땀으로 덕지덕지 눌어버렸지만 그의 말처럼 눈물은 나지 않았다. 대신 왼쪽 손바닥에 못을 박는 듯 한 느낌이 들었고 그 고통은 고스란히 왼팔을 타고 올라 가슴 쪽에서까지 윙윙 맴돌았다. 그 돈을 어떻게 써달라는 건지, 나보고 쓰라는 건지 이런 얘기는 없었다. 아마도 그건 죽는 걸 예견한 사람의 허무함의 결과물이 아닐까. 여러 번 자살시도를 해본 내가 그와 나란히 느낄 수 있는 감정 중 하나였다. 덧붙여 그는 분명 그 누구보다도 나를 잘 알고 있었고 동시에 많이 믿고 있다는 것도 더러운 손으로 가방을 뒤적거려 집으로 제일 처음 온 편지를 펴들었고 다시 한 번 읽어 나갔다.

'고은수는 4월 10일 9시경 학원이 끝나고 집에 가는 길에 6차선 교차로를 건너다 흰색 아반떼에 치여 숨졌다. 운전하던 사람은 40대 중반의 남자로 근처 친구네를 방문하려는 길이었고 빨간불로 신호가 바뀌는 것을 보고 브레이크를 확실히 밟았다고 진술했다. 은수는 응급실로 호송 중에 사망하였으며 결정적 사인은……이였다.'

은수는 분명 살해당했다. 하지만 동시에 그건 그가 선택한 죽음이었고 그의 자살 공식에서 극한값이 붙어 $I \to 0$ 으로 갈 때 분모 값은 한없이 작아져 사라져 버린 것이다. 하지만 그가 내게 바란 이해를 나는 할 수 없었다. 김주영은 내가 아는 사람도 아니었고 설령 내가 고은수 같은 처지에 있었어도 나는 친구가 내 인생의 몰입도는 아니었을 것이기 때문이다. 물론 나 또한 I 값이 작아 자살시도를 해왔었지만 상대적으로 분자에 위치한 값들도 작았기 때문에 번번이 실패로 돌아갔던 것이다.

내가 언젠가 그를 이해하고 통장을 바람직하게 쓸 날이 온다면 바보같이 차가 올 줄 알면서도 뛰어든 그가 조금은 후회를 할까.

어쨌든 8월의 한 날, 너희와 함께 흐르는 이 강을 보고 있는 내가 있는 이상 그가 죽은 결정적 사인은 '평화로운 자살'이었다.

괴물

김 상 선
(전북사범대부설고등학교 3학년)

 난 허리에 손을 얹고 깊은 한숨을 쉬었다. 그렇게 한동안 어둠속에서 가만히 서있던 난 문뜩 무언가를 깨달곤 할아버지의 방으로 향했다. 난 떨리는 손으로 할아버지의 방문을 조심스레 열었다. 얼마 크지 않은 자그만 방. 그 방의 구석에 있는 낡은 앉은뱅이책상에 할아버지가 앉아 계셨다. 할아버지는 느린 움직임으로 책상 밑 두 번째 서랍에서 양장처리 된 두꺼운 검은색 책 한권을 꺼내셨다. 그리곤 책을 펼쳐 한동안 바라보더니 갑자기 허리를 돌려 나를 바라보곤 말하셨다.
 "괴물이 있구나, 나를 집어 삼키려는 괴물이……."
 그 말을 듣는 순간, 그때서야 난 볼 수 있었다. 할아버지의 머리 위에서부터 천천히 할아버지를 잠식하고 있는 거대한 괴물을. 괴물은 마치 매연 연기처럼 형태가 뚜렷하지 않았지만 새까맣고 긴 손톱과 발톱으로 할아버지에게 매달린 채 할아버지를 서서히 잠식하는 것만큼은 확실하게 보였다. 그 괴물에 대해서라든지 할아버지에 대해서라든지 뭐라도 말하고 싶었지만 이상하게도 그 어떤 말도 할 수가 없었다. 그렇게 한동안 긴 침묵이 이어지더니 할아버지는 그 가냘픈 손을 서서히 들어 올려 나를 가리켰다.
 "상현아…너는…너는……."

할아버지는 말을 다 잇지 못하셨다. 갑자기 할아버지는 마치 발작이라도 일어난 듯 온몸을 심하게 떨었다. 그러면서도 떨리는 눈동자와 손가락은 정확하게 나를 향하고 있었다. 그리곤 거의 고함치듯 소리쳤다.
"너만큼은……너만큼은, 너만은!"

그 순간, 눈을 떴다. 호흡은 거칠었고 식은땀이 흘러 내렸다. 커튼이 반쯤 젖혀진 창문으로 들어온 햇볕이 나를 내리쬐고 있었고 그 햇볕에 오래된 방의 먼지가 떠다니는 것이 보였다. 이게 무슨 일인가, 꿈을 꾼 것일까? 띵한 머리를 부여잡고 주위를 둘러봤다. 지저분하게 대충 글씨만 지워놓은 커다란 녹색 칠판과 아무렇게나 놓여 있는 책상들이 보였다. 그리고 이곳에 나만 혼자 덩그러니 앉아있었다. 아마 강의를 듣다가 그만 깜빡 졸았나보다. 나는 크게 한숨을 쉬며 흐르던 식은땀을 닦아냈다. 닦아낸 손에 식은땀이 흥건했다. 이런 이상한 악몽은 벌써 며칠째 계속되고 있었다. 도대체 왜 자꾸 이런 꿈을 꾸는 것일까? 건강에 문제라도 있는 것인가, 아님 무슨 다른 문제라도…….
아, 그럴 리 없지, 다 괜찮을 거야. 그렇게 생각하곤 고개를 세차게 흔들었다. 시계를 보니 벌써 5시 30분이었다. 원래 4시 30분에 끝나는 강의니까 강의가 끝나고도 1시간이나 더 잔 것이었다. 시계를 보고나니 왠지 모를 쓸쓸함이 온몸을 감돌았다. 40여명이나 가득 들어오는 강의실에서 1시간이나 계속 잤는데도 불구하고 아무도 나를 깨우지 않았다는 사실에 나는 냉소를 지을 수밖에 없었다. 이제, 같은 강의를 듣는 것이 거의 6개월 가까이 되었다. 그런데도 난 지금까지 강의를 듣는 수많은 사람들 중에서 이렇다 할 친구 한 명을 만들지도 못했다. 그저 형식상의 관계만 맺었을 뿐, 그들과 난 그냥 같은 수업을 듣는 대학 동기에 지나지 않았다. 그 많은 사람들 중, 나만 혼자였다.
생각이 거기까지 미치자 순간, 온몸에 소름이 돋는 것을 느낄 수 있었다. 순간적으로 공허한 차디찬 기운이 온몸을 감싸 안았다. 아무도 없는 텅 빈 강의실에서 나 말고 어떤 다른 존재가 있다는 걸 느꼈다. 온 신경이 곤두섰고 숨은 가빠졌다. 오늘은 나타나지 않기를 바랐는데, 이젠 온몸을 파고드는 그 괴로움으로부터 벗어나고만 싶은데. 나는 그렇게 그것이 다시 나타난 것이 아니길 간절히 바라면서 천천히 강의실을 훑어봤다. 그리고 얼마 가지 않아서 강의실 구석, 햇볕이 들어오지 않는 그늘진 공간에 거대한 어둠덩어리, 그러니까 할아버지를 광포하게 집어 삼키던 바로 그 괴물이 있는 것을 볼 수 있었다. 괴물의 형체는 늘 뚜렷하지 않았다. 그 어떤 명암, 부피, 질감, 색체 따위가 느껴지지 않았고, 마치 거대한 우주처럼 끝없는 공허만이 감돌고 있는 하나의 어둠만이 존재할 뿐이었다. 그 어둠덩어리이자 무시무시한 괴물은 그렇게 그늘 속에서 나를 조용히 응시하고 있었다.

아, 어째서일까. 왜 오늘도 내 앞에 나타나서 나를 그토록 괴롭히려 하는 것인가? 괴물의 존재를 확인하고 난 뒤, 말로 형용할 수 없는 깊은 절망이 찾아왔지만 애써 괴물을 무시했다. 그래, 이건 일종의 정신착란일 것이다. 세상에 괴물 같은 게 있을 순 없다. 그런 게 있다고 말하는 사람은 미치광이일 뿐이지. 순간 할아버지가 떠올랐지만 애써 다른 생각에 집중했다. 이번 레포트는 어떤 형식으로 하는 것이 좋을까, 좋은 아르바이트 하나라도 구해야 할 텐데, 오늘은 집에 가서 뭘 먹지? 인스턴트 음식은 이젠 지긋지긋해.

나는 이런 생각들에 애써 집중하며 강의실을 빠져나왔다. 끊임없이 생각에 생각을 연속하면서 최대한 괴물을 신경 쓰지 않고 무시하려 노력했지만 괴물이 나를 따라오고 있다는 것을 자연스레 느낄 수 있었다. 나는 그 괴물을 따돌리기 위해 점점 걸음걸이를 빨리했다. 괴물을 따돌려야 해, 이젠 이 괴물을 떨쳐낼 때가 됐어. 따돌리자, 지워버리자, 그리고 처음부터 다시 시작하는 거야. 그렇게 스스로를 다독이며 꽤나 긴 복도를 거의 뛰다시피 걸어 순식간에 지나갔다. 복도를 지나고 그렇게 계속 걷고 또 걸어 건물을 빠져나왔다. 그럼에도 멈추지 않고 교정을 계속 빠르게 걸었다. 나를 쫓아오지 못하게, 괴물의 모습이 전혀 보이지 않을 때까지 계속 걷고 걸었다. 그렇게 얼마를 걸었을까. 난 잠시 숨을 고른 뒤 천천히 걷기 시작했다. 이전과 같은 불안이나 두려움은 확실히 없었다. 혹시라도 다시 불안감이 찾아오진 않을까하는 생각에 그 어떤 다른 일은 생각하지도 않았다. 그저 아무 생각 없이 사람들 사이를 걸었다. 다정하게 손을 잡고 걸어가는 연인들 사이를, 왁자지껄 떠들며 킬킬대는 소녀들 사이를, 아이들과 함께 캐치볼을 하며 놀아주고 있는 한 아버지의 옆을 지나가며 홀로 걸었다. 그런데 이상하게도 그렇게 그들 사이를 지나가면서 뭔가 알 수 없는 섬뜩함을 느꼈다. 내가 지나친 모든 이들과 나 사이에 보이지 않는 어떤 장막 같은 것이 드리워져 있는 것 같았다. 나는 절대로 넘어갈 수 없는, 그들과 날 철저히 분리시키는 거대한 장막. 그 장막 속에서 나는 홀로 서있었다. 그 순간, 문득 한 가지 사실을 깨달았다. 어느새 새까만 거대한 괴물이 나를 차츰차츰, 잠식하기 시작했다는 것을 몸서리 쳐지게 느낄 수 있었다. 그렇지만 그렇다 하더라도 내가 할 일은 아무 것도 없었다. 내가 할 일이라곤 그저 지금까지 쭉 그래왔듯 괴물이 날 잠식해가는 그 고통을 삭히며 내일은, 내일부턴 이 괴물이 찾아오지 않기를, 누군가 나를 이 괴물로부터 구원해주길, 그렇게 바라면서 하루하루를 버텨가는 일뿐이었다.

아, 할아버지도 이런 느낌이셨을까? 이 고통을 매일 느끼셨을까? 문득 할아버지의 건조하고 메마른 눈동자가 떠올랐다. 그 건조한 눈동자로 허공을 응시하시던 할아버지. 할아버지는 괴물이란 존재를 처음으로 언급한 분이셨다.

"괴물이 있구나, 괴물이 있어. 너희들은 믿지 않겠지만…… 정말로 괴물이 있어!"

언제부터였을까. 어느 순간 할아버지는 갑자기 괴물이 있다는 소리를 하시기 시작하셨다. 할아버지가 갑자기 그런 이상행동을 할 만한 특별한 일이 일어난 것은 아니었다. 그냥 지극히 평범한, 평화로운 나날이었다. 그렇다고 해서 할아버지가 치매가 걸리셨거나 한 것 역시 아니었다. 할아버지의 정신은 언제나 깨어있었고 행동도 평상시와 별 차이가 없었다.

그저 괴물이 있다, 라는 소리만 반복하기만 할뿐이었다. 시간이 지나도 증세가 전혀 나아지지 않자 부모님의 고민은 점점 깊어만 갔다. 부모님은 할아버지의 '괴물'을 없애기 위해 전국에서 꽤나 유명하다는 박수무당을 큰돈을 주고 집에 모시기도 했고 유령 심리학자를 불러오기도 했다. 그리고 정신력에 도움이 된다는 여러 고가의 한약재와 출처를 알 수 없는 온갖 약들을 모조리 사들였다. 부모님은 할아버지를 위해 돈을 전혀 아끼지 않으셨다. 하지만 이런 부모님의 노력에도 불구하고 할아버지의 괴물은 사라지지 않았다. 오히려 할아버지의 병적인 증세는 점점 더 심해져만 갔다. 할아버지는 항상 자신의 방에서 두려움에 떨며 말했었다.

"너무나도 두려운 괴물이야. 이 무시무시한 놈은 내게 어떤 약을 먹여도, 아무리 돈을 쏟아 부어도 사라지지 않을 놈이야. 그러니, 그러니 제발 내 곁에 남아주렴. 어멈아, 아범아, 그냥 그거면 된단다. 단지 그뿐이란다. 날 홀로 남겨두지 말아다오……."

할아버지는 항상 이렇게 간곡하게 말하셨다. 곁에 남아달라고, 같이 있어주라고. 하지만 그것만큼은 부모님이 절대 해드릴 수 없는 것이었다. 두 분 다 각자의 회사에서 절대 빠질 수없는 핵심 간부들이었기 때문에, 회사에 나갈 수밖에 없었다. 두 분은 매일 아침마다 병적으로 말하는 할아버지에 사죄하듯 말했다.

"죄송해요……. 정말 중요한 프로젝트라 어쩔 수가 없어요. 정말 죄송해요……."

부모님이 그렇게 얘기하면, 할아버지는 그토록 부르짖던 괴물에 대한 이야기를 꺼내시지 않았다. 두 분에 대한 기대를 거두었던 것이었을까? 할아버지는 부모님의 이야기를 듣곤 항상 그 메마른 눈으로 베란다를 응시했다. 마치, 그곳에 뭐라도 있다는 듯이.

할아버지가 괴물을 언급한 지 한 달쯤이 다 되어갔지만 부모님의 일은 도저히 멈출 기미가 보이지 않았다. 결국 할아버지가 혼자 지내는 시간은 점점 더 많아지기만 했다. 그렇게 시간이 흘러가면서 서서히 할아버지에게 변화가 찾아왔다. 갑자기 어느 순간부터 항상 입에 달고 살던 괴물이란 존재를 더 이상은 언급하지 않으셨다. 하지만 할아버지는 괴물을 언급하지 않으면서, 그 어떤 다른 말도 꺼내지 않으셨다. 그저 조용히, 무표정한 얼굴로, 그 특유의 메마른 눈빛으로 허공만을 응시할 뿐이었다. 부모님은 할아버지의 이런 갑작스런 변화에 걱정이 더욱 커졌지만 그렇다고 일을 그만 둘 순 없었다. 부모님의 일은 잠시라도 놓을 수 없는 그런 바쁜 일이었기 때문에, 부모님은 할아버지가 서서히 나아질 것이라 억지로 믿으며 끊임없이 밀려오는 회사 일에 매달렸다.

그런데 어느 날, 부모님은 의도치 않게 회사 일을 잠시 그만둘 수 있었다. 회사 일이 줄어들거나 휴가를 얻은 것도 아니었다. 일을 잠시 그만둘 수 있었던 이유는 바로, 할아버지가 우리 아파트 베란다, 그러니까 아파트 13층 높이에서 뛰어내리셨기 때문이다.

순간 가슴이 미칠 듯이 저려왔다. 마치 괴물이 뭉툭하면서도 날카로운 그 손톱으로 내 심장을 긁어내는 것 같았다. 호흡은 점점 가빠지고 식은땀이 흐르고 눈은 침침했다. 나는 근처의 허름한 벤치에 주저앉았다. 녹색으로 덕지덕지 칠해놓은 페인트가 아직 다 마르진 않았는지 벤치에서 기분 나쁜 끈적거림이 느껴졌지만 그런 건 상관없었다. 머리가 너무 복잡했다. 어떻게 해야 할까? 어떻게 해야 이 괴물로부터 탈출 할 수 있단 말인가? 머리를 부여잡고 한동안 생각에 몰두했지만 도저히 답을 구할 수 없었다. 시간이 지날수록 불안은 점점 더 커져만 갔다. 괴물이 나를 집어 삼킬 것이라는, 나도 할아버지처럼 될 것이라는 불안감이 나를 점점 더 압박했다.

나는 바지춤에서 핸드폰을 꺼내들었다. 할아버지처럼 가만히 당하기는 싫었다. 도움을 요청해야 한다. 도움을 요청해서 이 괴물로부터 벗어나자. 갑자기 든 생각에 난 급하게 핸드폰 전화번호부를 열었다. 그러자 화면엔 친구들, 후배나 아는 동생들, 학교 선배들, 주변 친인척들, 그리고 부모님까지 수많은 사람들의 전화번호가 떴다. 하고자 하는 일은 아주

쉬운 일이었다. 그저 여기 백여 명의 사람들 중 한 사람만 골라서 그에게 부탁하기만 하면 됐다. 잠깐만, 아주 잠깐만 내 얘기를 들어주라고. 괴물로부터 나를 좀 구해달라고. 그렇게 전화를 걸어 부탁만 하면 되는 일이었다. 그렇지만 나는 쉽게 통화 버튼을 누르지 못했다.

왜일까, 백여 명에 달하는 전화번호부를 두 번, 세 번씩 넘겨봤지만 맘 편히 얘기를 할 수 있는 사람을 찾기가 쉽지 않았다. 그렇게 한참을 전화번호부를 뒤지다가 초중고를 같이 나온 한 친구에게 전화를 걸었다.

"뭐냐, 네가 웬일이냐?"

친구의 퉁명스러운 목소리가 들려왔다. 나는 불안한 마음을 가다듬으며 말했다.

"나와라, 술이나 한 잔 하자."

"술? 갑자기 웬 술?"

"그냥, 오늘 기분도 꿀꿀하고, 아무튼 빨리 K마트 앞으로 나와. 내가 살게."

친구는 한참을 머뭇거리다 대답했다.

"그게……아무래도 지금은 좀 곤란한 것 같네. 나중에 먹게."

친구의 말을 듣자 불안이 다시 들끓으며 나를 뒤덮기 시작했다.

"왜! 왜 안 된다는 건데? 왜!"

"뭐냐, 왜 갑자기 발끈하고 그래. 그냥 지금 술 마시러 나갈 사정이 아니야. 그리고 어차피 넌 술도 잘 못 마시잖아. 한, 두잔 마시면 뻗는 놈하고 무슨 재미로 술을 마셔?"

"아, 그래도 일단은……."

"됐다. 미안해, 인마. 나중에 내가 따로 살게."

안 돼. 괴물로부터 나를 구해줄, 그런 도움이 필요하단 말이야. 제발 이대로 전화를 끊지 마!

"잠깐, 아주 잠깐만 나오면 안 되는 거야? 도움이, 네 도움이 필요해서 그래. 내가 미친 놈이라고 생각할 수도 있겠지만 사실 나 지금 괴물이 보여. 나를 집어 삼키려는 괴물이 보인단 말이야. 아마 이대로라면 나 미쳐버릴지도 몰라. 어쩌면 벌써 미쳤는지도 모르겠어. 그러니까 제발 부탁이야. 잠깐만 나와서 그냥 내 옆에만 있어줘. 술? 그래, 그럼 안 마셔도 돼. 그냥 나와서 내 얘기만 들어줘. 단지 그뿐이야."
　수화기에선 한동안 응답이 없다가 코웃음과 함께 대답이 들려왔다.
　"괴물? 야, 심심하면 장난전화질 하지 말고 피시방이나 가라. 오랜만에 전화해선 이상한 헛소리를 지껄이네. 다음부턴 장난전화 하지 마, 임마."
　그렇게 전화는 끊어졌다. 계속되는 뚜-뚜 소리만이 귀를 울렸다. 그 규칙적인 다이얼 소리에 불안과 두려움은 더 이상 주체할 수없이 증폭해갔다. 나는 점점 격양되는 불안을 품은 채 재빨리 다른 여러 사람에게 전화했다. 하지만 들려오는 반응은 대부분 모든 사람이 비슷했다.
　－선배, 미안해요, 오늘은 좀 많이 바빠서요
　－야, 지금 내가 사정이 안 돼, 미안하다.
　－괴물? 헛소리 좀 하지 마.
　모두들 바빴고 모두들 상황이 곤란했고 모두들 무시했다. 마음속에 품었던 도움이란 자그만 희망은 자취도 없이 사라지고 그 대신 불안이 강력한 맹독이 되어 온몸을 지배해나갔다. 애초에 도움을 바라지나 말걸, 희망을 원하지나 말걸, 하고 의미 없는 후회만이 마음속을 맴돌았다. 그렇게 후회와 탄식을 오고 가던 도중, 갑자기 하나의 커다란 의문점이 생겼다.
　왜 사람들은 괴물에게 고통 받는 이들의 간곡한 요청을 무시하는 건가?
　친구가 내 부탁을 거절한 것처럼, 우리 부모님이 할아버지의 간청을 무시했던 것처럼, 사람들은 왜 그 간곡한 부탁들을 거절하고 무시하는 것일까? 자기는 괴물과 아무런 상관이 없다고 생각하는 것인가? 어떻게 그렇게 쉽게 거절을 할 수 있는 건가? 별로 어려운 일도 아니고, 잠깐의 관심만 가져주기만 하면 되는 일인데 말이다. 아, 그들은 과연 알까? 내 앞에 서있는, 할아버지가 그토록 두려워했던 괴물은 특별한 어떤 것이 아닌, 사람들의 무관심이라는 것을, 그들은 알까?

나는 벤치에서 일어났다. 갑자기 생겨난 순간의 의문은 시간이 지나면서 점차 거친 증오와 분노로 바뀌어갔다. 나는 빠른 걸음으로 다시 길을 걷기 시작했다. 길을 걷기 시작하면서 시선은 계속 땅바닥에만 고정시켰다. 지나치는 수많은 사람들의 행복한 표정이 나를 더욱 비참하게 만들었기 때문이었다. 더 이상은 차마 거리를 돌아 다닐 수 없었다. 나는 집으로 발걸음을 돌렸다. 절대 들어가고 싶지 않던 그곳으로.

집에는 예상대로 아무도 있지 않았다. 죽을 것 같은 적막, 오직 그것만이 존재했다. 집으로 들어갔지만 캄캄한 어둠을 쫓으려 불을 키진 않았다. 이미 나 자체가 괴물이란 어둠 덩어리에 잠식당했기에, 불을 켤 필요를 느끼지 못했다. 나는 그 캄캄한 어둠 속에서 식탁에 무언가가 있는 것을 볼 수 있었다. 가까이 다가가서 확인해 본 그것은 돈가스였다. 마트에서 파는 흔한 인스턴트 돈가스가 조그만 포스트잇 쪽지와 함께 있었다. 포스트잇에는 이렇게 적혀 있었다.

-아들, 오늘 엄마 늦으니까 이걸로 밥 먹으렴.

엄마의 쪽지였다. 하지만 나는 돈가스를 먹지 않았다. 아니, 정확히 말하자면 먹지 못했다. 사람들에 대한 끓어오르는 분노와 뭉툭한 손톱으로 가슴을 계속 긁으며 파고드는 괴물 때문에, 전혀 먹을 수 없었다. 아, 엄마는 아직도 깨닫지 못했을까? 할아버지를 진심으로 괴롭혔던 것도, 지금 내가 이렇게 고통 받는 것도, 무서운 괴물 때문이 아닌 사람들의 철저한 무관심이라는 것을, 알지 못했을까? 나는 그렇게 어둠 속에서 허리에 손을 얹고 깊은 한숨을 쉬었다. 그렇게 한동안 어둠속에서 가만히 서있던 난 문득 무언가를 깨달았다.

꿈, 강의실에서 꿨던 꿈의 내용과 일치했다.
 허리에 손을 얹고 한숨을 쉬던 나, 그리고 할아버지의 방에서 본 할아버지와 괴물, 그리고 할아버지의 검은 노트. 그래, 그 노트를 봤어야 했어. 나는 재빨리 할아버지의 방으로 향했다. 혹시나 하는 마음으로 할아버지가 있는 것이 아닌가 하고 기대를 하기까지 했었지만 역시 방엔 아무도 없었다. 다만 할아버지의 앉은뱅이책상이 구석에 자리 잡고 있었다. 나는 조심스레 그 책상으로 다가가서 두 번째 서랍을 열어보았다. 그 곳에 있었다, 꿈에서 봤었던 검은색으로 양장처리 된 그 책이 있었다. 어떤 내용이 적혀 있을까? 괴물을 견딜 수 있는 할아버지만의 방법이라도 적혀 있는 것인가? 그게 아니라도 괴물에 대한 할아버지의 이야기가 조금이라도 적혀있었으면……아! 혹시 꿈에서 할아버지가 내게 다 말하지 못한 그 말이 적혀 있는 건가? 나는, 나만큼은, 이라니 대체 무슨 말인가요, 할아버지.
 난 그 책의 표지를 살며시 넘겨봤다. 첫 장에는 이렇게 쓰여 있었다.
 -일기.
 아, 일기였구나, 할아버지의 일기. 나는 조심스레 한 장 한 장 넘겨봤다. 그 책엔 정말 많은 날들의 이야기가 기록되어 있었다. 거의 1년 가까이 되는 날들의 기록이었다. 처음엔 그래도 다소 평범한 내용이었고, 별다른 내용이 있지 않았다. 그러다 뒤쪽으로 가면서, 점차 괴물에 대한 이야기가 나오기 시작했다. 나는 가슴이 격하게 뛰는 것을 느꼈다. 어쩌면, 어쩌면은 할아버지가 돌아가시던 그 날, 할아버지가 남긴 기록을 볼 수도 있었다. 난 재빨리 페이지를 빨리 넘겨 마지막 글이 써져있는 페이지로 넘어갔다. 할아버지는 과연 어떤 내용을 남기셨을까, 괴물에 관한 내용? 혹은 부모님이나 사람들에게 느낀 증오를 적어놓으셨을까? 그래, 그럴 것이다. 지금 내가 느끼듯, 할아버지의 고통을 무시했었던 수많은 사람들에게 증오를 느끼셨겠지. 이런 점에서 나와 할아버지는 비슷했고, 서로 같다. 그러니 난 이 책을 읽을 자격이 있는 것이다. 난 조심스레 마지막 페이지에 적힌 내용을 읽어갔다.

2011년 5월 21일.
오늘이구나. 결심을 했던 그날이구나. 그런 결심을 실행할 날치곤 오늘은 날씨가 너무나도 좋아. 도대체 어쩌다 이런 생각까지 하게 된 건지, 어쩌다 이 지경까지 오게 됐는지, 이젠 그 이유마저도 불투명해지고 있구나. 아, 언제부터였을까, 이 괴물이 나타나기 시작한 때가. 그래, 처음 올 때까지만 해도 괜찮았었다.

할멈이 나보다 먼저 떠난 뒤, 아들놈의 계속되는 권유에 어쩔 수 없이 이곳으로 올라왔었지. 허름한 마을회관 대신에 커다란 공원이 있는, 고추를 널어놓던 널따란 마당 대신 자그만 베란다가 있는, 허름한 모양새와 퀴퀴한 냄새가 나는, 내 인생의 대부분이 담겨 있는 그 집을 버리고, 이 고층 아파트로 아들놈을 따라 올라왔었다. 처음엔 모든 게 어색하고 익숙지 않았지만 그래도 편하고 쾌적했었다. 밭고랑에 매일 나가 심어 놓은 채소들을 가꾸며 땀을 흘릴 필요도 없었고 읍내로 나가려고 몇 십 분을 걸어갈 필요도 없었다. 더우면 그저 집에서 에어컨을 틀면 시원한 바람이 나왔고, 특별히 밖에 나갈 땐, 바로 택시를 타면 걸어갈 필요도 없었다. 하지만 왜였을까? 시간이 지날수록 조용히 진동하는 에어컨 소리보다 밭에서 나던 시끄럽던 벌레들의 울음소리가 듣고 싶었고 이곳저곳을 빠르게 쌩쌩 달리는 택시보다도 그저 천천히, 민요가락을 흥얼거리며 마을회관까지 걸어가던 그 생활이 그리웠다. 하지만 다른 무엇보다 더 그리웠던 건, 사람이었다. 골목 어귀에서 만날 때마다 다퉜던 앞집 송씨, 동네 어른들에게 한 소리를 들을 때도, 늘 웃으면서 맡은 일 곧잘 하던 이장 경철이, 자식들 뒷바라지 하느라 쉴 틈 없이 항상 시장통에 나가던 김 할매, 동네에서 지 또래 친구가 없어도 참 밝고 인사성 좋던 하늘이, 그리고 여기 올라온 지금도 내 꿈에 나오는, 잊을 수 없는 우리 마누라까지. 난 그런 사람들이 그리웠다.

그 그리움을 채워준 건 오직 상현이 뿐이었다. 아들놈과 며늘아기는 처음엔 내 말상대도

해주고, 날 많이 신경써줬었다. 하지만 점점 시간이 지나가면서 아들 내외는 다시 일을 나갈 수밖에 없었고 그렇게 난 홀로 이 텅 빈 집안에 남아있었다. 그렇게 홀로 있는 시간은 견디기 어려웠다. 모든 것이 낯선 그곳에서 나 홀로 할 수 있는 일은 많지 않았다. 그저, 하릴없이 시끄럽고 어지러운 TV를 바라보며 멍하니 있을 뿐이었다. 그렇게 기다리고 기다리다 보면 상현이가 집으로 돌아왔다. 어린 시절의 상현인 집으로 들어오자마자 멍하니 있는 내게 맑게 웃으며 달려들었었다. 그 해맑고 순수한 웃음이 어찌나 예쁘던지, 이 나이에 애를 키운단 게 쉬운 일은 아니었지만 그 웃음을 보며 해낼 수 있었고, 혼자 있을 땐 그 웃음을 생각하고 고대하며 그 긴 시간을 견딜 수 있었지. 그 웃음, 그 해맑은 웃음을 다시 한 번 보고 싶구나. 이미 너무 늦어버렸겠지만, 다시 보고 싶어.

 그 웃음이 상현이 얼굴에서 사라지기 시작한 건 상현이가 중학교에 진학하고 나서부터였지. 학년이 올라가면 올라갈수록 상현인 온갖 학원에 몰두해야만 했고 집에 돌아오는 시간은 점점 늦어졌다. 나 홀로의 시간이 더 많아진 것이 슬펐지만 어쩔 수 없었다. 상현이의 미래를 위해서, 공부를 한다는데 이 늙은이의 욕심은 버려야 하는 게 마땅했다. 다행히도 상현인 학원생활이 나쁜 것만 같진 않았다. 비록 집에서의 웃음은 사라졌지만 학원에서 친구들과 잘 어울리는 것 같았다. 난 그걸로 만족했었다. 하지만 그래도 홀로 있을 때의 그 적막은 날이 가면 갈수록 점점 더 견디기 힘들어졌다.

 그리고 어느 순간, 내 눈앞에 괴물이 보이기 시작했었다. 홀로 있는 날 천천히 잠식하는 괴물. 괴로웠다. 그 고통이 괴로워 아들 내외에게 도움을 청했지만 그들은 내 곁에 있어주지 않았다. 그렇다면 난 어떻게 해야 하는가? 상현이, 그 착한 아이, 그 아이라면 내 곁에 있어주겠지. 하지만 어떻게 그 아이에게 말할 수 있을까? 공부하느라 바쁜 아이를, 한참 친구들과 뛰어노는 그 아이에게, 이 늙은이 곁에 있어달라고, 그 맑은 웃음을 다시 보여 달라고, 어떻게 말할 수 있을까. 결국 난 상현이에게 말하지 못했다. 말하진 않았지만, 간절히 바랬다. 나를 도와주길, 잠시만 내 곁에 있어주길, 나를 구원해주길, 내 말을 좀 들어주길, 간절히 바랬다.

하지만 그 아인 날 날 바라보고, 내 말을 들어주며 해맑게 웃어주지 않았다. 그저 자기 일이 아니라는 듯, 자기 방으로 들어갈 뿐이었다.

아, 어쩌다 이렇게 주저리주저리 적었는지, 내 마지막 일기가 되겠지만, 아직도 헷갈리는구나. 이렇게까지 된 것이 내 탓인지, 아들내외의 탓인지, 상현이의 탓인지 전혀 알 길이 없다. 다만, 난 상현이에게 희망을 걸었었다. 그 해맑은 아이에게, 그 아이라면 꼭 해낼 것이라 믿었었다. 하지만 결국 그 어떤 변화도 찾아오지 않았다. 그저 나만 이렇게 도태되었을 뿐, 그 어떤 이든 나로 인해 변한 사람은 아무도 없었다. 이젠 진짜로 그 무리에서 빠져나와야 할 때이다. 홀로 맞는 이 죽음을 누군가 기억해주긴 할까? 아들내외와 상현인 날 생각하며 진심으로 슬퍼해줄까, 아님 주위의 시선 때문에 그저 슬픈 척만 할까? 사실, 내 죽음을 아무도 슬퍼하지 않는다 해도 여의치 않다. 어차피 계속 혼자였으니까. 다만, 마음속에 계속 상현이가 응어리져있다.

아, 상현아 너만큼은……너만큼은, 너만은 날 구해줄 거라 생각했었는데……. 넌 대체 왜 나를 무시했던 것이냐?

일기는 그렇게 끝이 났다. 더 이상 어떤 말도 적혀있지 않았다. 할아버지의 마지막 일기는 그렇게 내게 이유를 물으며 끝이 났다. 할아버지의 일기를 다 보고 나자, 난 전혀 움직일 수 없었다. 그저 가만히 앉아 목구멍 깊숙이에서 올라오는 질문들을 생각하고만 있었다. 도대체 사람들은 왜 괴물에 잠식당하고 있는 내 구원 요청을 거절했던 것일까? 왜 난 할아버지의 그 간곡하고도 은밀한 외로움을 무시했던 것일까? 요청을 무시했던 그 사람들과 내가 다를 게 뭐가 있는 거지? 그렇게 깊은 곳에서 올라오는 뜨거운 질문에 골똘하고 있을 때, 할아버지의 목소리가 들려오는 듯 했다.

"상현아, 너만큼은……너만은, 아, 상현아……."

 은상

소 쿨(So Cool)

우마루내
(인천 인일여자고등학교 3학년)

　술을 잔뜩 마시고 헤어진 연인에게 전화를 거는 남자는 지질하다. 모든 여자들이 한 달에 한 번씩 걸리는 마법을 유난스럽게 써먹는 여자도 지질하다. 요즘 대세는 쿨(Cool)함이다. 얽매이지 않고 집착하지 않고 매사에 시원하게 행동하는 것. 그러나 나는 그러지 못했다. 날이 어룩어룩해질 무렵, 터키 문화원을 혼자 찾아가던 나는 마법에 걸려 있었다. 생전 처음 보는 거리를 30분 째 해맨 끝에, 왼쪽 건물의 터키 국기를 볼 수 있었다. 건물엔 불이 환했다. 나와는 동떨어진 것처럼 보였다. 그 앞을 오랫동안 배회했다. 그러나 결국 들어가지 못하고 근처 역으로 돌아가 벽에 기대어 섰다. 전동차가 3번이나 지나갔지만 하나도 타지 못했다. 마법 걸린 날이 으레 그렇듯이 괜스레 우울해졌다. 내 옆에서 애정행각을 하던 연인은, 내가 계속 자리를 뜨지 않자 나를 보며 이렇게 말하고 떠났다. 별 꼴이야. 남겨진 나는 핸드폰을 꺼내들고 전화번호부를 이리저리 뒤적거렸다. 다섯 번을 반복해서 봤다. 인간관계 AS가 필요하겠다는 생각이 들었다. 딱 한 번 멈춰 섰던 그의 전화번호는 결국 누르지 못했다. 핸드폰을 소리 나게 덮었다. 지질했다.

　내가 그를 처음 만난 것은, 5월의 끝에 걸려있던 아랍문화축전에서였다. 인터넷을 뒤적거리다 발견한 축전이었다. 끌렸다. 같이 갈 친구들을 찾았으나, 돌아오는 대답은 하나같이 똑같았다. 거길 왜 가, 더군다나 시험기간에. 재밌어 보이니까. 그래? 잘 갔다 와라.

혼자 돌아다니는 여자가 후줄근한 옷까지 입고 있으면 더 불쌍해 보인다. 오랜만에 공들여 화장을 했다. 화사한 옷을 입고 봄 처녀 놀이를 시작했다.

축전은 생각보다 작았다. 얼마 되지 않는 천막이 늘어서 있었다. 나름대로 아랍 유목민 분위기가 났다. 정신없이 천막부스 사이를 왕래하기 시작했다. 처음으로 들어간 부스 안쪽에 있는 튀니지 인형이 참 예뻤다. 오만을 상징한다는 전통 단검은 허리가 유연하게 꺾여 있었다. 인간답다고 생각했다. 베르베르족의 양탄자는 강하고 신비로웠다. 하나 사서 거실에 깔아놓으면 그럭저럭 아랍 느낌이 나겠다고 생각했다. 그러나 엄마는 절대 그걸 허락하지 않을 것이다. 양탄자를 보며 아라비안나이트를 떠올리는 사소한 감상 따위는 하지 않을 것이다. 분명 지금 깔아놓은 카펫이 얼마짜린데, 로 시작해서 내가 사온 양탄자의 하잘 것 없음을 조목조목 설명하려 들 거였다. 고개를 설레설레 저었다. 그러다 반대쪽 아프리카 부스의 아줌마와 눈이 마주쳤다. 아줌마는 나를 보고 손짓했다. 선선한 바람이 불었다. 무언가에 홀리기라도 한 듯 그쪽으로 다가갔다. 이런저런 장식품을 파는 부스였다. 낙타와 기린, 아프리카인들을 형상화한 동상들이 보였다. 안내판을 보니 케냐라고 적혀있었다. 케냐 아줌마는 스와힐리어로 추정되는 낯선 말들을 쏟아놓았다. 나는 필요 이상으로 마른 동상 하나를 집어 들었다. 그건 2000원. 어설픈 한국어가 들렸다. 그걸 샀다. 왠지 마음에 들었다.

햇빛이 끈적끈적했다. 천막 끝 쪽에서 터키 아이스크림을 팔고 있었다. 진득진득 늘어나는 아이스크림이 무척 먹고 싶었다. 그쪽으로 다가가자 시원하게 생긴 남자가 빈 콘을 내 손에 쥐어 주었다. 뭐 하자는 거야. 나는 유달리 깊은 눈을 가진 그를 짜증스럽게 바라보았다. 날도 더워 장난 칠 기분이 도저히 아닌데, 남자의 눈엔 장난기가 가득했다.

"아가씨, 귀엽네."

응? 의심스런 눈초리로 남자를 쳐다보았다. 아주 조금의 설렘은 있었을지도 모르겠다. 낯선 이국인에게서 대뜸 들은 그 말이 귀에 자꾸 걸렸다. 내 반응을 본 남자는 깔깔 웃었다.

"귀 없다고, 귀."

그러고 보니 긴 머리 탓에 귀가 가려져 안 보이는 상태였다. 그때서야 남자의 장난을 알아차린 내가 어이없음에 웃자, 남자는 새로운 장난을 시작했다. 터키 아이스크림은 거꾸로 뒤집어도 쏟아지지 않는다. 그는 그런 특성을 이용해서, 아이스크림을 이리저리 옮기고 뒤집고 담으며 내 주위를 왔다갔다 거렸다. 눅적눅적한 날씨에 그 남자의 눈까지 모조리 거슬렸지만, 나는 속없이 웃어주었다. 그렇게 남자의 장난을 다 받아주고서야 간신히 받아든 아이스크림을 한 입 베어 물었을 때, 남자는 어느새 아이스크림 통을 정리하고 있었다. 내가 마지막 손님인가, 이 밝은 대낮에 장사가 벌써 끝난 건가. 이런저런 추측을 하며 가만히 그를 바라보는 사이, 어느새 정리를 끝낸 그가 내 곁으로 와 손을 잡았다. 왜, 라는 눈빛으로 올려다보는 내게 그는 말했다.

"축제잖아, 우리 구경 가자. 아직 저기밖에 구경 안 했지?"

그가 가리킨 곳은 내가 방금 나온 아랍플라자(Arab Plaza) 부스였다. 의심스런 눈초리로 고개를 끄덕였다. 그러자 그는 내 손을 꽉 잡고 다른 부스로 향했다. 잡은 손에 땀이 차고 있었다. 그러나 그다지 뿌리치고 싶지는 않았다. 그의 말대로 축제니까 쿨하게 즐기고 싶었다.

요새는 어디서든 쉽게 인연을 만든다. 내가 자주 가는 사이트의 게시판에서는, 거기에서 만난 남녀의 만남 후기 시리즈물이 절찬리에 연재중이다. 오랜 솔로 생활에 지친 사람들이, 그들이 얻은 인연과 기회에 엄청난 관심을 쏟아 붓고 있다. 심심했던 나는 새 글이 올라올 때마다 그걸 찾아 읽었다. 흥미로운 이야기다.

　인연 만들기가 어디 쉽냐고 말하는 분들을 위해 올립니다. 저는 바로 이 게시판에서 멋진 이성 분을 만났고, 어쩌면 솔로 탈출의 기회가 주어졌습니다. 나한텐 왜 그런 일이 생기지 않느냐고 한탄하지 마세요. 인연은 정말 어디서든 만들 수 있거든요. 그럼 제 이야기를 시작합니다! 요새 유행하는 문체, '음슴체'로 쓰겠어요.

　필자는 매일매일 게시판을 구석구석 돌아다니는 잉여로운 생활을 하고 있었음. 그러다보니 올라오는 글들도 다 비슷비슷하고, 정말 진짜 진심 재미가 심하게 없는 거임. 그래서 뭔가 변화를 줘야겠다고 생각했음. 님들, 요즘 봄이지 않음? 바야흐로 커플들의 전성기임. 가뜩이나 외롭고 해서 약간 미친 짓을 해보기로 결심했음. 그건 바로 게시판에 '여자를 구한다!'는 글을 올리는 거였음. 나님은 거기에 내가 정말 잘 할 자신이 있으니 여자 친구가 되어주실 분은 댓글을 달아 달라는 글을 올렸음. 그러곤 기대에 막 부풀어 있었는데, 현실은 역시 달랐음. 조회 수는 한자리 수에서 두 자리 수로 늘어갔지만 댓글은 하나도 달리지 않는 거임. 그동안 게시판에 차고 넘치던 솔로들은 다 어디로 갔나 싶었음. 그러다보니 어차피 안 될 거 글을 지워야겠다는 생각이 들었음. 그래서 정확히 세 시간 후, 나님이 올린 글을 클릭했음. 그런데! 그런데! 기적이 일어난 거임. 어떤 친절한 여성분이 쿨하게 –여기서부터 편의상 쿨녀(쿨한 여자)라는 호칭을 쓰겠음– 댓글을 달아 주신 거임. 요즘 들어 이 누나가 심심하고 하니 일단 너님을 만나보고 마음에 들면 여자 친구가 되어 주겠다는 글이었음. 나님은 바로 오케이 했음. 쪽지를 보내 핸드폰 번호를 교환하고, 메신저 아이디도 주고받았음. 그분은 정말로 쿨하셨음. 너무 거리낌 없이 대해줘서 우린 급속도로 친해졌음. 대화 하다 보니 하나를 말했는데 열 가지가 통하는 기적을 경험하게 되는 거임. 순간적으로 내가 찾던 운명의 짝이다 싶었음. 일단 얼굴을 모르는 사이니까, 며칠 후 나님은 대망의 사진 교환 의식을 갖자고 제안했음. 쿨녀는 정말 쿨하게 승낙하고 그 자리에서 셀카(셀프 카메라)를 찍어 보내줬음. 쿨녀와 나님은 동시에 사진 파일을 전송했음. 그리고… 그리고…… 나머지는 2탄에서 쓰겠음요, 님들. 추천은 매너.

그 아래엔 댓글이 무수하게 달려 있었다. 나도 이번 시리즈물이 기대된다는 등의 내용을 타이핑했다. 사람들이 정말이지 시원하게 만난다.

그는 나를 데리고 축전 구석구석을 돌기 시작했다. 건강한 피부에 거뭇거뭇한 수염이 그를 유쾌하게 보이게 만들었다. 자못 뱃사람 같은 풍채가 풍기는 그가 나는 좋았다.

제일 먼저 간 곳은 푸드 마켓 부스들이었다. 다가가자마자 낯선 음식 냄새가 확 풍겨왔다. 깊이 있게 배어든 아랍 냄새가 났다. 그는 익숙하게 여러 나라 말을 구사했다. 알아들을 수 없는 말로 부스 관계자들과 떠들다가도, 곧 시원한 미소를 지으며 내게 이것저것을 먹여주었다. 이건 수단의 전통음료인데, 칼카데라고 하는 거야. 이건 따불레, 이건 쿠스쿠스. 들어봤지?

나는 아직 그에게서 산 아이스크림을 먹고 있었다. 그래서 그가 불쑥불쑥 내미는 아랍 음식들이 당황스러웠다. 그러자 그는 그게 아무 상관이 없다는 듯, 아이스크림도 좋고 다른 음식들도 좋으니 모두 먹으라는 식이었다. 내가 바로바로 받아먹지 못하자, 그는 음식 끝에 내가 먹던 아이스크림을 조금씩 묻히고는 내 입에 그저 넣었다. 어떤 건 너무 달았고, 어떤 건 입에 맞지 않아 울렁거렸다. 뜨겁고 이상한 음식을 여러 차례 맛봤다. 그러나 그는 끊임없이 내게 뭘 밀어 넣었다. 숨쉬기가 답답해지고 속이 크게 요동칠 무렵, 나는 먹던 아이스크림을 짜증스럽게 그의 입에 박아버렸다. 입가에 잔뜩 묻은 아이스크림을 그는 긴 혀를 내밀어 핥아먹었다. 나를 지그시 바라보는 게 흡사 유혹하는 듯했다. 나는 그에게 한 마디 해줘야겠다고 생각했다.

"저기요, 요새 한국 여자들의 대세가 뭔지 알아요?"
"뭔데?"
"차가운 도시 여자 콘셉트."
나는 그를 보고 비웃어주었다. 그는 머쓱한 듯 아무 말 없이 손수건을 꺼내 자신의 입가를 닦았다. 순간 나는 저 앞에 파는 양 꼬치도 같은 방법으로 꽂아줄까도 생각했지만, 그건 너무 잔인해서 생략하기로 했다. 그때 그가 아이스크림을 다시 내 손에 쥐어주고 입에 갖다 대주었다. 찜찜한 얼굴로 그를 올려다보니, 그가 나를 마주보며 웃었다. 그리고 손을 잡아끌고 다른 부스로 옮겨갔다. 디지털 아랍 부스라는, 뭐 그런 데였다.
"이름이 뭐야?"
그의 입에 닿았던 아이스크림이라 찜찜하긴 하지만, 더웠으므로 그걸 자근자근 먹고 있던 나를 그가 다시 지그시 내려다보며 물었다. 나는 이름을 대충 웅얼거렸다. 그러곤 응? 이라고 되묻는 그에게 이렇게 대답해주었다. 못 알아들었으면 말고요. 그러자 그는 그냥 미소 지었다. 그러더니 앞에 있는 모니터에 글씨를 쓰기 시작했다.
[ΣΓΨΓΞ]
뭔지 모르겠다는 표정으로 그를 올려다보는 내게, 그는 다시 웃으며 말했다.
"너 이름이야."
저 남자는 자기가 웃으면 매력 있다고 생각하는 건가. 그러나 웃는 얼굴에 도저히 침은 못 뱉겠다. 뭐, 매력 없는 얼굴은 아니지. 순간적으로 그가 멋있게 보였던 건 그저 착각일 거야. 착시 현상. 날이 덥잖아? 나는 고개를 혼자 끄덕끄덕 거렸다.
우리는 여전히 부스를 돌았다. 지나가다보니 화려한 색감의 아랍 전통의상이 눈에 띄었다. 잠시 멈춰서 멍하니 바라보는데, 그가 잡은 오른손에 힘이 느껴졌다. 그를 올려다보았다. 그는 눈을 빛내며 말했다. 앞에 있는 전통의상의 색감보다 더 화려한 눈빛이었다. 저런 열정으로 아이스크림을 팔았으면 엄청난 매출을 올렸을 거라는 생각이 문득 들었다.

"입자."

이런 축전에서는 꼭 체험 코너라고 해서 귀찮은 일을 만들어 놓는다. 뭐, 굳이 입어 보는 사람들은 유난스러운 사람들뿐이니 그저 형식적인 코너인데 저걸 왜 입어보려는 걸까. 나는 날씨도 더운데 뭘 저런 것까지 껴입어 보느냐, 라고 내세워 바득바득 우기기 시작했다. 그도 우리나라 말을 잘하긴 하지만, 모국어를 쓰는 나로서는 말로써 그를 이기기에 가뿐했다. 비로소 내 서슬에 지친 그가 내 의견을 수렴했다. 그러곤 아쉬운 표정으로 내게 상상이라도 할 기회를 달라고 부탁했다. 그건 차마 거절할 수 없었다. 나는 몇 분간 아랍 전통의상을 입은 마네킹 옆에 가만히 서있어 주었다. 날이 더워서 이렇게 후덥지근한 거지, 그가 나를 빤히 쳐다봐서 부끄러워서 이러는 것은 절대 아니야. 그가 나를 바라보는 동안, 나는 자기최면을 내내 걸어야 했다. 그리고 어느 정도 시간이 지나자 나는 그를 가차 없이 끌고 나왔다. 그는 못내 아쉬운 얼굴로 계속 뒤돌아보았다. 나는 그에게 투덜거렸다. 이 정도면 됐잖아요, 쿨하지 못하게 왜 그래요!

쿨하지 못한 남자는 꼴불견이다. 내 첫 남자친구는 쿨하지 못한 사람이었다. 친구가 자신의 초등학교 동창이라며 소개시켜 준 그 애는 처음엔 매우 자상하고 매너가 좋았다. 나는 거기에 반해 그 애의 고백을 받아들였다. 그러나 그 애가 변한 건 금방이었다. 그 애랑 사귈 때 스스로 만들어서 외워야 했던 주의사항을 나는 아직도 기억한다.

1. 아침에 일어나서 밤에 잠들 때까지, 10분 이상 연락이 끊기면 안 된다. 5분 이상 연락이 안 되면 전화가 올 것이고, 전화를 3번 이상 받지 않으면 어디에 있건 어떻게든 찾아간다. 그 뒷감당은 일단 다음 일이다.

2. 그 애가 보내는 '뭐해?' 혹은 '어디야?'라는 문자에는 일목요연하게 답해야 하며, 그 사실 여부가 조금이라도 의심될 경우에는 반드시 그 애의 뒷조사가 따른다.
   3. 전화를 받을 때는 목소리에 신경을 써야 한다. 평소와 조금이라도 톤이 달라지면 그 이유에 대해 집요한 심문을 받게 된다.
   4. 그 애가 하는 '넌 내 거야'는 여느 남자들이 하는 '넌 내 거야'와는 차원이 다르다.

 사람을 가지지 못하는 것은 어쩌면 당연한 일이다. 그러나 그걸 이해하지 못한 그 애는, 나를 가지고 싶어서 항상 몸달아했다. 내 일상, 생각, 주변인, 가족들이 그 애에 의해 낱낱이 파헤쳐졌다. 참다못한 내가 그 애에게 헤어지자고 말했을 때, 그 애는 무릎 꿇고 나를 잡았다. 지긋지긋하다는 생각이 들었다. 그러나 그걸로 포기할 애가 아니었다. 집요하게 나를 잡고 늘어졌다. 나는 부모님과 친구들을 동원해서 간신히 그 애를 떼어냈고, 한동안 불안해하며 길을 다녔다. 쿨하게 만났으면 쿨하게 헤어지는 게 서로에 대한 예의가 아닌가. 그렇지 않으면 지질해질 뿐이다.

 게시판 시리즈물엔 쿨남 쿨녀가 쿨한 만남을 이어가고 있다.
 님들, 오랜만임. 재미로 써본 1탄이 생각보다 인기가 좋아서 놀랐음. 베스트 게시물로 뽑히다니, 이건 영광임. 폭풍 감동이었음. 그런 의미에서 바로 가겠음.
 우리는 대망의 사진 교환을 했음. 쿨녀와 나님은 동시에 사진 파일을 전송했음. 그리고… 쿨녀는…… 흔녀(흔한 여자)였음! 물론 나님도 흔남(흔한 남자)이었음. 별로 특별할 것 없는 외모인거임. 댓글 보니까 여신이니 남신이니 하던데, 님들은 대체 뭘 기대했음? 현실에서 훈남(훈훈한 남자)이나 훈녀(훈훈한 여자) 만나기가 어디 쉬운줄 앎? 어쨌든 우리는 서로의 사진을 받고 한동안 말이 없었음. 참다못한 나님이 왜 말이 없냐고 했더니,

쿨녀는 너님이 먼저 말이 없었다고 되받아치는 거임. 우리는 서로를 쿨하게 이해하고 대화를 이어가기 시작했음. 얘기하다보니 이번 주 토요일이 마침 둘 다 쉬는 날인 거임. 우리는 쿨하게 만날 약속을 잡았음. 이미 사진을 봤으니, 서로가 그렇게 못난 얼굴은 아니라는 걸 알았지 않음? 오랜만에 만나는 여자 사람이라 막 두근거리는 거임. 쿨녀한테 물어보니까 자기도 막 두근거린다고 쿨하게 대답해줬음. 우리는 서로에 대한 기대를 품고 있었음. 옷이 날개라고, 잘만 입으면 괜찮을 거 같았음. 나님은 금요일 저녁에 평소엔 하지도 않던 마스크 팩을 하고 로션을 듬뿍듬뿍 바르고 잠들었음. 그리고 약속시간 4시간 전부터 일어나서 최선을 다해 옷을 코디했음. 평범하면서도 대충 입고 온 티가 안 나는 그런 옷을 찾느라 힘들었음. 간신히 옷을 다 입은 후엔 왁스도 발라주고, 드디어 쿨녀님을 만나러 향했음. 날씨가 완전 좋은 거임. 기분 좋게 가고 있는데 중간에 쿨녀한테 문자가 왔음. 차가 밀려서 30분 정도 늦을 지도 모른다고 최대한 빨리 가겠다는 문자였음. 쿨녀는 자신이 여자니까 기본적으로 20분 정도 늦어도 된다고 생각하는 다른 여자들과는 달랐음. 쿨녀 문자를 받고 나님도 아주 느긋하게 가기 시작했음. 그리고 약속 장소, 비슷비슷한 여성분들이 여럿 있었음. 쿨녀한테 지금 막 도착했다는 문자를 받았기 때문에, 나님은 사진을 봤던 기억을 더듬어 쿨녀를 찾기 시작했음. 그리고…… 오늘은 여기까지! 아르바이트 가야함. 갔다 와서 마저 올리겠음. 추천하는 거 잊지 마요, 님들.

　내 투덜거림에 의기소침해졌던 그는 몇 발자국 안 가서 이내 생기를 되찾았다. 무언가를 발견한 듯 기대에 젖은 반짝반짝한 눈으로 나를 빤히 쳐다보는 거였다. 이번엔 또 뭐야. 성가신 표정을 짓는 내게 그는 다짐을 받듯 말했다. 이번 건 꼭 해야 해. 나는 물었다. 뭘 하는데요? 그러나 그는 대답해주지 않았다. 어쨌건 꼭 해야 해. 거듭 다짐을 받는 그가 의심스러웠다.

그가 나를 데려간 곳은 어떤 천막부스였다. 들어서자마자 강한 향이 코를 찔렀다. 쉽게 맡아볼 수 없는, 아랍이 선명하게 떠오르는 향이 주변을 치고 올라왔다. 나는 당혹감에 뒷걸음질 쳤으나, 그는 나를 붙잡고 어떤 언니 앞에 앉혀놓았다. 그리고 자신도 옆 테이블에 앉는 것이었다. 여긴 어디며, 이 냄새는 무엇이며, 뭘 하려는 건지 궁금한 게 너무나도 많았다. 그러나 그는 아무것도 대답해 줄 마음이 없어보였다. 그저 이렇게 소리쳤을 뿐이었다.

"꼭 가만히 있어야 해, 움직이면 안 돼!"

나는 버럭버럭 소리치는 그에게서 의심을 거둘 수 없었다. 그러나 난 그가 그렇게 원했던 전통의상을 입어주지 않았으니 이번만큼은 일단 그의 뜻에 따라줄 생각이었다. 그는 내 앞에 앉아있는 언니에게 뭔가를 열심히 설명했다. 그걸 들은 언니는 고개를 끄덕거리며 알겠다고 했다. 그리고 내 왼팔을 잡고 신기하게 생긴 튜브로 그림을 그리기 시작했다. 굉장히 진득한 염료가 들어있는 것 같았다. 진흙에 물엿을 섞으면 그런 느낌이 날지도 몰랐다. 살에 닿는 느낌이 차가웠다. 언니의 말에 의하면 7분 정도가 걸린다고 했다. 선선한 바람이 불었다. 왼팔을 맡겨두고 문득 옆을 돌아봤는데, 그도 앞자리 언니에게 자신의 왼팔을 맡기고 앉아있었다. 하늘이 유난히 맑아서 그가 돋보였다. 나는 그가 대서양을 떠도는 일등 항해사가 된다면 꽤 어울리겠다는 실없는 생각을 했다. 내 시선을 느낀 그가 나를 돌아보았다. 그의 깊은 눈이 예뻤다. 다 예쁘다는 생각이 들었다. 어느새 내 왼팔에 자리 잡은 그림도 참 예뻤다. 꽃처럼 피어나는 하트무늬의 그림이었는데, 그걸 그린 언니는 집에 도착하면 그게 굳어 있을 테니 떼어내면 된다고 했다. 그러면 무늬가 선명하게 살아있을 거라는 설명이었다. 무늬? 대체 이게 뭐냐고 말하려던 찰나, 내 눈에 헤나 체험, 이라는 글자가 들어왔다. 서둘러 팸플릿을 집어 들고 설명을 읽었다. 결혼을 축하하고 다산을 기원하기 위해 여성의 몸에 다양한 이미지로 표현했던 헤나 문신, 여기까지 읽고 팸플릿을 그에게 던져버렸다. 항해사고 뭐고, 환상이 다 깨지는 느낌이었다. 나는 그에게 소리쳤다. 대체 나한테 뭘 한 거야! 그는 헤헤 웃으며 내게 다가와 자신의 왼팔을 내밀었다. 봐, 예쁘지? 그의 팔에도 똑같은 무늬의 그림이 그려져 있었다. 분명 팔과 코는 꽤 거리가 있음에도, 코로 스멀스멀 올라오는 헤나 염색약 냄새가 굉장히 강했다. 나는 문득 그게 아랍 향이라고 확신했다.

게시판에 3탄이 올라왔다.
님들 하이. 잠시 아르바이트 다녀온 사이 댓글 수가 장난 아님. 이 은혜는 잊지 않을 거임. 보답하는 마음에서 사설 없이 바로 가겠음.
나님은 쿨녀를 만나러 갔음. 그리고 사진을 봤던 기억을 되새기며 쿨녀를 찾기 시작했음. 주변을 휘휘 둘러보는데, 어떤 여성분과 정면으로 눈이 마주친 거임. 짧은 시간동안 우리는 눈빛 교환을 했음. 뭔가 익숙한 느낌이 들었음. 나님은 그분에게 주뼛주뼛 다가갔음. 다가갈수록 확신이 드는 거임. 그래서 내가 먼저 어색하게 인사를 했음. 저, 안녕하세요? 그러자 그분도 어색하게 인사를 받았음. 쿨녀였던 거임. 간단한 인사를 마친 우리는 일단 무작정 걷기 시작했음. 걸으면서 대화를 하다 보니 점점 어색한 분위기는 사라졌음. 쿨녀는 정말 쿨한 성격을 가지고 쿨하게 대화를 주도해 나가셨음. 금세 편해진 우리는 함께 밥을 먹고 노래방에 갔음. 아, 진짜 쿨녀가 너무나 편했음. 처음 본 사인데도 익숙한 게, 몇 년 만난 사람 같았음. 쿨녀한테 물어보니까 자기도 나님이 아주 편하다고 하는 거임. 올레. 기회다 싶었음. 그렇게 우리는 더 가까워져서 스킨십을 하기 시작했음. 진도가 쭉쭉 나갔음. 연인들처럼 익숙하게 스킨십을 했고, 호칭도 오글거리게 바꿨음. 그렇게 우리는 남부럽지 않은 커플 티를 팍팍 내면서 하루 종일 즐겼음. 재미있는 하루였음.
댓글들을 보니까 쿨녀랑 언제 사귈 거냐는 둥, 고백은 어떻게 할 거냐는 둥 뭐 그런 말들이 많던데, 님들 너무 빠른 거 아님? 님들한테는 미안하지만 나님은 그날 쿨녀랑 쿨하게 끝냈음. 하루 재밌게 해줘서 감사하다고 했음. 우린 충분히 즐긴 거임. 다음 편을 기다린다는 댓글을 단 님들한테는 미안하지만, 이거 마지막 편임. 나님은 단지 님들에게 인연은 어디서든 만들 수 있다는 거를 알려주고 싶었음. 나님은 그걸 차버렸지만 님들은 가능성이 있지 않음? 언제나 님들을 응원함. 지금까지 읽어주신 너님에겐 축복이 있을 거임. 감사해요, 님들. 마지막이니까 폭풍 추천 고고!

쿨남 쿨녀의 만남 시리즈물은 그렇게 쿨하게 끝났다.

헤나 염색약은 쉽게 마르지 않았다. 대체 이 문신의 의미가 뭐냐고 소리치는 나를 간신히 진정시킨 그는, 문득 공연을 보러 가자고 했다. 주변을 둘러봤으나 천막들 밖에는 없었다. 어디서 무슨 공연을 보냐고 까칠하게 되받아쳤더니, 그는 옆 건물을 가리켰다.

"축전 기간 동안, 저기서 하루에 하나씩 전통공연을 하거든."

그날은 리비아 전통공연이 있었다. 그와 함께 공연장으로 들어서는데, 입구에서 우리나라 국기와 리비아 국기를 하나씩 나눠줬다. 리비아 국기는 온통 초록색이다. 나는 두 국기를 보며, 청기 백기 게임이 생각난다고 했다. 그가 물었다. 그게 뭔데? 나는 청기 백기 게임을 설명했다. 설명을 들은 그는 장난스런 얼굴로 내게 말했다.

"청기 올려, 백기 올려."

무심코 그의 말대로 두 국기를 모두 올렸다. 순간, 그의 입술이 내 입에 닿았다.

당황스러웠다. 내가 정신을 차리기도 전에 불은 꺼지고 공연이 시작되었다. 그는 아무 일 없었다는 듯, 나를 보며 한 번 씩 웃어주고 무대를 주시했다. 나는 고개를 흔들며 정신을 다잡으려고 노력했다. 그가 다가왔던 바로 그 순간에 국기로 머리를 내려 쳐줬어야 하는 건데 말이야. 뒤늦게 생각했지만 이미 끝난 일이었다. 나는 애써 마음을 가다듬고 공연에 집중하기 시작했다.

　결혼식을 위한 노래, 승전가, 평화를 위한 찬가, 자유의 환희. 하얀 옷에 빨간 띠를 두른 리비아 민속공연단을 보고 있자니, 문득 우리나라 사람들과 닮았다는 생각이 들었다. 빨간 띠를 매고 봉기를 하던 우리나라 농민들이 저런 모습이었을까. 그러나 그들에게는 힘센 기상보다는 그저 경쾌함이 느껴졌다. 가볍게 무대 위를 돌아다니는 그들은 인상적이었다.

　공연이 끝난 후는 관객과 공연단이 하나가 되는 시간이었다. 모두 조촐한 무대 위로 올라섰다. 나도 그의 손을 잡고 무대로 올랐다. 그리고 양 손에 두 나라의 국기를 들고 사람들과 어울려 춤을 췄다. 그는 내 옆에서 즐거운 표정으로 춤을 유도했다. 이대로 시간이 멈춰도 나쁘지 않겠다는 생각이 들었다.

　밖으로 나오자 천막부스들엔 어둠이 내려 있었다. 하얗게 빛나고 있는 그 부스들 앞에서 우리는 서로 핸드폰 번호를 교환했다. 그는 다음다음 주 토요일에 함께 터키 문화원에 가자고 했다. 내가 오늘 미처 보지 못했던 터키를 보여주고 싶다는 거였다. 흔쾌히 고개를 끄덕이는 내게, 그는 손을 흔들어 인사를 해주었다. 밤공기가 차가웠다.

　집에 도착하니 염색약은 바짝 굳어있었다. 화장실에 가서 물을 묻혀가며 그것을 닦아냈다. 문득 고개를 드니, 거울에 비친 내가 발갛게 상기되어 있었다. 아직 여운이 가시지 않은 모양이었다. 고개를 숙이고 염색약을 닦아내는 데 집중했다. 대체로 쉽게 떼어졌다. 닦아낸 자리엔 선명하게 밤색 빛으로 무늬가 새겨져있었다. 그 자리에서 아랍향이 다시 스멀스멀 올라왔다. 핸드폰에 저장된 그를 생각했다.

　염색약을 다 씻어낸 후에도 한동안 방에 쭈그려 앉아 그것만 바라보았다. 무늬가 예뻤다. 처음으로 해본 문신이란 거였다. 나는 왼팔을 코에 가져다 댔다. 향이 얼마나 강한지 아직도 희미하게 남아있었다. 숨을 깊이 들이쉬며 다시 한 번 그를 생각했다.

밤새 그의 문자를 기다렸다. 그러나 잘 들어갔냐는 문자 한 통 오지 않았다. 다음날 아침까지도, 오전 내내, 오후 내내, 조금의 연락도 없었다. 그러려면 대체 핸드폰 번호는 왜 가르쳐 달라고 한 거야. 내가 먼저 연락을 해야 하나. 그러나 내가 먼저 연락을 하기는 싫었다. 쿨하게 헤어진 여자이고 싶었다. 연락 따위에 집착하고 싶지 않았다. 나는 절대 그를 그리워하고 있지 않다, 연락을 기다리고 있지 않다. 스스로 최면을 걸었다.

그렇게 하루가 가고, 이틀이 가고, 일주일이 가고, 마침내 이 주일이 지났다. 내 머릿속엔 그가 했던 말들이 선명하게 살아 있었다. 다음다음 주 토요일, 터키 문화원. 나는 외출 준비를 하기 시작했다. 그러나 시간이 갈수록 점점 어쩌면 그가 오지 않을 거라는 생각이 들었다. 마법을 이유로 어두운 색의 하의를 입으면서, 통증을 느꼈다. 때늦은 사춘기의 성장통인가 보더라고 스스로 생각했다. 고작 하루 만났을 뿐인데, 나는 이 주일을 기다려버렸다. 인정하긴 싫지만 사실은 사실이다. 나는 무작정 터키 문화원을 찾아가기 시작했다.

문화원 홈페이지에서 봤던 약도를 핸드폰 메모장에 대략 정리해서 적어두었다. 그것에 의지해서 길을 오래도록 헤맸다. 그러나 결국 들어가지 못하고 나는 근처 역의 벽에 멍하니 기대 서 있었다. 그에겐 끝내 연락하지 못했다.

우울했다. 문득 눈물이 툭 떨어졌다. 딱 하루 쿨하게 만났는데, 지질하게 이 주일을 끌어버렸다. 옆에 있던 커플이 자리를 뜨면서 내게 던진 말이 세게 날아왔다. 별 꼴이야. 고개를 숙였다. 힘없이 늘어진 왼팔이 보였다. 문신을 했던 자리가 어느새 희미해져 있었다. 무늬가 거의 보이지 않았다. 헤나 문신은 2주 정도 지속된다. 쿨한 문신이다.

그 자리에 그냥 주저앉아 버렸다. 무늬가 거의 남아있지 않은 왼팔을 코에 갖다 댔다. 그럴 리 없겠지만 거기에 희미하게 아랍 향이 남아 있다고 생각했다. 지질하다. 정말 나는 별 꼴인가 보다.

 은상

껌

조 수 빈
(안양예술고등학교 3학년)

은박지를 펼쳐 조각이 난 껌을 입 안으로 밀어 넣었다. 껌에는 갈증을 없애는 성분이 있다는, 언젠가 들었던 말이 떠올랐다. 입 속에서 하나로 뭉쳐진 껌은 되려 남아있던 수분까지 앗아가는 것만 같았다. 버스는 쉼 없이 달렸다. 나는 껌을 씹고 또 씹었다. 버스 안에는 차가운 에어컨바람과 함께 소음 같은 말소리들이 가득 차있었다. 좌석을 채운 낯선 사람들은 옆자리에 앉은 친구, 혹은 수화기 너머의 누군가에게 쉴 새 없이 소식을 전했다. 모두 몇 조각의 껌을 열심히 씹고 있는 것처럼 보였다. 나는 누구에게도, 어떤 소식도, 전하지 못한 채 좌석을 채우고 있었다. 종점에 다다랐을 때서야 껌의 단물이 모두 빠졌다. 입 안은 바짝 말라있었다.

중학교 일 학년 때, 부모님은 초등학교 앞에 구멍가게를 차렸다. 말 그대로 구멍처럼 작은 가게였다. 아이들은 쥐구멍에 숨어들 듯 용케도 그 작은 가게 안으로 모여들곤 했다. 주로 준비물이나 군것질거리를 사가기 위해서였다. 가게를 찾는 아이들보다 키가 한 뼘 정도 더 자란 나는 엄마를 대신해 자주 계산대 앞에 앉아있었다. 엄마는 용돈을 올려주겠다는 말과 함께 계산을 하지 않고 슬쩍 주머니에 물건을 넣고 나가는 아이들을 잡아내라는 임무를 보탰다. 초등학생이라는 꼬리표를 뗀 후부터 나는 다른 또래의 아이들과 다를 것

없이 초등학생을 보면 절로 혀를 차던 중학생이었다. 키가 한 뼘 자라면서 어떤 사명감과 정의감이 내 몸에 자리 잡게 되었는지도 몰랐다. 그런 감정들은 내게 예습과 복습을 하는 시간보다 계산대 앞에 앉아 눈을 크게 뜨는 시간을 더 갖게 하기에 충분했다. 그 무렵, 매일같이 가게를 찾는 한 아이가 있었다. 내 또래로 보이는 아이는 하루도 거르지 않고 검은 봉지 가득 먹을거리를 사가지고 갔다. 내가 아이를 기억하는 이유는 초등학생들 사이에서 유독 눈에 띄는 큰 키 때문이 아니었다. 한 눈에 봐도 가로로 늘어진 몸집 때문이었다. 한창 무더위가 기승을 부리던 여름, 더위 먹은 개처럼 혀를 늘어뜨리고 가게 안으로 들어오던 아이를 나는 큰 눈으로 쫓았다. 사명감과 정의감을 잊어버리게 할 만큼 기괴한 모습이었다.

  방학이 되면 방과 후에 곧장 가게를 찾던 아이들은 모습을 보이지 않았다. 그렇다고 하더라도 방심은 할 수 없었다. 그날도 나는 홀로 계산대를 지키고 있었다. 짤랑거리는 소리와 함께 아이가 들어왔다. 거의 날마다 보아왔기 때문에 친숙함이 들 정도였다. 동시에 텅 빈 가게에 아이와 둘만 남겨졌다는 기분에 나도 모르게 마른 침을 삼켰다. 아이의 손에는 자신의 몸처럼 잔뜩 부푼 분홍색 지갑이 들려져 있었다. 가지고 다니는 돈이 많은 걸 보니 물건을 몰래 집어갈 아이는 애초부터 아니었다는 확신을 내렸다. 내가 지켜보고 있다는 걸 아는지 모르는지, 아이는 한참을 물건 앞에서 서성였다. 그만 아이에게서 눈을 떼려는 순간, 나는 아이의 바지 주머니로 들어가는 껌 한통을 보았다. 다시 한 번 마른침을 삼켰다. 자리를 박차고 일어나 아이에게로 다가갔다. 아이는 여전히 멀뚱히 그 자리에서 서성이고 있었다.

  "너, 방금 훔친 거 맞지?"

  날이 선 내 목소리에 아이는 내 쪽으로 몸을 돌렸다. 아무 것도 모른다는 순진한 눈빛이었다. 단번에 죄를 인정하는 범인은 없다는 엄마의 말이 떠올랐다. 나는 끈질기게 아이와 눈을 맞추며 또박또박하게 말을 내뱉었다.
"방금 주머니에 슬쩍 넣었잖아. 내가 못 봤을 줄 알아?"
여전히 작은 눈을 끔뻑이기만 하는 아이를 보자 이마에 땀이 맺히기 시작했다. 나는 아이의 바지주머니로 손을 가져다댔다. 조금 전에 또렷이 보았던 각진 껌 통이 손끝으로 분명하게 느껴졌다.
"니가 도둑이야? 전에는 껌 말고 뭐 훔쳐갔어? 어?"
아이의 넓은 주머니에 손을 넣으려는 순간, 아이가 비명 같은 울음을 터뜨렸다. 또 한 번 짤랑, 하는 소리와 함께 아이가 가게 밖으로 뛰쳐나갔다. 짧은 순간 사이에 아이를 뒤쫓아 덜미를 잡아야 할지, 말아야 할지 하는 고민이 머릿속을 스쳤다. 우선은 값이 얼마 나가지 않는 껌 말고도 다른 물건을 훔치지 않았는지를 확인하는 게 먼저라는 생각이 들었다. 나는 재빨리 눈앞에 펼쳐져있는 수많은 물건들을 훑었다. 아무것도 비어있는 건 없었다. 아이가 주머니에 넣었던 종류의 껌마저도 포장을 뜯지 않은 채로 상자 안에 켜켜이 쌓여 있었다. 나도 모르게 아, 하는 짧은 한숨을 토해냈다. 그제야 아이가 가게에 들어설 때부터 입을 오물거리며 껌을 씹고 있었다는 사실이 떠올랐다. 튕겨져 나가듯 가게 밖으로 나섰다. 언덕 끝으로 사라지는 아이의 모습을, 나는 멍하니 바라보고만 있었다.
그 해의 여름이 끝나갈 무렵, 구멍가게는 더 이상 구멍가게라고 부를 수 없게 됐다. 발 디딜 틈 없이 비좁았던 공간이 눈 깜짝할 새에 텅 비어졌기 때문이었다. 언제까지 이 일로 벌이를 계속할 순 없잖니, 엄마의 목소리가 넓은 가게 안에서 메아리처럼 울려 퍼졌다. 가게의 셔터를 내리고 '임대문의'라고 쓰인 종이 한 장이 붙었을 때, 나는 아쉬움보다는 죄책감을 품고 있었다. 가게를 닫기 전까지 아이는 한 번도 가게를 찾지 않았기 때문이었다. 마치 죄값을 치르지 못한 채 살아가야하는 죄인이 된 기분이었다. 가게를 닫고 나서부터, 엄마는 작은 지갑공장에 취직을 했다. 엄마가 직접 만들었다는, 여러 개의 구멍을 가진 지갑을 받아들면서도 나는 아이를 떠올리고 있었다. 가게를 정리하면서, 나는 다니던 학교의 책상서랍도 정리해야 했다. 엄마의 공장과 가까운 곳에 위치한 중학교로 전학을 가게 됐기 때문이었다. 정들었던 친구들과 작별인사를 하면서 나는 아쉬움과 동시에 새로운 학교에 대한 기대감이 부풀었다. 하지만 그런 기대감은 잠시 뿐이었다. 작별인사를 한 지 며칠 만에 낯선 교실에서 자기소개를 하면서, 나는 새로운 친구를 사귈 수 있을지를 두려워하고 있었다. 내가 계산대 앞에 앉아 수많은 아이들을 곁눈질했던 것처럼 교실에 가득 찬 마흔 명의 아이들은 나를 큰 눈으로 훑어보고 있었다. 이름과 전에 다니던 학교, 취미와 좋아하는 과목을 말하면서 나는 몇 번이나 마른 침을 삼켰다. 그 때, 수많은 아이들 사이로 낯익은 얼굴이 보였다. 바로 그 아이였다. 삼 분단 맨 끝줄에 앉은 아이는 나를 보며 껌 대신 입술을 잘근잘근 씹어대고 있었다. 나는 뜻 모를 웃음이 새어나왔다. 죗값을 치를 수 있는 형벌을 받은 죄인이 되기라도 한 것 같았다. 나는 비어있는 아이의 옆자리에 앉았다. 많은 자리를 두고도 그 자리에 앉겠다고 고집을 부리는 나를 담임선생님은 알 수 없는 눈빛으로 바라봤다.

"너 나 알지?"

내 말이 뱉어짐과 동시에 아이의 몸이 움찔거렸다. 죄를 지은 건 난데, 도리어 어쩔 줄 몰라 하는 모습에 나는 더욱 미안함을 느꼈다.

"그날 일은 미안했어. 제대로 확인해 보지도 않고 도둑으로 내몰았잖아."

"아니야, 괜찮아 정말이야. 그런데 너 괜찮겠어?"

괜찮다는 말과 함께 나더러 괜찮냐는 물음을 하는 아이를 나는 이해하기 힘들었다. 대체 뭐가 괜찮냐는 건지, 알 수가 없었다. 나는 고개를 끄덕였다.

"그래, 사과하게 돼서 기분 좋다. 잘 지내자."

그제야 아이는 미소를 머금었다. 처음 보는 아이의 웃는 얼굴이었다. 아이와 나, 둘은 마주보며 한참을 미소 지었다.

 아이의 이름은 미정이라고 했다. 붉은 여드름이 빽빽이 자리 잡은 아이의 얼굴을 보며 나는 미정이, 미정이, 하고 몇 번을 되뇌었다. 미정이는 수업 시간이나 쉬는 시간을 가리지 않고 내게 말을 걸어왔다. 아직도 계산대에 앉아있냐는 물음부터, 왜 전학을 오게 됐는지, 성격이나 취미, 좋아하는 TV채널까지. 사소한 질문을 하면서도 미정이는 내내 웃고 있었다. 미정이의 질문이 던져지지 않는 때는 일주일에 딱 한 번 있었다. 미정이의 가정환경이 좋지 않은데다가 내성적인 성격으로 반 친구들과 어울리지 못한다는 이유로 학교 안의 상담실에서 상담을 받아야 했기 때문이었다. 반 친구 한 명이 비어있는 미정이의 자리에 앉은 것도 그 시간이었다. 이름도 모르는 그 친구는 대뜸 내게 그렇게 행동하지 말라는 말을 내뱉었다.

 "불쌍해서 그러는 건 알겠는데, 유미정 걔가 보기보다 끈질겨. 그렇게 하루 이틀 말 붙여 주면 거머리처럼 들러붙을 걸? 아니다, 벌써 너한테 단단히 들러붙은 것 같더라."

 은주라는 아이의 주위로 몇 명의 친구들이 더 모여들었다. 맞아 맞아, 너처럼 굴다 몇 명 후회했지 아마? 전학을 온 이후로 처음으로 느껴보는 떠들썩한 말소리에 나는 정신이 없었다.

 "그러지 말고, 너 우리랑 다니자. 응?"

 은주는 내 손을 덥석 잡아채고는 웃으며 말했다. 쉬는 시간을 알리는 종소리가 들려왔다. 뒷문으로 미정이의 얼굴이 보였다. 나도 모르게 은주를 향해 고개를 끄덕이고 있었다.

 "선생님, 영주가 제 옆자리에 앉고 싶대요. 맨 뒷자리는 칠판이 잘 안 보인다던데요?"

 종례시간이 되자, 은주는 일 분단 맨 줄에 앉아 손을 번쩍 들고는 말했다. 담임선생님은 내 쪽으로 고개를 돌려보지도 않고 알겠다고 했다. 멀리서 은주가 손을 흔들고 있었다. 잘됐다. 그치? 우리가 구해낸 거야. 곳곳에서 아이들의 속삭임이 들려왔다. 동시에 가까이에서 미정이의 시선이 느껴져 왔다. 나는 미정이가 어떤 물음을 해 올지, 두려워하고 있었다. 담임선생님의 종례가 끝나자마자, 가방을 챙겨 도망치듯 교실을 빠져 나왔다. 가게에서 달아났던 미정이의 모습이 떠올랐다. 미정이는 뒷문에 서서 계단을 내려가는 나를 바라보고 있을 것만 같았다. 입 안이 바짝 말라왔다.

몸을 반만 돌리면 미정이가 보였다. 맨 뒷자리에 앉은 미정이는 큰 덩치에도 한없이 작게 느껴졌다. 말을 하지 않는 미정이, 웃지 않는 미정이는 내가 처음 봤던 그저 뚱뚱한 아이로 돌아간 것만 같았다. 주위에 앉은 친구들은 하루에도 몇 번씩 미정이에 대한 말들을 주고받았다. 정작 말이 없는 미정이가 중심이 된 많은 말들은, 내가 전학 오기 전부터 꾸준히 지속되었던 것 같았다.

"영주야, 그동안 많이 힘들었겠다. 저 돼지가 뭐래? 친해지려고 애를 쓰지?"

대화중에는 한 번도 미정이의 이름이 제대로 불리지 않았다. 돼지, 여드름쟁이, 왕따……, 나는 그러면 안 된다는 걸 알면서도 미정이 쪽으로 고개를 돌렸다. 미정이도 나를 보고 있었다. 보지 마, 제발. 미정이는 내 입모양을 읽기라도 한 듯이 책상 위로 고개를 묻었다. 친구들의 말소리는 여전히 떠들썩했다. 하굣길에 느닷없는 소나기가 쏟아졌다. 우산을 챙겨오지 못한 나는 조금이라도 비를 피하기 위해 가방을 머리 위로 들었다. 그때, 우산을 쓴 미정이가 운동장 끝에서부터 내 쪽으로 다가왔다. 여름 날, 가게에 막 발을 디디던 모습처럼 미정이는 헥헥거리며 발을 옮기고 있었다. 운동장 한 가운데에 서 있던 나는 무리지어 멀어지는 반 친구들의 뒷모습을 보며 소리쳤다.

"얘들아, 같이 가자!"

미정이가 내 옆을 지나쳐 갈 때, 나는 다른 친구들 사이에서 팔짱을 끼고 있었다. 뒤에서 본 미정이의 분홍색 우산은 유난히 크고 넓게 느껴졌다.

내 열 여섯 번째 생일날, 어느새 친해진 친구들은 곱게 포장된 선물 상자를 내게 내밀었다. 무지개 색이 모두 있는 펜 세트, 리본 달린 머리 끈, 핸드폰 고리까지 선물은 다양했다. 포장을 하나씩 뜯고 벗길 때 마다 간지럼을 타듯 웃음이 나왔다. 급식을 먹고 난 뒤에는 친구들이 몰래 준비한 열여섯 개의 초가 꼽힌 케이크를 받았다. 모두 입을 모아 노래를 불렀다. 생일 축하 합니다. 생일 축하 합니다. 친구들이 입을 모은 노랫소리가 교실을 가득 메웠다. 고개를 돌렸을 때, 미정이는 책상 위로 고개를 박고 있었다. 수업을 마치고 책상서랍을 정리했다. 친구들이 선물과 함께 준 편지가 가득 들어있었다. 색색의 편지봉투 사이로 은박지 한 장이 반짝이고 있었다. 다름 아닌 껌 종이였다. 영주야, 그동안 미안했어. 생일을 진심으로 축하해. 그 안에는 미정이의 몸집처럼 커다란 글씨가 빽빽이 쓰여 있었다. 나는 손 안에서 단번에 구겨진 껌 종이를 휴지통에 넣고 교실을 나섰다.

가끔 꿈속에서 만난 미정이는 전처럼 내게 많은 물음을 쏟아냈다. 하지만 아무리 귀를 기울여도 미정이의 목소리는 들리지 않았다. 그저 입을 벙긋거릴 뿐이었다.

왜 나를 피해, 내가 돼지라서? 여드름이 많아서? 왕따라서? 왜, 왜…….

많은 질문 끝에는 항상 미안해, 라는 말이 따라 붙었다. 꿈에서 깨어나면 언제나 입 안이 바짝 말라 있었다. 나는 몇 번이나 입을 오물거려 마른 침을 삼켰다.

중학교 생활을 마치고, 고등학생 꼬리표를 달기까지는 그리 긴 시간이 걸리지 않았다. 나는 여전히 은주를 비롯해 많은 친구들과 어울려 다녔고, 졸업식을 할 때까지도 미정이는 여전히 혼자였다. 나와 미정이는 같은 고등학교에 배정을 받았다. 반에서 같은 고등학교에 배정받은 건 나와 미정이 단 둘 뿐이었다. 새 교복을 입고, 새로운 친구들을 마주했지만 변한 것은 아무 것도 없었다. 나는 미정이를 마치 모르는 사이인 냥 차갑게 지나쳤다. 그러다 보니 어느새 미정이는 정말 나와 모르는 사이가 되어 있었다. 변한 것이 있다면 미정이었다. 더 이상 내게 말을 걸지도, 아는 체를 해오지도 않는 미정이는 겉모습까지도 많이 변해있었다. 늘어졌던 살집은 온데간데없이 사라져 있었고, 항상 지저분했던 짧은 머리는 어깨를 감싸고 찰랑거리고 있었다. 복도에서 마주칠 때마다 미정이의 주위에는 친구들이 하나씩 늘어나 있었다. 미정이와 다정하게 팔짱을 낀 아이들은 하나같이 짙은 화장을 얼굴에 한 채로 내 옆을 스쳐지나갔다. 나는 미정이의 눈을 똑바로 바라보지 못했다. 예고 없이 미정이와 맞닥뜨려지는 순간들은, 수많은 새로운 친구들 앞에 홀로 서있을 때보다 나를 더 긴장하게 했다. 그날도 나는 복도 중앙에서 잔뜩 긴장한 상태였다. 눈앞에는 미정이와 미정이의 친구들이 짧은 치마 아래로 살결을 훤히 드러내며 서 있었다. 복도를 계속 서성이는 걸 보니 바닥에서 무언가를 찾는 눈치였다.

"분명히 이 근처에서 떨어뜨린 것 같은데, 빨리 찾아봐."

눈가에 문신처럼 짙은 아이라인을 그린 아이가 초조한 목소리로 말했다. 함께 있던 친구들은 허리를 숙여 치마 속이 다 보일 정도로 복도바닥을 살피고 있었다.

"없는 것 같아. 누가 주워갔겠지. 어휴, 미정이 어떡하냐."

그때, 내게로 한 아이가 성큼성큼 다가왔다. 나는 나도 모르게 뒷걸음질을 쳤다.

"야, 너 혹시 바닥에서 돈 들어있는 봉투 못 봤어?"

다짜고짜 물어오는 아이 주위로 하나 둘씩 친구들이 모여들었다. 그 중심에는 미정이가 서 있었다. 본 적 없다는 말이 재빨리 입 밖으로 튀어나오질 않았다. 나는 바보처럼 멀뚱히 서서 입을 오물거리고 있었다.

"이런 애가 무슨 용기로 돈을 훔쳤겠냐, 딱 봐도 겁 많은 찌질이 같잖아."

미정이의 말에 곧바로 아이들의 웃음소리가 뒤따랐다.

"야, 찌질이. 괜히 도둑으로 몰리기 전에 가던 길 가라."

담배냄새와 짙은 화장품향이 어지러이 뒤섞여 몰려왔다. 이마에는 어느새 땀방울이 맺혀 있었다. 마른 침을 삼키며 교실로 돌아왔을 때, 나는 숨이 턱까지 차올라 있었다. 수많은 웃음소리가 수업시간 내내 귓속에서 웅웅, 울려댔다.

새로 사귄 친구들은 이미 미정이에 대해 알고 있었다. 중학교 때와 다름없이 쉬는 시간이 되면 친구들은 한 자리에 모여서 미정이가 중심이 된 대화들을 주고받았다. 미정이가 본래의 이름으로 불리어지지 않는 건 중학교 때와 다름없었다. 양아치, 날라리, 꼴통. 미정이에게 붙은 새로운 이름이었다. 미정이를 그렇게 이름 지은 친구들은 나와 다를 것 없이 미정이와 마주치면 눈조차 마주치지 못했다. 그럼에도 친구들은 미정이의 진한 화장부터 옷차림, 남자관계까지 바쁘게 떠들어댔다. 어느 순간부터, 나 역시 그 사이에서 미정이를 양아치나 날라리, 꼴통이라 부르며 말을 내뱉고 있었다. 주고받아지는 말들이 확실한지는 결코 중요하지 않았다. 입 밖으로 나오기만 하면 그것은 사실이라는 낙인이 찍혔다. 가끔은 내가 대화의 주동자가 되기도 했다. 나는 미정이에 대해 다른 친구들보다 잘 알고 있었다. 지금의 모습이기 이전의 돼지, 여드름쟁이, 왕따였던 미정이는 내 기억 속에 선명했다. 한 번 친구들에게 미정이와의 관계에 대해 털어놓자 이야기는 꼬리에 꼬리를 물었다. 친구들은 내가 더 많은 말을 뱉어주기를 원하는 눈치였다. 나는 지금은 남아있지 않은 미정이의 과거를 하나씩 들추기 시작했다. 말들은 잔뜩 부풀려져서 입술을 비집고 불쑥 불쑥, 튀어나왔다. 한동안 친구들은 쉬는 시간이면 내 주위에 몰려들었다. 가끔 이래도 되는 건 가 싶다가도 미정이와 멀어지게 된 건 미정이 역시 나를 모른 체 했기 때문이라는 생각이 스스로를 위로했다. 죄책감 따윈 없었다. 더 이상 내겐 미정이가 피해자인 죄값이 남아있지 않았다. 시험을 망친 날, 엄마와 말다툼을 하고 나온 날이면 미정이에 대한 말들은 더욱 쉽게 내뱉어졌다. 어느 샌가 부터 나는 껌처럼 질기게 미정이의 모습을 쫓았고, 후 불어서 팽팽하게 부풀려진 말들을 질겅거리며 씹어대고 있었다.

"특종이야 특종!"

한 친구가 교실 문을 세차게 열며 소리쳤다. 나를 포함한 다른 아이들은 하던 일을 멈추고 둥글게 모여 앉았다. 뒷문이 큰 소리를 내며 닫혔다. 소식을 전하기 위해 급히 뛰어

온 듯, 친구의 숨소리는 거칠었다. 친구의 입에서 튀어나온 말은 충격적이었다. 전날 밤, 외제차에서 내려 나이 든 남자와 모텔로 걸어 들어가는 미정이를 봤다는 얘기였다.

"진짜 특종감이네. 대체 얼마나 받고서 그런 짓 하는 걸까?"
"완전 걸레네 걸레. 앞으로는 걸레라고 불러야겠다. 더러워라."

재밌는 농담을 하듯 쉴 새 없이 떠들어대는 친구들 사이에서 나도 얼굴을 잔뜩 일그러뜨리며 말했다.

"그래, 걔 원래 그런 애야. 난 전부터 알고 있었다니까."

언젠가부터 미정이는 복도에서도 모습을 잘 드러내지 않았다. 아예 학교를 나오지 않는다는 소식을 들려왔다. 친구들은 놓칠 새라 미정이가 결석을 하는 이유에 대해서도 질기게 파고들었다. 남자와 살림을 차렸다든지, 임신을 했다는 말들이 껌을 씹고 뱉어내듯이 쉽게 퍼져나갔다. 하지만 그 후로도 미정이가 오랫동안 모습을 드러내지 않자 미정이에 대한 대화들도 점점 단물이 빠져가고 있었다. 가끔 누군가로부터 새로운 소식이 들려와도 모두 시큰둥한 반응이었다. 얼마 지나지 않아, 친구들은 다른 아이를 대화의 중심으로 삼았다. 미정이와 팔짱을 끼고 지나쳐갔던 아이 중 한 명이었다. 나 역시 친구들 사이에서 물증이 없는 말들을 익숙하게 내뱉고 있었다. 모두에게서 미정이의 존재는 언젠가 씹고 뱉은 껌처럼 기억 속에서 쉽게 잊혀져갔다. 학년이 바뀌고 열여덟 번 째 생일을 맞이할 때쯤엔 미정이에 대한 얘기가 전혀 들려오지 않았다.

고등학교 삼 학년이 되자 나도 다른 친구들처럼 아르바이트를 시작했다. 방과 후부터 정오까지 학교 근처의 편의점 카운터를 보는 일이었다. 구멍가게였지만 일 년 가까이 계산대 앞에 앉아있던 경험 때문인지 일은 그리 어렵게 느껴지지 않았다. 가끔씩 막무가내로 말을 붙이는 손님들이 골치 아플 뿐이었다. 그 날 저녁, 편의점을 찾은 남자도 그런 손님 중 하나였다. 중년의 남자는 계산대 위에 숙취해소제 한 병과 콘돔을 내려놓았다. 남자에게서 풍기는 술 냄새와 향수 냄새가 편의점 안 공기를 어지럽게 떠다녔다.

"칠천 원입니다."

남자의 번지르르한 가죽 지갑에서 꺼내진 만원 한 장이 계산대 위에 올려졌다. 남자는 한 손으로 거스름돈을 받아 넣으며, 다른 한 손으로는 전화를 걸고 있었다.

"그래 미정아, 아저씨 금방 도착한다니까? 조용히 기다리고 있어. 오늘은 한 장 더 얹어주겠다니까 그러네, 참."

미정, 미정이, 미정이. 나는 미정이로부터 이름을 처음 들었을 때처럼 계속해서 되뇌었다. 머릿속에 그려지는 얼굴은 짙은 화장을 한 채로 내 옆을 지나쳐가는 미정이가 아니었다. 쉬지 않고 내게 말을 걸어오던, 웃는 얼굴의 미정이었다. 그날 밤, 나는 오랫동안 꿈을 꾸었다. 꿈속의 나는 편의점이 아닌 구멍가게 계산대 앞에 앉아 있었다. 짤랑, 하는 소리와 함께 두 명의 미정이가 가게 안으로 들어왔다. 뚱뚱하고 여드름이 얼굴에 피어오른 미정이와, 바싹 야윈 얼굴 위로 짙은 화장을 한, 너무도 다른 두 명의 미정이었다. 나는 어느 쪽에 시선을 꽂아야 할지 몰라 고개를 이리저리 흔들었다. 어느새 계산대 앞까지 다가온 두 명의 미정이는 하나의 모습으로 눈앞에서 겹쳐져 있었다. 뚱뚱하지도 마르지도, 화장기가 없지도, 짙지도 않은 미정이는 그저 풍선껌처럼 내 앞에서 부풀어 오르고 있었다. 미정이는 내게 검은 봉지 하나를 내밀었다. 놀란 눈을 한 채로 받아들려는 찰나, 봉지가 허공에서 거꾸로 뒤집혔다. 봉지 속에서 계산대 위로 무언가 떨어져 내렸다. 씹고 뱉어진 껌이 들러붙은, 만 원짜리 몇 장이었다.

몇 번이나 친구들과 다투고, 또 화해하고 시험 직전에 벼락치기를 하고, 용돈을 하루에 몽땅 써버리는 평범한 나날들을 보내고 나니 어느새 내겐 고등학생이라는 꼬리표가 사라져 있었다. 대학교에 입학한지 얼마 되지 않았을 때, 나는 우연히 만난 친구로부터 미정이의 이름을 다시 듣게 됐다. 같은 반이었던 친구는 고등학생 때와 형식적인 물음 끝에 수많은 소식들을 내뱉었다. 누구누구가 얼굴을 싹 갈아엎었다더라, 누구누구의 새로 사귄 남자 친구의 연봉이 장난이 아니라더라, 누구누구는 사업을 한답시고 집을 말아 먹었다더라, 친구의 입에서 무수히 쏟아지는 소식 중에 미정이 역시 하나의 누구누구로 밖에 여겨지지 않았다.

"너 유미정 기억하지? 걸레라고 불렸던. 걔는 죽었다더라?"

"유미정? 어쩌다가…?"

친구가 미정이 다음 차례의 누군가를 내뱉을 무렵이었다. 입 안은 바싹 말라가고 있었다.

"낙태 수술 받다가 죽었대. 회복 중에 갑자기 심장마비가 왔다나?"

친구가 혀를 차는 소리, 앞 다퉈 가로변을 달려가는 자동차의 소음, 옆을 지나쳐가는 사람들의 발소리. 나를 둘러싼 모든 소리들이 귓가에 껌처럼 달라붙었다. 머릿속에선 잊고 있었던 미정이의 얼굴이 도무지 떠오르질 않았다. 나는 아무런 대답도 하지 못하고 마른 침만 넘겼다.

"어머, 나 알바시간 늦었다. 갈게, 다음에 보자!"

친구의 뒷모습이 빠르게 사라져갔다. 나는 거리의 한 가운데에서 한참을 서 있었다. 어디론가 급하게 달아나고 싶다는 마음이 들었다. 하지만 어디로 발걸음을 돌려야 할지 갈피를 잡지 못했다. 떠오르지 않는 미정이의 얼굴처럼 어딘가 깊숙이 자리 잡고 있었던 나의 얼굴이 불쑥 고개를 내밀었다. 죗값을 치르지 못한 채, 고개를 돌린 얼굴이었다.

버스에 올랐다. 어느 방향을 향해 달리는 버스인지조차 알지 못한 채로 자리에 앉았다. 품 안에 있던 졸업앨범을 펼쳤다. 몇 개의 단체사진과 낯익은 얼굴들이 한 장씩 넘겨지는 동안 나는 참을 수 없는 갈증을 느꼈다. 삼학년 칠 반. 앨범은 더 이상 넘어가지 않았다. 나는 무릎 위에 펼쳐진 앨범을 내려놓았다. 손톱만한 얼굴들이 단체 사진 속에 줄을 맞춰 모여 있었다. 나는 쉽게 내 얼굴을 찾아냈다. 맨 앞줄에 앉아 친구들 사이에서 환히 웃고 있는 중학생의 나. 나는 천천히 시선을 옮겼다. 미정이는 맨 뒷줄에 표정 없이 서 있었다. 미정이와 나의 거리는 버스노선도 속 첫 정류장과 종점처럼 멀기만 했다. 몇 장이 더 넘겨지자 반 뼘만 한 사진 속에 양쪽 어깨가 잘린 미정이가 있었다. 어색하게 위로 솟은 미정이의 입 꼬리를 나는 손끝으로 쓸어내렸다. 버스는 쉼 없이 달렸다. 종점이 어딘지는 알 수가 없었다. 나는 앨범을 찢었다. 껌에는 갈증을 없애는 성분이 있다는, 언젠가 들었던 말이 떠올랐다. 손바닥 안에 놓인 미정이의 얼굴을 입 안으로 밀어 넣었다. 빳빳한 종이는 껌 같은 단맛이 나지 않았다. 나는 종이를 씹고 또 씹었다. 갈증은 잊은 지 오래였다. 버스는 쉼 없이 달렸다. 나는 어느 곳에서 내려야 할지도 모른 채 몸을 싣고 있었다.

엄마의 가을

최 윤 영
(서울 창덕여자고등학교 3학년)

　요즘은 여름이 지나기가 무섭게 날이 추워진다. 가을이 사라지고 있다. 사람들은 그렇게 떠든다. 가을이 사라진다고, 낙엽이 떨어지지 않는 것은 아니다. 가을은 남아있다. 아주 미미하게. 누구는 천고마비의 계절이라고 하고, 누구는 어쩐지 로맨틱한 계절이라고 말한다. 나는 풍요롭지만, 그만큼 쓸쓸한 계절이라 생각한다. 서늘하여 기분 좋은 날씨, 높고 푸른 하늘과, 거리를 알록달록 수놓는 낙엽. 하지만 그 모든 것들은 곧 소멸되기 마련이다. 그래서일까. 이제야 빛을 발한 아름다움은 어딘가 분명히 쓸쓸하게 느껴진다.
　가을은 엄마를 닮았다. 곧 성인이 되는 길목에서 뒤를 돌아 엄마를 바라보면, 가을이 생각난다. 의아하지만 선명하게 말이다. 웃는 얼굴도, 곱슬거리는 파마머리도 전혀 닮지 않았지만 가을이 생각난다. 길가에 끝없이 떨어지는 낙엽도 엄마를 생각나게 한다. 풍요롭지만 쓸쓸한 계절. 그리고 엄마. 모든 것은 이상한 곳에서 접점을 드러내기 마련이다. 나는 아직도 엄마가 생각나는 이유를 찾지 못했다. 다른 사람들은 어떨까. 문득 궁금해진다. 다른 사람들도 그런 기분을 느낄까? 무엇 때문에 그런 기분이 드는 걸까. 작은 키? 통통한 몸? 아니면 곱슬거리는 파마머리? 무엇이 엄마를 가을처럼 보이게 하는 걸까. 나는 알 수가 없다. 한 가지 분명한 것은, 그 기분이 달갑지만은 않다는 것이다. 나와 웃고 떠들던 엄마가, 뒤돌아 앉아 가만히 TV를 볼 때. 드러나는 뒷모습은 내 마음을 이상하게 만든다. 입고 있는 옷과 검은 뒤통수는 익숙한 엄마의 모습이 맞는데, 몹시도 낯설다. 나는 길 잃은 아이처럼 서서 부엌에서 엄마를 본다. 언젠가 다가올 이별 후. 내 기억 속에서 꺼내어 든 엄마가 가을로만 남아있다면, 나는 울기만 하게 될 텐데.

나이가 들수록, 엄마라는 나무는 짙은 낙엽이 된다. 내가 철이 들었다는 증거일지도 모른다. 다섯 식구가 북작거리며 살고 시시콜콜한 잡담까지도 엄마와 주고 받지만, 엄마는 가끔 굉장히 쓸쓸해보인다. 세상에서 가장 외로워도 보인다. 나와 눈을 마주하고 있으면서도. 엄마는 씩씩한 사람이라, 나는 줄곧 생각했다. 아빠와 다투고 나면 집을 나가버리는 아빠와 달리, 엄마는 흐트러진 집을 치우고 우리를 달래주었다. 어릴 때는 그것이 당연하다 생각했다. 엄마는 울지 않았다. 엄마는 강했다. 그래서 나는 엄마가 상처받지 않을 것이라 생각했다. 하지만, 점점 나이가 드니까 엄마가 다르게 보이기 시작했다. 아무도 없는 텅 빈 거실. 고개를 숙이고 있는 엄마는 억지로 울음을 참고 있었다. 엄마의 멍든 가슴이 보였다. 이제는 엄마의 그 모습을 바로 볼 수가 있다. 엄마는 멍들지 않은 것이 아니라, 아프지 않은 척 했을 뿐이라는 것을. 나는 이렇게 엄마를 이해하고도 철없이 변했다. 엄마와 다투는 일이 잦아졌고, 짜증을 부리는 일도 많아졌다. 내가 할 수 있다고 엄마의 도움을 밀어냈고, 점점 무뚝뚝해져 사랑한다는 말조차 제대로 하지 않았다. 필요한 것이 많아지는 나이라는 핑계로 죄책감도 없이 엄마에게 손을 내밀었다. 엄마를 이해하고도, 말이다.

엄마는 왠지 가을을 닮았다. 엄마는 가만히 서서 낙엽을 떨구는 가로수를 닮았다. 쌀쌀한 날씨를 닮았다. 한 줌의 가을볕을 닮았다. 엄마는 가을을 닮았다. 겨울로 걸어가는 계절의 필연적인 쓸쓸함을 닮았다. 왜 그런지, 그 모습을 닮았다.

엄마, 미안해. 그 말이 입안에 걸려있다. 엄마를 볼 때마다 나는 많은 감정이 뒤섞인다.

낡은 티셔츠에 설거지를 하는 뒷모습. 그 뒷모습까지 번진 멍이 내 눈에 가만히 보인다. 미안하다고 수천 번 말해서 지울 수만 있다면 오히려 감사할 것만 같은데, 내 입은 여전히 붙어 떨어지지 않는다.

　나는 지금 가을에 서 있다. 성인이 되는 길목과 겨울로 가는 길에 서있다. 그리고 가을인 엄마를 바라보고 있다. 저 앞에 낙엽 같은 등을 한 엄마가 서 있다. 곧 떨어져 사라져 버릴 것만 같은, 엄마가 있다. 엄마는, 모든 괴로움을 억지로 눌러 참는 엄마의 모습은 숭고하여 아름답지만 슬프다. 엄마의 마음은 무엇으로 가득 차 있을까. 그것에 대한 확신이 없는 나는, 울음밖에 나오지 않는다. 아직은 이기적인 나를 언젠가 버릴 수 있겠지. 나는 매일을 바란다. 그 후엔 엄마에게 잔뜩 미안하고, 사랑한다고, 그렇게 할 것이다. 더는 엄마의 가을이 쓸쓸하지 않도록. 엄마의 등 뒤로 낙엽이 떨어진다.

계단

이 항 로
(안양예술고등학교 2학년)

"너 그 얘기 들었어?"
"무슨 얘기?"
"옆 반 아이가 말해준 건데. 야자 마치고 별관에 있는 4층 계단으로 올라가면 고양이 울음소리가 들린대."

앞자리에 있는 아이들의 떠드는 소리가 들려왔다. 나는 아이들의 이야기에 픽, 헛웃음을 터뜨렸다. 그런 게 어디 있어. 나는 속으로 되물었다. 고3이라는 타이틀을 달고 있는 아이들이 아직까지 헛소문에 정신을 팔리다니, 한심했다. 앞자리에 앉아있던 아이들은 내가 비웃는 소리를 들었는지 고개를 획 돌렸다. 고아 새끼가. 아이들의 목소리가 귓가에 파고들었다. 움찔했지만 이내 담담해졌다. 아무렇지 않았다. 나는 교과서로 시선을 거두었다. 아이들은 몇 초간 나를 째려보는 듯하더니 이내 고개를 돌렸다. 아이들의 시선을 모른 체 하며 문제를 풀고 있는 도중, 한 문제가 눈에 들어왔다. '13. 글 속의 화자가 대화를 하면서 난감해 하는 이유는 무엇일까요.'

여태까지 살아오면서 난감했던 적은 세 번 있었다.

첫 번째는 초등학교에 입학하던 첫 날, 담임선생님이 가족 소개서를 나눠주었을 때다. 다른 칸들은 모두 빈칸 없이 적어갈 수 있었는데, 단 하나. 부모님에 관한 정보를 쓰는 칸은 쓸 수 없었다. 내게 부모님이라고는 할머니 한 분 밖에 없었기 때문이다. 할머니와 나는 이불을 덮고 이 칸을 어떻게 해결해야할지 곰곰이 생각해보았다. 나는 할머니의 이름만 칸에 적으려고 했다. 그 순간 할머니가 크게 소리를 내며 말했다.

"부모 없는 아이는 무시당하기 십상인겨. 안돼겠다. 늬버리고 나간 애비, 애미 이름이라도 쓰자."

할머니는 그렇게 말하며 삐뚤빼뚤한 글씨를 빈칸에 적어가기 시작했다. 이종식, 김미애. 그렇게 나는 처음으로 부모님의 이름을 알게 되었다.

두 번째는 학예회 때 일어났다. 자신의 가족 앞에서 우리들은 각자 자신이 연습한 장기자랑을 뽐냈다. 나는 그 중에서 '베니스의 상인'이라는 연극을 했다. 내가 맡은 역할은 시장 상인3이었다. 남자 주인공이 재판을 받는 도중 곁다리로 껴들어 대사만 한 번 쳐주고 나가면 되는 역할이었다.

"사람이 그런 일을 하다니 부끄러운 줄 알아야지!"

내 몫의 역할을 끝내고 자리로 돌아갔다. 문제는 그 때 일어났다. 인력사무소에 다녀온 할머니가 교실 뒷문을 열고 들어왔다. 할머니의 이마에는 비지땀이 송글송글 맺혀 있었다. 나는 눈을 꼬옥, 감았다. 목 부분이 늘어난 꽃무늬 티셔츠를 입고 땀을 흘리는 할머니의 모습을 보고 있자 그럴 수밖에 없었다. 할머니는 손자가 나오는 연극이 무엇인지 주위 사람들에게 낑겨 가며 물어보았다. 저 만치서 우리 주한이, 주한이 하는 목소리가 들렸다. 사람들은 할머니의 땀 냄새가 불쾌한지 얼굴을 찌푸렸다. 나는 감고 있던 눈을 뜨지 않았다. 그런데 어디선가 주한아, 주한아 할미 왔다 라는 소리가 귓가에 들려왔다. 살며시 눈을 뜨고 고개를 돌려보았다. 사람들 사이에 끼어 있는 할머니가 나를 향해 손짓을 하고 있었다. 분명 연극의 주인공은 따로 있었지만, 교실 안에 있던 모든 사람들의 시선은 할머니와 나에게로 꽂혔다.

세 번째는 그 다음날에 일어났다. 교실 문을 열고 들어간 뒤 내 자리로 걸어가는데 주위에서 웅성거리는 소리가 들렸다. 얼핏 들었지만 아이들의 말소리에서 고아, 가난뱅이, 추접이라는 단어가 들리는 듯 했다. 나는 책상 앞에 서서 주먹을 불끈 쥐었다. 책상에는 검은색 매직으로 고아 새끼, 불쌍하다는 글씨가 써져 있었다. 크게 소리를 질러 범인을 잡아내고 싶었다. 하지만 이내 포기했다. 범인을 붙잡더라도 무어라고 따질 방법이 없었다. 모두 맞는 말이었다. 나는 조용히 의자에 앉았다. 그러곤 필통에서 지우개를 꺼내 책상을 빡빡 지웠다. 글씨는 지워지지 않았다. 나를 쳐다보고 있는 아이들의 시선이 느껴졌다. 열기가 손끝을 타고 올라왔다.

야자를 마치고 계단을 내려갔다. 학교 후문으로 걸어 나오는 도중, 내일까지 제출해야 하는 문학 수행평가가 떠올랐다. 나는 재빨리 가방을 뒤졌다. 문학 선생님이 나눠준 유인물이 보이질 않았다. 한숨을 내쉬었다. 고개를 들어 별관을 쳐다봤다. 아직까지 독서실 불은 켜져 있었다. 다시 독서실로 올라갔다. 늦은 시간인데도 시험이 얼마 남지 않은 탓인지 독서실 안에는 몇 명의 아이가 책상에 고개를 파묻고 있었다. 나는 내 자리로 걸어갔다. 책상 위에 놓아둔 유인물을 가방에 집어넣었다. 독서실 문을 조용히 닫고 계단을 내려가는데 어디선가 고양이 울음소리가 들려왔다. 설마, 하는 생각이 들었다. 아이들 말대로 고양이 울음소리는 4층에서 유유히 흘러왔다. 나는 침을 꼴깍 삼켰다. 발걸음을 다시 돌렸다. 한 칸, 한 칸 계단을 올라가는 내내 심장이 떨려왔다. 도착했다, 라는 생각이 들 무렵 고양이 울음소리는 그쳐있었다. 그 순간, 우어! 하는 소리와 함께 뒤쪽에 있던 누군가 달려들었다. 나는 계단 위로 나자빠졌다. 도대체 누구지? 하며 슬그머니 눈을 뜨는데 말끔하게 생긴 아이가 내 앞에 서있었다. 아이는 실실 웃고 있었다. 그러더니 내게 손을 내밀며 말했다.

"많이 놀랐지?"

아이의 이름은 류선욱이었다. 너는 도대체 이 시간에 여기에 왜 있냐고 묻자, 선욱이는 야자가 하기 싫어 매일 이 시간에 계단에 와 있다고 대답했다. 나는 혹시나 하는 마음에 선욱이에게 고양이 울음소리를 들어보지 못했느냐고 물었다. 선욱이는 그게 무슨 뚱딴지 같은 소리냐며 웃어재꼈다. 그렇게 선욱이와 나는 매일 같은 시간에 계단에서 만났다. 몇 시에 만나자 약속 같은 건 정하지 않았지만, 나는 야자가 끝마치기 십 분 전에 4층 계단으로 올라갔다. 선욱이는 항상 계단에 걸터앉아 웃는 얼굴로 나를 반겼다. 선욱이는 내가 오기 전까지 귀에 이어폰을 꽂고 있었다. 계단에 걸터앉은 우리는 하루 동안에 있었던 일을 서로에게 말했다. 이야기의 대부분은 학교 선생님들과 반 아이들을 욕하는 내용이었다. 다시 생각해보니 '우리'라기 보다는 '나' 혼자 신나게 이야기를 털어놓았다. 선욱이는 흥분하며 소리를 지르는 내 목소리에 간간히 웃으며 고개를 끄덕여주었다.

그러던 어느 날이었다. 종례를 하기 위해 들어온 담임선생님이 큰 소리로 말하기 시작했다. 여름방학이 시작되기 전에 부모님과 상담을 한 뒤에 수시 원서를 쓰겠다는 것이었다. 말을 끝마친 담임선생님은 아이들에게 유인물을 나눠주기 시작했다. 나는 유인물을 받아들고 잠시 머리가 멍해졌다. '대입 수시관련 학부모상담 : 父 母 (해당란에 동그라미 표시해주시길 바랍니다.)' 왜 할머니는 없을까. 난감했다. 내일까지 가져오라는 담임선생님의 말이 머릿속을 휘저었다. 계속해서 창가를 타고 들어오는 모래바람 때문인지 목 안이 칼칼했다.

여느 때와 마찬가지로 야자를 끝마친 뒤 선욱이와 얘기를 하다 집으로 돌아왔다. 언제나 느끼는 것이지만 산 중턱에 있는 집으로 올라가는 일은 힘들다. 집 앞에 있는 전봇대에 손을 올리고 숨을 골랐다. 희미해져가는 가로등 불빛 주위에 모여 있는 하루살이들은 지칠

줄을 모르고 날뛰었다. 담임선생님에게서 받은 유인물을 무슨 말을 하며 할머니에게 전할지 생각해보았다. 크게 숨을 들이쉬고, 칠이 벗겨져 군데군데 녹이 슬어있는 철문을 열고 방안으로 들어갔다. 나는 눈을 크게 떴다. 평상시와 같이 드라마를 보며 웃고, 화내고, 훌쩍이고 있어야할 할머니가 이불 위에 누워있었다. 내가 들어온 줄도 모르고 할머니는 인상을 찌푸리며 숨을 들이쉬고 있었다. 할머니의 숨소리는 얕은 신음소리 같았다. 할머니의 이마위로 식은땀이 맺혀있었다. 할머니가 덮고 있던 이불을 확 들쳐보았다. 그리곤 온몸을 훑어보는데, 할머니의 왼쪽 발목이 퉁퉁 부어있었다. 나는 왼쪽 발목으로 손을 갖다 대었다. 물을 가득 채운 풍선을 만지는 기분이었다. 바늘을 살짝만 가져다 대어도 금방이라도 터져버릴 것 같은 그런 풍선 말이다. 할머니가 아아, 하며 신음소리를 내었다. 나는 할머니의 어깨를 흔들며 무슨 일인지를 물었다. 할머니는 연신 괜찮어, 괜찮어 소리만 내뱉었다.

"인력사무소에서 일자리 받고 오다가 접질른거 뿐이니께 걱정 마."

접질린 것 치고는 상태가 심각했다. 할머니는 그깟 병원비 걱정 때문이었는지 계속해서 집에 누워있으면 괜찮다는 말을 했다. 나는 한숨을 쉬었다. 방바닥에 책가방을 놓아두고 할머니 옆에 누웠다. 어린아이처럼 새근새근 숨을 내쉬는 할머니의 숨소리를 들으며 조용히 눈을 감아보았다.

눈을 뜨자 아무것도 보이지 않는 어두운 공간이 내 앞에 펼쳐졌다. 정말 아무것도 보이지 않았다. 사방을 검은색 도화지로 틀어막았는지 빛 한 점 들어오지 않았다. 마치 블랙홀에 갇혀 있는 것만 같았다. 하지만 이상하게도 그러한 공간이 마음에 들었다. 숲 속에 들어간 것 마냥 가슴이 시원하게 트였다. 나는 기분 좋게 발걸음을 떼어 보았다. 그런데 그 순간, 내 발 앞에 계단이 하나 생겼다. 은색의 계단이었다. 나는 움찔했다. 계단 위로 조심히 발을 올려보았다. 계단 표면 위로 정갈한 글씨가 생기기 시작했다. 고아. 나는 이미 계단 위로 올라선 후였다. 아무렇지 않았다. 정말 아무렇지 않았다. 한 발자국 위로 올려보았다. 은색의 계단이 한 칸 더 생겨났다. 계단 표면 위로 정갈한 글씨가 생기기 시작했다. 가난. 살짝 뒤로 물러섰다. 이것쯤이야, 하는 마음이 가슴속에서 일어났다. 또 한 걸음 발자국을 뗐다. 은색의 계단은 어김없이 생겨났다. 이번엔 무엇일까. 계단의 표면 위로 천천히 새겨지는 글자를 뚫어져라 쳐다봤다. 왕따. 흐읍, 하고 깊은 숨을 들이쉬었다. 하지만 가슴 속의 답답함은 쉽사리 사라지지 않았다. 돌아가고 싶은 마음이 생겨났다. 그 때, 발걸음을 떼지 않았는데도 수많은 계단이 우수수 생겨났다. 계단은 끝 모르고 계속해서, 계속해서 생겨났다. 내 눈 앞에 펼쳐진 계단을 바라보자 가히 장관이었다. 저 만치 하나의 점으로 보이는 계단은 쉼 없이 생겨나는 것 같았다. 나는 올라왔던 길을 되돌아가려 뒤를 돌았다. 하지만 아까 전 올라왔던 길은 어느새 사라지고 깊이를 알 수 없는 허공만이 나를 반겨주었다. 나는 어두움 한 가운데에서 올라가지도, 그렇다고 내려가지도 못한 채 땀을 뻘뻘 흘리며 서있었다.

그만! 나는 자리에서 벌떡 일어났다. 꿈이었다. 내 이마엔 옆에 누워 있는 할머니와 같이 식은땀이 맺혀 있었다. 텔레비전 위에 놓여 있는 알람시계를 바라보았다. 시침이 7을 가리키고 있었다. 지각이었다. 다행히도 교복을 입고자서 시간을 허비할 필요는 없었다. 책가방을 메고 밖으로 뛰쳐나갔다. 문을 열고 나오기 전 할머니의 얼굴을 바라보니, 이마 위의 주름살이 여느 때와 달리 유난히 깊게 패여 있었다. 이불 속에 있는 발목은 차마 볼 시간이 없었다. 어제보다는 괜찮겠지? 속으로 되뇌며 버스에 올라탔다.

교실 문을 열고 들어가니 담임선생님과 아이들이 한심하다는 듯이 나를 쳐다봤다. 담임선생님이 내게로 가까이 다가왔다. 나는 왜 늦었는지, 무슨 핑계를 댈지 속으로 계속해서 생각했다. 길이 막혔다고 할까, 아니면 길가에 쓰러진 사람을 도와주다가 늦었다고 할까. 수많은 변명거리를 생각하고 있던 내게 담임선생님의 목소리가 들렸다. 어제 나눠준 유인물 제출해. 아 맞다 오늘까지 가져와야 했었지. 나는 고개를 숙인 채 선생님의 말에 대답을 안했다. 선생님이 목소리를 조금 전 보다 크게 내며 물었다. 유인물 꺼내놓으라니깐 뭐 하는 거야. 나는 조용한 목소리로 속삭였다.

"전 엄마, 아빠가 없는데요."

담임선생님은 내 목소리를 듣지 못했는지 들고 있던 출석부로 내 책상을 쾅 내리쳤다. 나랑 장난하자는 것도 아니고 크게 말해 새끼야!

"엄마, 아빠가 없다고요. 등본 못 보셨어요?"

그제야 알았는지 아! 소리를 낸 선생님은, 그럼 할머니라도 모시고 와 라고 말하며 뒤돌아 갔다. 아이들의 수군거리는 소리가 들렸다. 어젯밤 꾸었던 악몽이 떠올랐다. 어두운 공간 가운데 수많은 계단이 펼쳐진 모습. 그리고 그 위에 서있는 나. 위로 올라가지도 그렇다고 내려가지도 못하는 내 모습. 나는 살며시 눈을 감고는 할머니의 목소리를 떠올리려 애썼다. 우리 주한이, 괜찮어, 괜찮어.

도저히 야자를 할 수 있는 기분이 아니라 서둘러 가방을 챙겨 계단위로 올라갔다. 여느 때와 다름없이 선욱이가 웃는 얼굴로 나를 반겼다. 나는 선욱이에게 어제와 오늘 있었던 일을 꺼내 놓았다.

"할머니가 일 구하러 나갔다가 발목을 접질러서 왔는데 병원비 아깝다고 바보같이 누워만 있는 거 있지? 정말 바보도 아니고 그게 뭐야. 그리고 우리 반 담임은 학기 초에 등본도 내고 가족 소개서도 내고 그랬는데 내가 할머니랑만 사는 거 이제야 알았나봐. 진짜 병신 아니야?"

나도 모르는 사이 목이 칼칼해졌다. 모래바람이 불어오는 것도 아닌데. 그런데 어느 순간부터 선욱이의 목소리가 들리지 않았다. 아래층에서 학생 거기서 뭐하는 거야! 라는 목소리가 들려왔다. 누군가 계단 위로 올라왔다. 경비아저씨였다. 나는 경비아저씨를 멀뚱히 쳐다봤다. 경비아저씨는 그런 나를 보고는 어이가 없다는 듯이 입을 열었다.
"학생 여기서 혼자 뭐하는 거야. 학교 문 닫을 때 다됐는데."
혼자라니. 나는 옆자리에 있을 선욱이를 향해 고개를 돌렸다. 그런데 옆자리에는 잿빛 털을 가진 고양이가 앉아있었다. 고양이는 펄쩍 뛰어올라 계단 위쪽으로 갔다. 고양이가 미야옹- 하고 울었다. 고양이의 울음소리가 귓속으로 파고들었다. 나는 계단 위쪽에 있는 창문을 쳐다보았다. 투명한 유리창에는 울고 있는 모습의 내가 있었다.

 동상

카나리아의 노래

이 다 혜
(이화여대병설미디어고등학교 3학년)

〈작품의도〉

　이 작품을 통해 '학교생활에 있어 장애를 가진 친구에 대한 진정한 우정과 배려는 무엇인가'라는 질문에 대한 해답을 제시하고 싶었다. 첫째, 장애를 가진 친구의 고통과 노력을 이해하며 따스한 친구가 되어주는 것. 둘째, '장애인'이라는 고루한 낱말의 틀에서 벗어나 그를 단순히 조건이 다를 뿐인 '정상인'으로 보는 것. 셋째, 그래서 그를 무한한 역량과 재주가 있는 한 사람으로 인정하고, 그 자신도 그렇게 믿어 의심치 않도록 뜨거운 격려를 보내는 것. 장애를 가진 친구를 돕고 싶어도 그 방법을 잘 알지 못하는 청소년들이 이 해답을 열심히 실천함으로써, 앞으로 즐겁게 노래할 수 있는 카나리아들, 즉 장애와 상관없이 친구들과 즐겁게 어울리며 행복을 느낄 수 있는 제2의 연서가 많이 탄생하기를 바란다.

〈등장인물〉

이연서(15,여) - 시각장애를 가진 학생으로 어릴 때부터 줄곧 소외를 받아온 탓에 매사에 조심스럽고 얌전하다. 마음이 여려 쉽게 상처받고 쉽게 감동하는 성격이며, 외롭지만 겉으로는 티를 내지 않으려 부단히 애를 쓴다. 처음에는 아이들의 편견 속 눈총을 샀지만, 합창대회의 반주자를 맡은 이후 아이들을 감동시키며 함께 화합하는 인물이다. 시력을 잃기 전인 7살 때부터 피아노에 천부적인 재능을 보였으며, 시력을 잃은 후에도 피아노는 마지막 남은 보루라는 일념 하나로 악보도, 건반도 보이지 않지만 살 깎는 노력을 거듭해 왔다.

박건영(15,남) - 반의 반장이자 지휘자를 맡은 학생으로, 책임감이 강하며 성실하다. 반 아이들 모두를 배려하려 노력하며 약자에게 강하고 강자에게 강한 정의롭고 따뜻한 성격으로, 장애로 인해 소외받는 연서를 항상 걱정하며 어떻게든 챙겨주려 애쓴다. 연서가 반주자의 기회를 얻는 데에 일조하고, 아이들과의 감동적인 화해를 주도함으로써 결국 연서를 외로움과 편견에서 구해 주는 인물이다.

주혜선(15,여) - 반의 부반장으로 똑똑하고 논리적이라 아이들을 곧잘 이끌며, 피아노에 대한 욕심과 열정이 강하다. 처음에는 연서에게 날을 세우며 자신 대신 반주를 하는 것에 대해 분개했지만, 감정에 솔직한 덕에 연서의 연주를 들은 후에는 그녀의 열정과 능력을 솔직하게 인정하게 된다. 후에 연서가 반주자로 서는 것을 주저할 때 그녀를 말리며 든든한 지원군이 되어주는 것은 물론, 대회 후에도 앞장서서 좋은 친구는 물론 꿈을 향한 동반자가 되어주는 인물이다.

영미, 철호, 태진 등 기타 2학년 6반 아이들 - 처음에는 연서를 편견을 갖고 소외시켰지만, 후에 그녀의 고통과 노력을 알게 되자 진실한 사과를 건네고 그녀를 응원하며 도와준다.

S#1 미술실 / 가을 - 낮

화면에 가득 비치는 도화지 속 카나리아 그림과, 그것을 그리고 있는 손.

카나리아의 형태는 있지만 그림이 영 엉망이다.

연서 (N) : 우리 집 카나리아는 울지 못합니다.

카메라 뒤로 빠지면 단아한 인상의 연서(여,15)가 눈을 감고 정면만을 바라본 채 아이들과 동떨어져 홀로 그림을 그리고 있다.
자꾸 엇나가 그림을 망치는 연서의 손동작.
아이들 저마다 모여 시끄럽게 떠들고. 연서의 어깨 수그러든다.
연서의 손에서 떨어져 바닥으로 구르는 색연필.
눈 감고 그림을 그리며 연서를 흉내 내는 남자 아이들. 아이들 환호한다.
떨어진 색연필 오래 C.U.

연서 (N) : 엄마는 울 수 없는 카나리아를

S#2 음악실 / 낮

연서 (N) : 예쁘게 울 수 있는 카나리아와 바꿔오자고 합니다.

합창연습이 잠시 멈춰진 음악실 뒤편.
연서가 아이들의 눈총을 받으며 고개를 푹 수그리고 있다.
교탁에 선 반듯한 인상의 건영(남,15)이 지휘봉을 잡으며,

건영 : 알토가 계속 틀리네. 다시 한 번 해 보자.

건영, 지휘하려고 손동작을 하는 순간,

혜선 : 건영아, 알토 전첸 괜찮은데 누가 자꾸 가사를 틀려.
영미 : (악보를 던지며 짜증스럽게) 맞아, 한 사람만 계속 틀리는데 왜 전체를 계속 시켜.

연서가 있는 알토 파트 아이들 맞아, 맞아 동조하며 연서를 쏘아보고.
교실 벽에 기댄 연서, 고개를 발끝으로 떨어뜨린다.

건영 : (연서의 눈치를 보며 조용히 한숨 섞인 어조로) 얘들아, 지금 너흰 악보를 보고 하지만 연서는 못 보잖…….
혜선 : (말을 자르며 똑 부러지는 말투로) 못 본다고 언제까지 봐줄 순 없지. 누구한테 부탁해서 최소한 집에서 외워오려는 노력은 해야 하는 거 아니야? 반 전체를 생각해야지.
철호 : (벽에 기대 있다 신경질적으로 일어서며) 이러다 한 사람 때문에 합창대회 망칠 일 있냐? 눈치껏 립싱크 하라 그래.

연서의 고개와 어깨 점점 더 아래를 향하고.
맞아, 맞아 저마다 불만을 토로하며 신경질 내는 아이들. 그 와중에 사나운 인상의 태진, 가방을 거칠게 메고 뒷문으로 향하며,

태진 : 나 시간 없어서 먼저 간다.

아이들, 쟤 뭐야 하며 어이없다는 탄식을 쏟아내고. 그럼 나도 갈래, 하는 소리 이어지며 제각기 가방을 싼다.

건영 : (당황하며) 얘들아, 연습해야지.
철호 : 누군 하고 누군 안하냐? (가방을 메고 연서 앞을 지나가고) 우리가 무슨 복지사야…….

연서, 오랫동안 미동 없이 아래를 내려다본다.

S#3 복도 / 낮

연서 (N) : 내쫓으려는 손길이 닿자, 카나리아는 오늘 새장 안에서 한참을 도망 다녔습니다.

교실 앞 복도에 서 있는 건영과 연서. 연서, 가방을 메고 있다.

연서 : 나 오늘 진료가 있어서… 연습 못할 것 같아.
건영 : (안쓰러워 입술을 축이며)…알았어. (웃으며 연서의 어깨를 가볍게 두드리더니) 푹 쉬고, 내일 보자.

연서, 힘없이 고개를 끄덕인 뒤 앞쪽으로 나아간다. 잠시 아래를 내려다보며 무엇을 생각하던 건영, 이내 큰 소리로,

건영 : 연서야!

연서, 뒤돌아본다.

건영 : 연습, 하고 싶으면 해도 돼. 같이 하자.

연서, 한참을 말없이 감긴 눈으로 건영을 바라본다.

S#4 계단 / 낮

계단 난간 위에서 격렬하게 피아노 치는 동작을 하는 한 손.
카메라 옆으로 빠지면, 울적한 표정의 연서다.
아주 천천히 연서가 계단을 내려가는 가운데, 옆 복도에서 들려오는 합창 소리.
연서, 참지 못하고 울먹인다.
연서 (N) : 나에게는 카나리아를 구해줄 힘이 없습니다.

S#5 음악실 / 낮

피아노를 치는 혜선의 손.
아이들이 노래 앞 구절을 시작하자마자 반주가 눈에 띄게 크게 틀린다.
건영과 아이들이 혜선을 쳐다본다. 웅성대는 아이들.

혜선 : (당황한 것을 애써 감추며) 미안, 다시 시작하자.

다시 반주가 시작되고, 노래 시작하자마자 또다시 반주 틀린다. 끊기는 노래.
아이들, 역력하게 짜증스러운 티를 내고. 걱정스러운 표정의 건영.

혜선 : …다시 할게.

다시 반주 시작되고, 노래가 시작되나 싶더니 또다시 반주를 틀리고. 아이들의 아씨, 큰 짜증소리와 함께 건반을 마구 두들기더니 그 위에 엎드리는 혜선. 아이들 웅성댄다.

혜선 : …잠시만 나 연습 좀 할게.

혜선, 이내 입술을 세게 깨물며 연습을 시작하고. 혜선의 연습 계속 이어지는 가운데,
영미 : (한숨 쉬며 짜증스럽게 건영에게) 우리 집에 언제 가?
철호 : 쟤네 엄마, 어디 피아노학원 원장이래지 않았냐? 우리 이러다 무대 못 올라가겠네.
건영 : 곡이 너무 어려워서…….
태진 : (벽에 기대 있다 일어서며) 어려운 것도 유분수지. 바꿔야 되는 거 아니야?

혜선, 오기 붙은 표정으로 세게 피아노를 치나 계속 틀리고. 다시 치고 틀리는 과정이 반복되는 가운데, 걱정스런 표정으로 한참 동안 혜선을 바라보는 건영 B.S.

S#6 교무실 / 낮

한적한 교무실. 담임선생님과 마주앉아 있는 건영. 두 사람 모두 생각에 잠겨 있다.

선생님 : 연습을 해도 제자리걸음이라… 하긴 곡 자체가 워낙 어려워서, 기본기 없인 힘들지.
건영 : 혜선이한테는 미안하지만… 다른 애로 바꾸는 것도 생각해봤는데, 마땅한 애가 없더라고요.

잠시 정적이 흐르고. 건영, 멍하니 창밖을 바라본다.
이내 선생님이 손뼉을 가볍게 치며,

선생님 : 아, 연서 치는 거 들어봤니? 어렸을 때부터 콩쿠르에서 꽤 많이 상 받았던데.

S#7 음악실 / 낮

연서 (N) : 그런데 카나리아에게는…….

피아노를 수준급 실력으로 연주하는 연서. 아무도 없는 음악실 안, 연서의 옆에 서 있는 건영이 놀라 입을 다물지 못한다. 연서의 연주가 끝나고. 놀란 건영 한참 동안 멍하니 있다.

건영 : 연서야. … 우리 반 반주 안 할래?
연서 (N) : 튼튼하고 아름다운 두 날개가 있었습니다.

놀란 연서, 입을 멍하니 벌리며 손을 건반 위에서 내리고.

건영 : 너무 잘 쳐서 정말… 깜짝 놀랐어. (건반을 어루만지며) 건반도 안 보이고, 악보도 안 보일 텐데 어떻게 이렇게…….
연서 : (천천히 건반을 어루만지며)…눈은 안 보여도 귀가 있고, 악보 외울 수 있는 머리가 있으니까. 어릴 때부터 많이 연습했어.

건반을 어루만지는 연서의 손 위로 건영의 손 가볍게 겹쳐진다.
울퉁불퉁한 연서의 손을 살며시 어루만지는 건영의 손.

건영 : 힘들었겠구나…….

묵묵히 고개를 숙이는 연서. 건영, 연서의 손을 꼭 쥐더니,

건영 : 연서야, 난 네가 꼭, 우리 반 반주를 맡아줬음 좋겠다. 네가 필요해.
연서 : … 혜선이는 어쩌고?

S#8 음악실 / 낮

빨갛게 두 눈이 부어 있는 혜선. 한 손으로 눈가를 가리며 고개를 숙인다.

혜선의 주위를 둘러싸며 위로하고 있는 여자 아이들.

혜선 친구1 : 아무리 그래도 그렇지, 어떻게 반주자를 연서로 바꿀 수 있니? 눈도 안 보이는 애가 피아노를 친다고?
혜선 친구2 : (고개를 절레절레 흔들며) 합창대회 다 망했네. 차라리 내가 치겠다, 내가.

제각기 무리를 지어 연서를 보며 수군대는 아이들.
연서, 두려운 표정으로 반주를 연습하고 있다. 건영, 연서에게 다가와 어깨를 토닥이며

건영 : 해도 될까?

고개를 끄덕이는 연서. 다시 교탁으로 간 건영, 지휘봉을 들고,

건영 : 시작하자.

건영의 말과 동시에 연서의 수준급의 반주 시작되고.
전주에 놀란 아이들, 벙쪄 입만 벌린 채 서로를 쳐다보며 노래를 부르지 못한다.
눈이 빨개진 혜선 역시 당황스럽고 놀란 표정이다.
노래 없이 계속되는 반주. 건영이 놀란 아이들을 보며 만족스러운 웃음을 짓는다.
연서, 한참 동안 계속되는 노래 없는 반주에 천천히 울먹이다,
이내 연주를 멈추고 음악실 밖으로 뛰쳐나간다.

S#9 화장실 / 낮
세면대에서 한참 세수를 한 후 거울을 오랫동안 쳐다보는 연서. 눈가가 새빨갛다.
이내 얼굴을 두 손으로 감싸더니 다시 울먹이는 연서.

S#10 음악실 / 낮

조심스레 음악실 문을 열고 들어가는 연서.
불이 꺼져 있는 음악실. 건영이 TV 앞에 서 있다.
TV에서 시각장애인 피아니스트에 관한 영상이 나오고,
피아니스트가 눈을 감고 엄청난 연주를 선보인다.
모두 놀라 두 눈을 크게 뜨고 입을 다물지 못하는 아이들.
연주가 끝나고 피아니스트의 인터뷰가 나온다.

피아니스트 (F) : 언제나 암흑 속에서 혼자였고, 시각장애인에 대한 편견과 놀림 때문에 더더욱 혼자였어요. 그 참을 수 없는 외로움 속에서 피아노를 시작하게 됐죠. 두 손으로 연주하니 점자 악보를 만져볼 수도 없었어요. 당연히 악보를 통째로 외워야 했죠. 곡을 외우면 누구나 할 수 있는 것 아니냐, 이렇게 생각하는 분도 있겠지만, 건반이 보이지도 않는데 정확한 음을 짚어낸다는 건 정말 피나는 노력으로만 가능해요.

울먹이며 한 손으로 눈물을 닦는 피아니스트.
아이들, 숙연해져 고개를 바닥으로 떨어뜨린다.

음악실 문 앞에 멀거니 서 있는 연서에게로 향하는 건영의 시선.
건영이 불을 키자 아이들 역시 모두 뒤를 돌아 연서를 바라본다.
잠시 적막이 흐르고.

철호 : (머리를 긁적이며 수줍게)…미안하다, 그동안 함부로 대한 거. 우리가 참 너에 대해 몰랐고, 또 생각이 짧았어.
영미 : 네 연주 듣는데 숨이 탁 막히더라. 그렇게 잘 칠 수 있을 거라 상상도 하지 못했던 내가 부끄럽고, 얼마나 고생스러웠을까 생각하니 미안하고, 대단하고.

여기저기서 조용히 터져 나오는 미안, 미안 소리. 연서, 멍하니 입만 벌리고 있다.

태진 : (앞으로 걸어 나오며 손 내민다) 지금까지는 다 잊고 이제부턴 진짜 새로운 마음으로 잘 지내보자. 합창대회도, 남은 반 학기도.
남자애1 : (기분 좋게 웃으며 태진의 어깨에 팔 두른다) 이렇게 훌륭한 반주자랑, 또 저기 든든한 지휘자도 있으니, 이제 우리 일등은 따 놓은 당상이네.

한참을 멍하니 입만 벌리고 서 있는 연서.
아이들이 어리둥절해 서로를 마주보는 가운데, 연서가 울음을 터뜨린다.
앞으로 나와 연서를 달래주는 여자 아이들.
아이들이 서로 난감하면서도 기분 좋은 미소를 교환한다.

철호 : (장난스럽게) 야, 야, 울지 마. 여잔 울 때가 제일 흉한 거야.

뭐라고, 하며 여자애들 장난스럽게 발끈하고. 웃으며 다투는 남자 아이들과 여자 아이들. 울던 연서 차츰 기분 좋은 미소를 터뜨리고. 그런 연서를 구석에서 혜선이 멍하니 생각에 잠겨 바라보고 있다.

연서 (N) : 카나리아는 날아갔습니다. 아주 멀리.
　　　　　그리고 그 곳에서, 친구들을 만났습니다.

S#11 혜선의 방 / 밤

널찍한 혜선의 방. 혜선, 힘없이 건반을 어루만지고 있다.
고요한 가운데 혜선 엄마의 전화 소리가 들려오고.

혜선 엄마 (F) : 혜선이요? 글쎄, 혜선이 언닌 잘 치는데 혜선인 영 아니야. 그래도 하면
　　　　　　 되겠지 싶어서 계속 밀어붙였는데, 얜 이쪽 길이 아닌가봐.

혜선, 피아노의 덮개 세게 덮고 그 위에 엎드린다.

S#12 음악실 / 낮

피아노의 덮개를 여는 연서. 밝은 표정이다.
역시 밝은 표정으로 합창 연습을 하는 아이들.
아이들이 합창 연습을 하는 모습 반복해서 나타난다.
열정적으로 지휘하는 건영.

S#13 강당 / 낮

앞 신의 지휘 동작과 아이들의 대열을 정리하는 건영의 동작 자연스럽게 이어진다.
리허설을 위해 아이들이 체육복 차림으로 대열을 맞추고 있는 가운데,
다른 반 아이들6,7이 피아노 앞을 걸어가며 연서를 발견하고 대화를 나눈다.

다른 반1 : (눈 동그랗게 뜨고) 쟤 맹인 아냐? 왜 피아노 앞에 앉아 있어?
다른 반2 : 몰라, 노래 못 부르니까 잠깐 저기 앉힌 거 아냐?
다른 반1 : 맹인인데 왜 노래를 못 불러.
다른 반2 : (귀찮다는 듯) 아, 그럴 수도 있지. 어쨌든 장애인이잖아.

건반에서 손을 내린 채 얼어붙은 연서. 고개를 깊게 바닥으로 떨어뜨린다.
객석에서 자기 반의 순서를 기다리는 아이들의 웃음소리 점점 커지고.
그럴수록 점점 더 몸을 수그리는 연서. 웅크린 등이 떨린다.
다른 아이들은 연습에 집중하고 있는 가운데,
혜선과 건영만 이따금씩 피아노 쪽을 쳐다본다.

S#14 혜선의 집 앞 / 밤

혜선의 집 앞.
문에서 나온 혜선이 교복 차림의 연서를 보고 의아함에 인상을 찌푸린다.
고개를 수그리고 있는 연서.

연서 : 나는… 안 될 것 같아.

혜선 : (다소 앙칼지게)……반주자 자리가 내킬 땐 하고, 안 내킬 땐 버리는 껌 같은 자리니?

연서 : (고개를 들며) 그게 아니라…….

혜선 : (다른 곳을 계속 바라보며) 난 처음엔 네가 싫었어. 단순히 네가 장애인이라 무조건적인 혜택을 받는다는 우스운 이유로. 그래서 반주를 너로 바꾼다는데 더 화가 났어. 난 정상인인데 너보다 뭐가 못하냐. 이런 유치한 생각으로.

연서, 말없이 멍하니 혜선을 향하여 고개를 유지한다.

혜선 : 그런데 네 연주를 듣고 감동하고, 또 감동하고. 그러면서 반성 많이 했어. 눈이 안 보이는 네가 그렇게 되기까지 얼마나 피나는 연습을 했을지 먹먹했고, 네 고통을 외면한 채 그냥 따돌리고 편견을 가졌던 우리가 부끄럽고. …너도 우리와 다를 바 하나 없는데 정상인 운운했던 내가 참 쪽팔리더라. 네 열정과 대단한 실력을 보고 건영이가 올바른 선택을 했구나, 싶었어. 도무지 네 실력에 미치지 못하는 나에 대해선 계속 화가 났고, 질투심이 났지만.

혜선, 계속 다른 곳을 보던 시선을 다시 연서에게로 돌리며.

혜선 : 그런데 그렇게 힘겹게 인정하고 내가 동경했던 넌, 반주자 자리를 이렇게 쉽게 포기하는구나.

연서 : (입술을 깨물며) 그게 아니야…! 넌 모를 거야. 장애인, 장애인 하는 사람들의 시선이 얼마나 무서운지…….

혜선 : 네가 생각하기에도 네가 장애인이니?

작게 입을 벌리고 멍하니 있는 연서.

혜선 : 내 눈엔 너 장애인 아냐. 뒤에서 남들보다 몇 배는 더 연습해서, 소름 돋는 연주를 하는 훌륭한 한 명의 피아니스트지.

혜선, 연서를 정면으로 응시하며,

혜선 : 힘들겠지만 너한테 자신감을 가져. 그깟 시각장애가 대수야? 내가 너랑 다른 게 하나 없는데 색안경 끼고 보는 네가 더 장애인이다, 당당히 맞부딪혀.

혜선, 조심스레 천천히 연서를 향해 손을 뻗어, 손을 잡는다.

혜선 : 네 뒤에 우리가 있어. 색안경 벗은 우리가 우리 반주자 끝까지 안고 달려갈 테니까, 마음 약하게 갖지 마.

고개를 세게 여러 번 끄덕이는 연서. 얼굴은 미소를 짓고 있지만 눈가에는 눈물이 고여 있다. 다른 한 손으로 혜선의 손을 감싸 쥐는 연서.

혜선 : (픽 하고 장난스레 웃으며) 그래도 안 되겠으면, 반주자 내가 하고.

연서, 웃음을 터뜨리며 한 손으로 가볍게 혜선의 어깨를 민다.

기분 좋은 웃음을 짓는 혜선. 한참 동안 연서와 함께 하늘에 떠 있는 보름달을 바라보다, 무언가 떠오른 듯 눈이 동그래진다.

S#15 강당 / 낮

피아노 앞에 있는 연서의 모습. 안대를 끼고 있다.
심호흡하는 연서. 숨을 한 번 크게 내쉬더니 반주를 시작하면,
안대를 끼고 열심히 노래를 부르는 아이들.
아이들, 안대를 살짝 내리고 역시 안대를 살짝 내린 건영을 보며 밝은 표정으로 노래한다.
처음에는 웅성대던 객석, 점점 출중한 노래 실력에 빠져들며 집중하고.
노래가 끝나고, 건영이 마지막 마무리 길게 끌며 노래 마치자,
관객들의 큰 박수와 함성 소리 쏟아진다.
함성 소리와 박수 소리 갈수록 소리 작아지며 길게 이어지는 가운데,

사회자 : 제 26회 교내 합창대회 일등은……(긴장된 표정의 반 아이들) 2학년 6반!

놀라서 입을 멍하니 벌린 채 정면만 바라보다, 주위를 쳐다보며 기쁜 표정을 감추지 못하는 아이들. 관객들의 큰 박수 소리, 휘파람 소리와 동시에, 아이들 순식간에 박수와 기쁨의 소리 뱉어낸다.

사회자 : 2학년 6반 지휘자 나오세요.

얼굴을 두 손으로 감싸며 좋아 어쩔 줄 모르는 건영.
기쁜 표정의 연서를 보더니, 연서의 손을 잡고 힘차게 뛰어 무대로 올라간다.
상패를 두 손으로 잡고 크게 흔드는 건영.
반 아이들 환호하고. 연서, 흐르는 눈물을 한 손으로 훔친다.
두 사람이 뛰어 객석으로 돌아가자 반 아이들 크게 함성 지르고.
이어지는 박수 소리 속에 아이들 서로를 껴안는다.
제일 먼저 기쁜 표정으로 연서를 끌어안는 혜선.
박수 소리 점점 작아지며 계속 이어진다.

S#16 미술실 / 낮

박수 소리 멈추고.
미술실, 그림을 그리던 연서가 색연필을 바닥에 떨어뜨린다.
당황하는 연서. 이내 한 손이 다가와 그것을 줍고. 카메라 위로 향하면 혜선이다.

혜선 : (똑 부러지게) 반주자 한 번 했다고 우쭐대지마. 다음 번 반주자는 내 몫이니까.

기분 좋은 미소를 짓는 연서. 아이들 4,5, 연서의 앞으로 다가와 상체를 쭉 내밀며,

혜선 친구1 : (웃으며) 연서야, 이따 점심시간에 연주 좀 들려줄 수 있어?
혜선 친구2 : 맞아, 듣고 싶어. 최신가요로!

혜선 친구1,2 흥에 겨워 춤추고.
실소를 터뜨리지만 기분 좋게 웃음 짓는 혜선과 기뻐서 웃음을 멈추지 못하는 연서.
그 때 건영, 미술실의 맨 앞으로 나간다.

건영 : (우렁차게) 얘들아, 이제 서울시 대회 준비해야지?

아이들, 우렁차게 함성 내지르고. 마주보며 웃는 혜선과 연서.
책상 위 연서의 그림을 신1처럼 화면에 가득 잡으면,
형태만 알아볼 수 있는 여러 마리의 카나리아들.
각각의 카나리아에 각기 다른 글씨로 혜선, 건영, 영미 따위의 꼬리표가 달려 있다.

연서 (N) : 울지 못하는 카나리아는, 예쁜 친구 카나리아들 속에서 목청 높여 신나게 노
　　　　 래했습니다.

 동상

목격자

류 태 종
(광주 동신고등학교 3학년)

1.
 어둡고 차가운 회백색의 빌딩 사이로 따스한 햇볕이 한 줄기 파고들면 거리에는 사람들이 저마다 하품을 한 번씩하며 어지러이 거리를 가로질렀다. 건물들 사이로 거미줄처럼 뻗어있는 시커먼 아스팔트 위에는 번쩍이는 자동차들이 줄지어 내달리며 소음을 일으켰고 셀 수 없는 사람들은 이 거리에 수많은 발자국들을 찍어 내었다. 복잡한 도시의 거리에서는 하루에도 수많은 사건과 사고가 일어났지만 시민들은 무관심하게 오직 자신의 발자국만을 따라 그들이 갈 곳으로 사라져갔다.

 삼거리가 있는 거리의 모퉁이에 있는 한 카페에서 일하는 미영은 대개의 도시사람들이 그러하듯 남의 일에는 무관심했고 그 덕에 이 카페에서 삼 개월째 일하고 있지만 단 세 명만을 알고 있을 뿐이었다. 이 카페를 운영하는 가게 사장님과 그녀가 일하기 이전부터 이곳에서 일해오던 서은, 그리고 그녀가 카페에 처음 출근한 날부터 있었고 지금도 카페 구석자리에서 창밖을 멍 하니 보고 있는 남자. 미영이 카페를 나온 지 며칠이 되지 않았을 때에는 그가 무얼 하는지 궁금해 유심히 지켜보기도 했었다. 그러나 이 남자는 도대체 하루 종일 무얼 하는지 가져온 노트북에 무언가를 열심히 쓰기도 하고 남의 이야기도 엿듣고 창밖을 멍하니 보기도 하는 듯 알 수 없는 행동만을 일삼았다. 그녀는 손님들이 카페에 많이 찾아 올 때면 당장이라도 그를 쫓아내고 싶었지만 서은이 그녀의 집에 세 들어 사는 사람이라며 양해를 구한 뒤로는 더 이상 관심을 가지지 않고 내버려 두었다. 그렇게 벌써 세 달이나 지나게 되었다. 그 남자는 세달 동안이나 할 일없이 카페에 와 있는데도 돈이 부족하지 않은 것을 보면 뭔가 있는 것 같아 보이기도 했다. 손님이 뜸한 한적한 오후의 어느 날, 멍하니 눈을 꿈벅이며 지루하게 서있던 미영은 이 무더운 날씨에도 굴하지 않고 카페의 구석자리를 차지하고 있는 남자의 정체가 궁금해졌다. 미영은 무료한 시간을 때울 소일거리를 찾은 듯 눈을 반짝이며 멍하니 창밖을 바라보고 있는 서은에게 속삭였다.

"저기… 너의 집에 세들어 산다는 저 남자 말이야."

"예?"

"혹시 저 남자가 하는 일이 뭔지 알아? 월세는 안 떼어 먹어?"

"예? 그건 저도 잘 몰라요. 가끔 아침을 같이 먹기는 하는데 한 마디 말도 안 하거든요. 할머니 말로는 월세도 꼬박꼬박 주는 성실한 청년이라던데…."

미영은 성실한 청년이라는 대목에서 하마터면 크게 웃어 버릴 뻔했다.

"성실해? 그가 세달 동안 하는 일이라고는 멍하니 있다가 노트북을 만지작 거리는 것이 전부잖아? 성실하고는 거리가 좀…."

미영의 말에 서은은 어깨를 으쓱했다.

"할머니 말로는 작가래요."

"작가? 이름이 뭔데? 사기꾼 아냐?"

미영은 여전히 남자에게서 의심의 눈초리를 지우지 않았다.

"최성환 이래요. 그래도 사기꾼 까지는 아닌 것 같던데…."

미영의 의심에 서은은 저 사람의 방에서 그의 이름으로 된 책을 봤다며 성환이 작가임을 증명했다.
"그래, 도시에는 별별 사람들이 많으니까 저런 사람도 있을 수 있겠지."
카페의 종이 울리며 손님이 들어오자 미영은 어깨를 한 번 으쓱 하고는 가볍게 성환에 대한 궁금증을 정리했다.
카페의 두 직원이 자신의 이야기를 하는지도 모르는지 창밖을 멍하니 바라보던 성환은 덥수룩한 머리를 벅벅 긁더니 노트북을 노려보며 무언가를 줄줄이 써내려가기 시작했다.

성환의 기이한 행동은 하루도 빠짐없이 계속 되었다. 어떤 날은 창밖의 도시를 하루 종일 바라보고만 있기도 했고 어떤 날은 쉼 없이 노트북의 자판을 두드리기도 했다. 그리고 오늘도 그는 멍하니 백치처럼 창밖만을 바라보고 있었다. 이제는 어둠이 내려앉아 카페의 문을 닫을 시간이 되었는데도 그는 나갈 생각도 없이 멍하니 창밖을 바라보았다. 그는 오늘도 어제와 같이 카페 문을 잠그기 직전에 휑하니 빠져 나갈 생각 인 듯싶었다. 미영은 그런 그를 불만스럽게 지켜보다 창고정리를 도와주라는 서은의 말에 한숨을 한 번 내쉬고는 카페 뒤편의 창고로 들어갔다.
낮에는 그렇게 북적거리던 거리는 이제 적막만이 감돌고 있었다. 한밤의 거리를 환하게 비추던 건물의 불빛들은 하나 둘 꺼져갔고 거리를 비추는 가로등과 색색으로 깜박이는 신호등만이 자리를 지키고 있었다. 성환은 창밖을 바라보며 오늘의 일들을 정리했다. 사람들은 여전히 제 갈 길만 갔고 가게들은 똑같은 시간에 문을 열었다. 점심때 두어 차례의 접촉사고가 있었고 차가 막히는 퇴근시간에는 온통 경적 소리와 욕설만이 도로를 채웠다. 그는 이 카페에 앉아 사람들의 생활을 보고 듣고 느끼며 소설을 구상했으나 아쉽게도 그의 마음에 드는 글은 잘 나와 주지를 않았다. 이제 갓 작가가 된 그는 어린 시절부터 생각 해오던 글을 써 문단에 등단한 뒤로는 이제껏 가뭄이라도 든 듯 소재가 바싹 말라 버렸다.

성환은 노트북을 접고 희멀건 팔을 쭉 뻗어 기지개를 켰다. 이제는 그만 들어가야 할 시간이었다. 비록 좋은 글감들은 잘 나오지 않았지만 카페에 앉아 사람들을 지켜보는 것만으로도 그는 꽤 즐거운 하루를 보내고 있었다. 더 이상 이곳에서 버티는 것은 그를 배려해 준 사장과 두 직원에게도 미안한 일이었다.

'하지만 이대로 계속 글을 쓰지 못한다면….'

성환은 근래 들어 자꾸만 드는 끔찍한 생각에 머리를 저어 생각을 털어 내었다. 그리고는 다시 자리에 주저 않았다. 그는 항상 이런 식으로 발걸음을 미뤘고 그때마다 미영의 눈총을 받으며 같이 카페를 나오고는 했다. 창고를 힐끔보고 방금 들어간 두 아가씨가 나올 때까지만 더 생각을 해보기로 결정한 성환은 오늘따라 유난히 스산해 보이는 밤거리를 내다보았다.

초승달. 칼날처럼 날카로운 달이 금방이라도 지구를 두 동강 낼 듯 빛나고 있었다. 그 덕에 보통 때보다 몇 배나 어두운 거리에는 무슨 일인지 이 늦은 시간에 술에 취해 비틀비틀 걸어가는 남자의 모습뿐이었다. 남자는 전봇대에 먹은 음식물을 쏟아 내더니 킬킬거리며 파란불이 깜박이는 횡단보도로 뛰어들었다. 그리고 성환이 위험하겠다는 생각을 하던 순간 그의 눈앞에 번쩍이는 헤드라이터 불빛이 스쳐갔고 귓가로 날카로운 브레이크 소리가 파고들었다. 그리고 귓가에 왱왱거리는 소리에 섞여 들어온 둔탁한 소리에 성환은 순간적으로 감았던 눈을 번쩍 떴다. 성환이 지켜보던 술에 취한 남자는 십 미터 정도 나가떨어져 그대로 고개를 떨구고 있었고 그를 들이받은 검은 고급의 외제차는 사람이 나오지도 않은 채로 멈춰 서 차창이 스르륵 내려왔다. 그안의 남자는 두리번거리며 주변을 살폈고 그 장면을 지켜보던 성환과 눈이 마주쳤다. 오십대쯤으로 보이는 남자는 성환을 보더니 황급히 차창을 올리고는 그대로 차를 몰아 어둠속으로 사라졌다. 순식간에 일어난 사고에 멍해있던 그는 차가 떠나버리자 벌떡 일어났다.
"사육삼구"
성환은 무의식 적으로 읽은 숫자를 되뇌이며 의자에 털썩 주저앉았다. 머리가 깨질듯 지끈거려왔다. 판도라의 상자를 연 듯한 공포, 두려움이 한꺼번에 그의 머릿속에 밀려들었다.
"무슨 일이에요?"
방금소리에 놀란 미영과 서은은 창고정리를 팽개치고 뛰어 나왔고 성환은 고개를 숙이고 남자가 쓰러진 방향을 가리켰다.
"봤어요?"
서은이 깜짝 놀라 물어 보았다.
성환은 떨려오는 두손을 꽉 잡고 그녀를 올려다보았다.
"아…니요. 지금 가던 중에 저 소리에 돌아온 겁니다."
성환은 자리에서 일어나 노트북을 집어 들었다.
"저 먼저 가봐야 겠군요."
미영과 서은이 남자 쪽으로 이목을 집중하는 사이 성환은 서둘러 카페를 빠져 나왔다. 저 멀리 귓가로 여자의 비명소리와 요란한 사이렌 소리가 들려왔다. 성환은 떨리는 손으로 주머니를 뒤져 껌 하나를 꺼내 입에 넣었다.
'그는 죽지 않았을 거야, 그리고 이 커다란 도심 한복판에 목격자도 수없이 많을 것이고 감시카메라도 설치되어 있으니…'
그는 마음속으로 그렇게 되뇌이며 하숙집으로의 발걸음을 재촉했다.

2.

 성환은 집에 돌아오자마자 화장실로 들어가 찬물을 한바가지 끼얹었다. 자신이 왜 이러는지 왜 이렇게 도망치듯 돌아왔는지 알 수가 없었다. 속이 메슥거리고 머리가 한 대 맞은 것처럼 띵해왔다. 아까 깜짝 놀라 일어났을 때 바지에 커피를 쏟았던 건지 바짓가랑이에서 서늘한 기운이 뻗어 올라 왔다. 성환은 그 섬뜩한 느낌에 바지를 벗어 욕실 한 쪽으로 내 던지고는 방으로 돌아왔다. 이런 일은 처음이었다.
 '처음부터, 아니 사고가 날 것 같다는 생각이 든 순간부터….'
 이 몇 초 사이에 일어난 일련의 사고를 마치 드라마나 영화를 보듯이 하나하나 생생하게 목격 한 것이 그에게는 하나의 충격으로 다가 왔다. 그리고 성환은 그 충격 속에서 작은 영감을 하나 얻어 내었다. 사건은 다른 사람이 밝혀 주면 될 일이었고 그는 이 순간의 영감을 잡아 멋진 글을 써 이 지독한 슬럼프에서 벗어나는 것이 그의 일이었다. 사고를 당한 남자에게는 미안한 일이었지만 어느새 세상은 냉정하고 이기적이지 않으면 살아남기조차 힘들어 지고 있었다. 성환은 그런 세상에 적응 해가고 있는 셈이었다.
 성환은 노트북을 펼쳐 그의 생각을 풀어 놓았다. 아까의 사고를 고의적인 살인 사건으로 가장했다. 그리고 그 사건을 본 유일한 목격자를 주인공으로 생각했다. 드라마처럼 인물간의 얽히고설킨 복수 이야기가 아닌 그 사건에서 한 발짝 떨어진 곳에서 사건의 열쇠를 가진 주인공. 성환은 가뭄에 단비가 내리듯 모처럼 샘솟는 아이디어가 행여 끊길까봐 쉬지 않고 노트북에 생각들을 적어 넣었고 그 일은 창가에 흐릿한 여명이 비출 때까지 계속 되었다.
 따르르릉 따르르릉
 다른 사람에게는 벌써 늦은 오전 시간이지만 베개에 머리를 누인지 세 시간밖에 되지 않은 성환은 날카로운 벨소리에 깨어 겨우 휴대폰을 집어 들었다.

"여보세요?"

잠이 덜 깬 목소리로 전화를 붙잡은 성환은 휴대폰에서 들리는 편집장의 목소리에 몽롱하던 정신이 확 깨어났다. 편집장은 그의 첫 소설을 출판해준 사람이었고 그의 소설을 좋아하는 몇 안 되는 사람들 중 한명이었다. 그래서 가끔 성환에게 전화를 걸어 그의 소설을 평가해주거나 퇴고를 도와주었고 요즘 들어서는 글을 쓰지 않고 있는 성환을 격려해주고는 했다.

"날세, 요즘 펜은 다시 잡았나? 억지로 글을 쓰는 것도 좋지는 않네만 그렇게 계속 미루다가는 감각이 떨어질 수도 있네."

"예, 이번엔 꽤 흥미롭다고 생각되는 작품을 하나 구상해 봤습니다."

"그래? 자네가 자신 있게 흥미롭다고 생각된다니 어떤 작품인지 궁금해지는군. 마침 인세 줄 것도 있고 하니 우리 만나는 게 어떤가?"

편집장은 그의 글이 궁금한지 당장이라도 달려 올 기세였다. 성환은 그를 자신의 하숙집으로 초대하려다가 이리저리 널려 있는 옷가지와 책들, 쓰레기들을 보고 다른 장소로 그를 부르기로 했다.

"거기 대로변 사거리의 제가 자주 가는 카페에서 보는 것이 어떻겠습니까?"

편집장은 그의 말에 흔쾌히 그러자고 했고 한시쯤 보자며 전화를 끊었다.

눈앞이 흐릿해진 성환은 술에 만취한 것처럼 지끈 거리는 머리를 꾹꾹 눌러 진정 시켰다. 머릿속으로는 이미 어제의 일을 모두 정리 했지만 눈앞에 번쩍이던 헤드라이터 불빛은 아직도 도깨비불처럼 그의 눈앞에서 이리저리 날뛰고 있었다. 성환은 살며시 눈을 감았다. 어제의 충격이 아직 다 가시지 않아서 그러리라. 성환은 그렇게 떨리는 가슴을 진정시키고 눈을 떴고 더 이상 그 불빛은 보이지 않았다.

"사람이 차에 치인 것을 봤는데 멀쩡한 것이 더 이상하겠지."

성환은 머리를 두어 번 흔들어 정신을 차린 뒤 노트북으로 눈길을 돌렸다. 어제는 생각나는 대로 두서없이 이것저것 적어 놓은 것을 오늘 정리해 편집장에게 보여줄 작정이었다. 그는 이 글이 편집장의 기대를 저버리지 않기를 바라며 한시를 맞추기 위해 서둘러 자판을 두드렸다.

성환이 세 들어 사는 곳은 동쪽으로만 개발된 도시계획 덕에 땅값만 잔뜩 오른 채로 십년이 넘은 주택들이 자리를 차지하는 곳이었고 그 덕에 가난한 고시생이나 하숙생들은 모두 이곳에 터를 잡아왔다.

끼이익

하숙집의 벌겋게 녹이 슨 대문을 열고 나온 성환은 말끔한 검은 정장을 입고 평소에는 잘 신지 않던 구두까지 신고 있었다. 하지만 그의 정장은 단 한 벌뿐 이었기에 그는 뜨거운 햇빛의 관심을 한 몸에 받으며 빠르게 골목길을 빠져 나갔다.

더위에 지친 성환이 땀을 훔치며 카페로 들어서자 주문을 받고 있던 미영이 그를 보고 아는 체를 했다.

"어머, 매일 같이 오시던 분이 안 오시 길래 무슨 일인가 했는데…, 오늘 어디 가시나 봐요?"

미영은 항상 부스스한 머리로 청바지에 반팔 티만 입고 다니던 성환이 말쑥한 정장을 입고 나타나자 신기하다는 듯 그를 바라봤다.

"아니요, 여기서 편집장님을 만나기로 했습니다. 그러니 오늘은 빨리 갈 겁니다."

"편집장이요?"

"예, 이번에 소설을 하나 쓰려고요. 이제 당분간 이 카페에는 못 올것 같군요."

"네에, 우리 서은이가 섭섭해 하겠네요."

미영은 농담을 던지고는 혼자 숨죽여 웃었다.
"예?"
"아니에요. 그런데 서은이 왜 오늘 안 왔는지 궁금하세요?"
성환이 카페를 자꾸 두리번거리자 미영은 그가 서은을 찾고 있음을 직감했다.
"그게, 다름이 아니라 서은 씨가 아침에 분명 나갔는데 여기 없으니…."
"같은 집에 살면서 그런 것도 몰라요?"
미영이 짐짓 놀라는 척 하자 성환은 귓불이 빨개져 어색하게 머리를 긁었다.
"그게…."
"휴학 기간 끝나서 오후 시간대에 올 거예요."
미영은 성환의 당황한 반응에 미소 짓고 주문을 받으러 다른 테이블로 돌아섰다. 성환은 그녀의 말에 고개를 끄덕이고는 테이블에 놓인 물 한 컵을 들이켰고 마침 편집장이 카페 문을 열고 들어왔다. 큰 키에 뱃살이 툭 튀어나온 편집장은 손수건으로 연신 이마의 땀을 닦으며 성환의 앞에 자리했다.
"성환군, 늦어서 미안하네. 날씨가 더우니 차들이 웬만큼 막혀야지."
편집장은 미영이 와서 건네준 시원한 물을 한 번에 들이 키고 그녀에게 커피 두 잔을 주문했다.
"여기, 이번에 나온 인세네. 내 말 했잖나. 자네 책은 시간이 지나야 잘 팔릴 것이라고."
편집장은 자켓 안주머니에서 꽤나 두툼한 봉투를 꺼내 성환에게 건넸다.
"나도 처음에 자네가 원고를 건넸을 때 이게 무슨 내용인가 싶었는데 읽다보니 좋더군. 분명 시간이 지나면 잘 팔릴 줄 알았어."
편집장은 성환을 보고 씩 웃고는 어느새 테이블에 놓여진 커피를 집어 들었다.
"감사합니다."

성환은 그 글을 출판 할 때 무려 스무 곳의 출판사를 찾아 다녔었다. 그러나 그들은 하나같이 출판을 거부했고 거의 자포자기 심정으로 그가 일하는 출판사로 온 것이었다. 물론 글을 읽던 편집장은 처음에 눈살을 찌푸리며 거절하려 하였지만 어느새 성환의 글에 매혹되어 끝까지 다 읽었고 당장에 출판 계약을 맺어 주었다. 그 뒤로도 그는 가끔 시간을 내어 성환의 글을 봐주었고 편집장의 조언은 성환의 글솜씨를 더욱 높여 주었다.

"뭘, 나도 다 속셈이 있다네."

"예?"

성환은 장난스레 말하는 편집장의 말에 어리둥절했다.

"뭘 그리 놀라나? 이번에 쓴 글 말 일세. 개요는 대략 짜 놨을 것 아닌가?"

편집장의 말에 성환은 그제 서야 그의 말의 의미를 깨닫고 테이블 밑에 내려놓았던 노트북을 올려놓았다. 편집장은 성환의 노트북을 받아 펼치고 웃음기를 지운 얼굴로 화면을 바라보았다. 편집장이 말없이 노트북의 스크롤을 내려가자 성환은 터질듯이 뛰는 심장을 진정시키며 창밖을 내다보았다. 약간의 시간이 지나자 편집장은 조용히 노트북을 덮었다.

"그래, 주인공은 살인 사건을 목격 하고 그 사건에 휘말리는 내용인가?"

"…예, 그렇지만 단순히 그 사건을 해결 하는 식이 아닌 소극적에서 적극적으로 변하는 입체적 성격으로 구성했고 그 사이 느끼는 내적 갈등이 주된 내용입니다."

"그래? 그러니까 사건은 주인공의 갈등의 도화선일 뿐이다. 이건가? 재미있군. 좋아. 한 번 잘 써보게. 더운데 여기까지 온 보람은 충분하네."

성환은 예상외로 호평을 해주는 편집장의 말은 슬럼프에 빠진 것처럼 쓰러지던 그의 글에 대한 열정을 다시 일으켜 주었다. 성환에게 노트북을 건넨 편집장은 갑자기 울리는 휴대전화에 깜짝 놀라 전화를 받으며 자리에서 일어섰다.

"자네 소설 다 쓰면 나에게 먼저 보여 줘야하네."

편집장은 급한지 허둥지둥 카페를 나서며 성환에게 당부했다. 성환은 그러겠다고 답하고 다시 자리에 앉아 식은 커피를 한 번에 들이켰다. 글은 꽤 호평을 받았지만 편집장과 대화 할 때 문득 떠오른 어제의 일에 성환은 떨리는 가슴을 주체할 수 없었다.
　집으로 돌아온 성환은 갑갑하게 그를 옥죄는 정장을 훌훌 벗어 버리고 책상에 자리를 잡았다. 어제의 일이 어떻든 간에 그는 이 글을 놓치고 싶지 않았기에 노트북을 펼쳐 소설을 써 내려 갔다.

　3.
　시리도록 창백한 달이다. 어둠에 잠긴 도로는 안개마저 자욱하다.
　모스 부호처럼 깜박이는 붉은 신호등.
　멀리서 들려오는 날카롭게 심장을 찌르는 섬뜩한 소리.
　끼이이익. 쾅.
　둔탁한 소리.
　날아오르는… 무언가.
　송글송글 흩뿌려지는 붉은 핏물.
　그리고… 날개 없는 이들의 숙명… 추락.
　사람.
　핏덩이가 된 사람.
　천천히 말려 올라가는 눈꺼풀.
　그 붉은 수정체에 비친 공포에 떨고 있는 아이.
　아.버.지.
　아이는 분명 그렇게 말했다. 자동차는 다시 날카로운 비명을 지르며 안개 속으로 사라졌다.

정적.

아이는 천천히 한걸음씩 뒷걸음질 쳤다.

너는 못 본 거야!

귓가에 메아리치는 목소리….

뒷걸음질 치던 아이는 등을 돌렸다. 남자의 부들부들 떨리는 붉은 눈동자는 모든 것을 기억하려는 듯 아이의 뒷모습을 비추었다. 그리고…

힐끗 고개를 돌리는 아이… 혹은…

나.

우웨엑

성환은 식도를 타고 올라오는 역겨움에 눈을 뜨자마자 화장실로 달려가 변기에 머리를 처박았다. 먹은 것이 별로 없었던지 희어 멀건 위액이 약간의 음식물과 섞여 쏟아졌다. 벌써 며칠 째인지 모른다. 사건당일 편하게 잠 든 것이 신기할 정도로 계속되는 꿈. 잊고 싶었고, 잊고 살았던 기억은 그때의 사건을 통해 머릿속 깊은 곳에서 빠져나와 그를 괴롭혔다.

성환은 차가운 물로 지끈거리는 머리를 식혔다. 복잡하게 생각할 필요는 없었다. 그는 작가이고 글을 쓰는 것은 그의 일이었다.

따르르릉

전화벨이 울린다. 성환은 무심코 전화기를 들었다가 자신에게 전화를 걸만한 사람이 없다는 것을 깨달았다. 편집장은 바로 얼마 전에 만났으니 전화를 할 리가 없었고 서은이나 미영은 전화번호를 알려주기는 했어도 전화를 걸만한 사이는 아니었다.

"누굴까?"
성환은 일단 전화를 받아보기로 결정했다.
"여보세요."
"여보세요? 성환이니? 이제야 통화가 되는구나."
수화기에서 들리는 목소리는 그도 익히 아는 사람의 것이었다.
"바빠서요."
"그래? 도시는 정신이 없지? 밥은 먹고 다니니?"
"… 예."
성환은 그녀가 전화를 빨리 끊어 주길 바랐다.
"아참, 네가 보내준 소설은 잘 읽었다. 우리아들 장하구나."
수화기의 목소리가 살짝 떨려왔다.
"그리고 언제 한 번 집에 내려오너라. 고등학교 졸업한 이후로 한 번도 오지를 않았잖니?"
"……"
"성환아?"
"제가 바빠서요. 다음에 연락드릴게요."
성환은 어머니의 말을 듣지도 않고 그대로 전화를 끊었다. 어머니와 전화를 할수록 그의 죄책감은 더해갔다. 성환은 고등학교 졸업 이후로 어머니께 가끔 편지만 두어 통 보냈지만 이번에 편지와 함께 보낸 책에는 전화번호가 적혀 있었는지 어머니가 전화를 하신 것이었다.
"어머니…."
성환은 어머니를 볼 자신이 없었다. 어머니의 목소리만 들었을 뿐인데도 그의 가슴은 마구 헤집어 지고 있었다. 성환은 답답한 마음에 창가로 다가갔다. 창문을 열어젖히자 눅눅한 먼지 냄새가 그의 코를 찔렀다. 하늘에는 먹구름이 하늘가득 몰려 있었다.

"장마가 시작되려나?"

성환은 창문을 닫고 책상에 자리를 잡았다. 자신을 위해서도 어머니를 위해서도 자신을 믿어준 편집장을 위해서도 글을 써야했다.

주인공은 사건을 목격하고 고뇌에 빠졌다. 그는 사고를 당한 사람이 보상을 해 줄 것도 아닌데 괜히 증언해서 범인과 척을 져야할 필요는 없다고도 생각했고 인간의 도리와 도덕적으로는 증언을 하는 것이 옳다고도 생각했다. 주인공은 점점 혼란의 소용돌이로 빨려 들어갔지만 그건 시작에 불과했다.

---

*긴 글이어서 작품 전체를 수록하지 못합니다.
온전한 글은 문학사랑 카페 〈문학사랑 글짱들〉 청소년문학상 코너에서 읽어보세요.

주인공

이 소 미
(서울 금호여자중학교 2학년)

　이 세상에 내가 존재하는 한 이 세계의 시간은 계속 돌아가고 있다. 돌고 도는 이 세상의 눈으로 보면 나는 고작 점보다도 작은 존재이다. 우리가 마치 개미를 보는 것처럼 세상은 우리를 개미만 하게 여기고 밟아버릴지도 모른다.
　치이고 치이며, 서로 밟고 죽이며 더 높은 자리를 위한 사투. 그 사투는 우리가 개미들의 싸움을 보는 것 같이 사소한 문제일 뿐이다. 이 세상을 중심으로 나를 보고, 우리나라를 보기에는 한없이 조그만 존재라는 것을 알았을 때 그에 대한 상실감은 왜 이리도 커져버렸을까. 왠지 알 수 없는 나의 자아정체성에 대해 한탄하게 된다.
　나는 누구일까. 내가 진정 바라는 것은 무엇일까 고민할 때마다 내 꿈은 한없이 작은 것이란 것을 알 때마다 중요하지 않다고 생각하게 되어 버린다. 하지만 이런 조그만 나도 이루고 싶은 것이 있다면 이뤄야 하지 않을까? 내 꿈은 작가이다. 하지만 작가는 배고픈 직업이란 틀을 깨지 못한 몇몇 어른들은 나를 다시 잡아당긴다. 작가로서의 길을 걸을 수 없도록 내 목 뒷덜미를 꼭 잡고서는 놓아주지 않는다. 너는 선생님이 되어야 한다, 너는 외교관이 되어야 한다, 너는 안경사가 되어야 한다. 정말 많은 것들이 내 귀를 들락날락한다. 하지만 가끔씩은 나를 알아주는 분들도 계시나 보다. 그 분들은 나의 존재를 알아주셨다. 나도 내 실력이 정말 좋지만은 않다고 생각한다. 단지 글을 쓰는 것이 좋아 작가라는 길에 들어서고 싶어 하는 나를 더욱 떠밀어주고, 도움이 되는 발판은 만들어주는 분들이 내 옆에 몇몇 계시다는 것을 나는 이제껏 몰랐었다. 오로지 나를 향한 비난의 화살만을 나는 받아먹고 있었던 것이다. 내가 가고 싶은 길을 가지 못하게 하는 사람들은 아마 나를 위해서라고 할지도 모른다. 하지만 난 그것이 오히려 악이 된다고 생각한다. 내가 돈을 못 벌어도 나는 상관없으니까. 오로지 돈만을 요구하는 이런 세상에서 오로지 돈만을 벌기 위해 사는 사람들은 기계일 뿐이다. 사람이 아니다. 누가 그런 사람들을 보고 사람이라 할까 싶다. 상사의 몸부림에 같이 흔들려야 하는 사람들이 있다면, 그러한 재미를 보기 위해 몸부림을 치는 사람들이 존재하는 이런 세계에서 직위는 매우 중요하다. 그러기에 다들 그렇게 눈에 불을 켜고 돈을 벌기 위해 공부하는 것이다.

  좋은 대학교를 나와 좋은 직장에 들어가기까지 내 인생 전체로 보면 정말 일부분도 되지 않는다. 하지만 나는 공부를 좋아하지 않는다. 그래서인지 공부를 아무리 열심히 해도 성적은 오르기는커녕 바닥으로 떨어질 뿐이다. 심지어 내가 석두라는 말을 들을 정도로 나는 내가 좋아하는 것을 하지 않는 이상 절대 실력이 오르지 못한다는 것을 난 알 수 있었다. 내가 좋아하는 것이라면 그렇게 노력하지 않아도 실력은 그래도 어느 정도 오른다. 물론 그래봤자 아직 잘 한다는 축에도 들지 못하지만, 좋아하는 것과 싫어하는 것의 경계가 나는 지나치게 심하다. 경계를 허물려고 하지만 내 노력만으로는 되지 않는 것 같다. 과거부터 다시 한 번 내 인생을 돌이켜보니 내가 싫어하는 것들은 어렸을 때부터 강요받아 어쩔 수 없이 한 일들 뿐이다. 만약 누가 강요하지 않았더라면 나는 내가 싫어하는 것들을 지금쯤 즐겨하고 있었을지도 모른다. 아마 그럴 것이다. 지금 내가 좋아하는 것들을 보면 다들 옛날부터 하지 말라던 것 같은 그런 일들이기 때문이다. 그런 내가 한심하다고 느껴지지만 한편으로는 나와 다른 사람들도 나와 똑같은 감정을 가지고 있을까 기대하게 된다.

의외로 이 세상엔 내 편이 많을지도 모른다는 생각에 기쁘기만 하다. 말도 안 된다는 꿈을 이룬 사람들과 나를 비교하면 나는 그 사람들의 일부라고 생각될 만큼 부족하다. 하지만 노력이란 것이 괜히 있는 것이 아니라고 생각한다. 물론 약간의 재능도 필요하긴 하다. 하지만 내 삶의 주인공은 나라는 것을.

두 눈을 감고 다시 한 번 마음을 가다듬고, 생각해볼 필요가 있을 만한 가치를 지닌 내 삶. 그리고 그 삶의 주인공. 유명하거나 알려지진 않았지만 한 영화의 주인공으로써 해내야 할 일들과 그것을 해내기 위한 연습과 또 연습. 주인공이라는 배역이 쉽지 않다. 그렇지만 모두들 주인공을 꿈꾼다. 그 만큼의 가치를 가지고 있기에. 의사든, 변호사든, 검사든 뭐든 한 번에 이룰 수 없다는 것을 모두 알 수 있을 것이다. 하지만 그런 직업이 아닌 자동차수리공 같은 것이라도 내 삶에서 만큼은 정말 귀중하고 소중한 시간을 보내는 주인공으로써의 배역. 실패했다고 좌절할 것 없다. 그렇다면 아직 영화는 완성된 것이 아니기 때문에. 아직 우리의 삶은 시작에 불과하다.

나는 내 삶의 주인공으로써 아직 완성되지 않은 영화의 끝을 맺기 위해, 지금도 NG없는 영화의 필름은 돌고 있다.

 동상

개과천선

이 은 솔
(대구 소선여자중학교 1학년)

공부가 인생의 전부를 차지하는 건 아니잖아? 성적순으로 행복한 것도 아니잖아. 물론 행복할 수도 있겠지. 하지만 성적이 인생의 전부라고 생각하지는 않아.

'덥다'를 넘어서 '찐다'에 가까운 무더운 여름. 집에서 에어컨을 틀어 놓고 쉬고 싶은데 아무도 없는 놀이터에 나는 혼자 있다. 나는 녹슨 그네에 앉아서 무덥고 습한 여름 날씨의 불쾌지수와 모기와 싸우고 있다.
"이런, 지랄 맞을."
입에서 욕설이 나올 만큼 짜증나 있는 이유는 단 하나. 지금 집에서 쫓겨났기 때문이다. 아니. 쫓겨난 것이 아니라 너무 힘들어서 내가 뛰쳐나와 버렸다. 왜냐하면 오늘 성적표가 나왔기 때문이다. 지금으로부터 30분 전의 일이다.
"피현욱, 앉아봐라."
무거운 목소리로 부르며 앉아보라는 아버지. 다른 내 또래들이 아버지에게 아빠라고 부를 때 믿을지는 모르지만 나는 아버지라고 불렀다. 권위적이고 보수적인 아버지는 내가 아빠라고 부르는 것을 용납하지 않았다. 아버지는 고등학교 국어선생님인데 하나밖에 없는 외동아들. 즉 나에게 공부가 인생의 전부다. 공부를 잘해야 먹고 산다. 라고 세뇌시키고 있으며, 성적이 올라가는 건 수용하지만, 내려가는 것은 절대 용납하지 않는 엄격한 아버지이다. 외동아들의 성적. 이것이 고등학교 국어선생님의 자존심이라고 생각하는 것 같았다. 지난 개교기념일에 아버지 학교에 갔더니 자존심은 얼어 죽을 학생들에게 이상한 별명으로 불리고 있었다. 꼴뚜기에서 뭐냐 까지. 꼴뚜기는 아마 우리 아버지가 꼴뚜기를 닮아서 생긴 별명이고, 뭐냐 는 아버지가 학생들에게 가장 많이 쓰는 말이라고 한다.

"네."
"성적이 많이 내려갔더구나."
"……"
"내가 말했지 않느냐? 너의 성적은 나의 마지막 자존심이라고."
"네, 그러셨습니다."
"그렇다면 틀린 개수의 5배 만큼 맞는 것 또한 기억하고 있겠구나."
"네, 기억합니다."
"종아리 걷어라."

이 대화가 어떻게 열다섯 살짜리 아들과 아버지의 대화가 될 수 있을까? 이번 성적은 마치 태풍에 들풀 꺾이듯 내려갔다. 지금 아버지께서 내 종아리를 회초리로 때리고 있다. 지난번 중간고사 때 맞아서 다리를 접을 수 없었던 일을 기억한다. 이번 시험에서는 지난번보다 다섯 개 많은 18개를 틀렸다. 내가 생각하기에 못하는 것도 아니다. 그렇다고 결코 잘하는 거라고 말할 수도 없지만. 다른 아이들도 18개 틀렸다고 틀린 개수의 다섯배를 맞을까. 내가 어울려 다니는 친구들은 꼴통들이다. 사회에서 흔히 말하는 문제아인 것이다. 사람들이 말하길 공부 좀 하고 그러는 것들은 모범생. 공부 하지 않고 친구들과 어울려 다니면 문제아라고 한다. 학교에서 패싸움하고 매일 나가서 상처투성이로 돌아오는 놈들이 내 친구들이다.

"이번에는 열배로 맞을 각오하고 2학기 중간고사를 준비 하거라."

아버지는 틀린 숫자보다 다섯배를 정확하게 때린 후 말했다. 나는 아버지의 공부에 대한 집착을 더 이상 참을 수가 없었다. 엄마는 나를 안타까운 눈빛으로 쳐다보았다. 엄마는 아버지께서 하는 교육방법을 마음에 들어 하지 않았지만 아버지께 "현욱이 좀 그만 냅둬요." 라고 말할 수 있을 만큼 어머니의 권한은 크지 않았다. 엄마가 언제 한번 얘기하신 적이 있다. 아버지의 과거에 대해서. 아버지는 내 나이에 부모님을 모두 잃으셨다고 한다. 그 때 아버지는 장남이었고, 동생은 3명이 있었다고 한다. 부모님이 모두 돌아가신 아버지는 소년가장이 되었고 신문배달, 우유배달 등 학생이 할 수 있는 아르바이트는 다 했다고 한다. 그러나 아버지를 속이는 어른들이 몇 만원 되지도 않는 월급을 2~3만원씩 떼어 먹었다. 그 사실을 알았지만 힘없는 아버지는 아무 말도 할 수 없었다고 한다. 아버지는 그 때부터 공부를 열심히 해서 자신은 자라면 아이들을 속이는 어른이 되기보다 바르게 가르치는 선생님이 되겠다는 꿈을 키웠다. 아르바이트가 끝나면 밤잠을 안 자며 열심히 공부한 덕분에 아버지는 장학생으로 대학에 들어갔고 지금은 국어 선생님을 하고 있는 것이다. 아버지가 대단하긴 하지만 나는 이렇게 종아리에 피가 나도록 맞으며 억지로 공부하고 싶지는 않다.

"더 이상은 못 참습니다!"

안타까운 눈으로 나를 쳐다보고 있는 엄마에게 소리치고 밖으로 뛰쳐나왔다. 주머니를 뒤져보니. 2000원이 있다. 나는 엄마가 계속 전화해서 휴대폰배터리를 빼놓았다. 시완이는 잘까. 시완이네 아빠는 유명한 내과의사이며 엄마는 화가이다. 그런데 시완이 녀석은 공부를 포기한 지는 오래이다. 시완이의 아빠는 해외 의료 봉사를 나가셨고 엄마는 작품 구상을 위해 시골에 있는 작업실 갔다고 했다. 즉 시완이네 집은 지금 시완이 혼자 뿐이라는 것을 의미한다. 이시완이 좋아하는 감자칩 한 봉지와 초콜렛을 사들고 시완이 집으로 갔다.

'딩동.'

"누…구세…요."

"나 현욱이. 피현욱."

"아… 기다…려…어."

이시완의 목소리가 조금 이상하다. 말이 중간 중간 끊기더니 잠시 후에 문이 열렸다.

"오 마이 갓."

문을 열고 들어갔더니 이시완이 쓰러져 있다. 그리고 집안은 왜 이리 담배냄새가 나는 걸까. 나는 들고 있던 감자칩과 초콜렛을 집어던지고 휴대폰으로 119를 눌렀다.

"119죠? 제 친구가 지금 쓰러졌어요. 여기가 어디냐면은…."

구급차가 올 때까지 시완이는 계속 쿨럭 거린다. 또 담배 폈나. 이시완은 최건태라는 애랑 친해지고부터 담배를 피우기 시작했다. 그러나 건태라는 녀석은 몰래 오토바이를 몰다가 사고를 당해서 지금은 하늘나라에 있다. 사람들이 건태의 죽음에 대한 시선은 냉랭했다.

"저럴 줄 알았지."

"나쁜놈 같으니라고."

"부모 속만 썩일 놈이면 일찍 죽는 것도 부모 도와주는거야."

놀랐다. 한 사람에 대한 죽음의 태도가 너무 냉랭해서. 건태의 아빠는 특이한 암으로 돌아가셨다. 단칸방에서 엄마와 둘이 살고 있는 건태는 성격이 삐뚤게 변했고 그때부터 나쁜 아이들과 어울려 다녔다. 그애들과 어울리고부터 담배도 피고 패싸움도 했다. 건태가 죽었을 때 내색하진 않았지만 건태의 엄마가 불쌍했다. 남편도 잃었는데 아들마저 하늘나라로 떠나보냈으니. 나는 건태와 그리 친한 사이는 아니었지만. 시완이와 함께 가끔 만났었다.
"네 친구 어디 있니?"
"저기 있어요."
"의식이 아직도 없니?"
"놀러오니까 쓰러져 있었어요."
아저씨 여러 명이 시완이 근처로 갔다. 그중 가장 빼빼 마른 사람이 말했다.
"휴. 죽은 건 아니구나. 진단을 일단 받아 보아야 겠어."
"보호자 안계시니?"
"부모님이 여행가셨대요."
"그럼 너라도 따라오거라."
"네."
가장 뚱뚱한 아저씨와 빼빼로를 닮은 아저씨가 시완이를 들것에 올려 차에 실었고 빼빼 마른 아저씨가 빨리 오라고 재촉했다. 가기 싫은데. 뭔가 불길한 예감이 든다. 설마 폐에 또 병이 생긴 것은 아니겠지? 사실 내가 아무리 양아치라도 보수적인 아버지가 계시기에. 담배, 술 등은 해보지 못했다. 술을 해봤다면 11살 설날에 숙부에 의해 마셔보았고. 아버지가 보는 앞에서 마셔서 괜찮았다. 병원으로 가고 있다. 여전히 시완이는 켈록 켈록 가쁜 숨만 뱉어낼 뿐 말이 없었다. 엄마한테 전화해야겠다. 부재중 통화를 보니 전부 엄마다. 아버지 전화는 없다. 엄마가 방에서 몰래 나한테 전화를 했나보다. 보나마나 아버지는 "냅둬!" 했겠지. 엄마께 전화를 걸었다.
"…엄마?"
"그래 현욱아. 엄마는 니 마음 이해한단다. 지금 어디니?"
"시완이 집에 왔는데 시완이가 갑자기 쓰러졌어요."

"시완이라는 녀석하고는 놀지 말랬잖니."
"그래도 친한 친구인걸요. 애가 많이 아파서 지금 병원 가요."
"어떻게 아픈데?"
"모르겠어요. 제가 도착했더니 갑자기 쓰러졌어요."
"알았다. 병원 가서 그 애 부모에게 연락하고 집으로 오너라."
"네 엄마."

친구들이 내가 부모님과 전화 통화 할 때는 딴 사람 같다고 그런 적이 한두 번이 아니다. 내가 원래 부모님께는 착한 현욱이가 된다. 병원의 하얀 건물이 보인다. 다 왔구나. 차가 멈추자마자 구급차에 타고 있던 아저씨들이 바삐 움직인다.

"응급실로 옮겨요."

지금 시각은 밤 9시. 아저씨들은 시완이를 싣고 응급실로 들어갔다. 내가 걱정되는 마음에 멍하니 시완이를 바라보고 있는데 빼빼마른 아저씨가 따라 오라고 손짓했다.

"꼬마야."
"네."
"보호자와 연락해야하는데 연락처 모르니?"
"몰라요."
"깨어나지 않는데…"
"제가 어떻게 도와야 할까요?" "챠트 작성 하는 것 좀 도와줄래?"

뚱뚱한 아저씨가 나한테 하얀 종이를 내민다. 이름, 생일, 주민번호 등 시완이의 부모라면 충분히 알만한 정보들이 쓰여 있다. 그러나 나는 시완이의 친구일뿐 생일만 간신히 외우고 있다.

"환자가 깨어났어요!"

시완이가 깨어났다는 간호사의 말에 나는 시완이에게 뛰어갔다.
"읍… 켈록 켈록!"
아직 깊은 기침을 하는 이시완.
"내가.. 왜 병원에 있지?"
"너 갑자기 쓰러졌었어…."
"……"
"부모님… 전화번호 좀 가르쳐줄래?"
"… 부모님 부를 거야?"
"그럼 부르지 않을 거야?"
"이 번호로 전화해 줄래?"
시완이가 준 번호로 전화를 걸었다.
"여보세요."
"안녕하세요. 저 시완이 친구인데요. 시완이가 지금 병원에 있는데 이 번호로 전화하라고 해서요."
"그랬구나. 어느 병원이니?"
"경모대학병원요."
"알겠다. 지금 곧 갈게."
전화 목소리로 보아 시완이 막내삼촌이 분명했다.
"보호자 불렀어요."
"아 그랬니? 고맙구나."
뚱뚱한 아저씨가 녹색 의자를 가리키며 앉아서 기다리라고 했다. 녹색의자는 위생상태가 좋지 않았다. 시커먼 찌든 때가 덕지덕지 붙어 있었다. 그래도 앉지 않으면 안 되겠지.

우리는 늘 어른들이 하라는 대로 하며 살아왔으니까. 휴대폰을 만지작거리면서 시완이의 막내삼촌이 오기를 기다렸다. 괜히 문자 수신함에도 들어가 보고 전화부도 뒤져본다. 시완이 삼촌은 언제 오는 거지. 밤도 깊어가고 서서히 졸음이 몰려왔다.

"이시완 환자 어디있습니까?"

시완이 삼촌이 도착했다. 간호사는 시완이가 있는 곳을 가리켰다. 시완이 삼촌은 내가 있는 곳으로 왔다.

"네가 나를 불렀구나. 시완이는 어떠니?"

"폐종양이래요."

"이런. 시완이네 부모님은 아직 모르시지?"

"네."

아저씨는 한숨을 쉰다. 그리고 꼴똘히 뭔가를 생각하는 듯 하더니 내게 늦었으니 가보라고 돈을 준다. 택시비인가보다. 나는 꾸벅 인사를 하고 나왔다. 상당히 어이없는 이야기. 이제 중학교 일학년 학생이 담배를 너무 많이 피워서 폐종양이 생겼다니. 상당히 말이 안 되는 일. 나는 어디로 가야하는 걸까. 일단 PC방에서 1시간 정도 때워 보고 어디로 가야할지를 생각해 봐야 겠다. 근처에 있는 PC방에 갔다. 문을 열자마자 풍겨오는 매케한 담배냄새와 출처를 알 수 없는 고약한 냄새에 저절로 인상이 찌푸려진다. 하지만 갈 곳 없는 사람들이 잠시 머물기에는 이보다 좋은 곳이 없다. 일단 600원을 내고 27번 석에 앉았다. 컴퓨터를 켜서 저번에 못 올렸던 레벨의 게임을 켜고 전화부의 전화할 친구를 찾았다. 친구는 나한테 보면 이럴 때만 필요한 것 같다. 그래도 전화할 친구가 있어서 다행이다.

"어 현욱아 왜."

"야 강신후 오늘 니집 비지?"

"어. 왜."

"니 집에서 자고 가면 안되겠냐?"
"또 쫓겨났구나? 그래 와라."
"응 갈게."

신후는 나와 시완이와 다르게 모범생인 편이다. 공부도 꽤 잘하는 편이고 전교 부회장도 했을 만큼 인기도 많다. 신후에게 고백하는 여자애들이 트럭에 꾹꾹 눌러담아도 남을 만큼 많았고 얼굴도 잘생겼다. 굳이 닮은 연예인을 말하라면 이홍기?

아직 시간이 좀 남았는데 지금 나가기엔 좀 아까워서 한시간을 모두 채우고 나와서 택시를 탔다.

"개화동이요."

택시요금 올라가는 거 옆에 말이 달리고 있다. 쉬지도 않고 계속 달린다. 요금이 올라가는 것에 따라 계속 말이 달리고 있다. 쉬지 않고 달려가는 말을 보니 우리 삶과 비슷하다는 생각이 들어 픽 웃어버렸다.

"늦은 시간에 어디갔다 오는거니?"

택시기사아저씨는 알은 지 몇 분도 채 되지 않았으면서 잔소리하려고 안달이다. 내가 놀이동산을 갔던지 친구 집에 갔던지 폐종양 수술 받아야하는 친구 병문안을 갔다 왔던지 기사아저씨랑 아무런 상관이 없는데도 말이다. 여기서 말을 무시 해버리면 나는 생전 처음 보는 사람에게 버릇없는 아이로 찍히고 만다, 그래서 최대한 빙긋 웃으며 말했다.

"친구가 아파서 병문안 갔다 왔어요."
"이런. 많이 아프니?"

괜찮고 죽고 아저씨랑 뭔 상관인데요. 하고 속으로 생각했지만 그래도 대답해줘야 겠지.

"조금 있으면 괜찮대요."

그리고 적막이 흐린다. 곧 신후네 집이 보인다. 20층짜리 큰 아파트에 살고 있는 신후.

"다 왔다. 16000원이다."
"여기요."
"그래… 앞으로는 일찍일찍 다니렴."

언제 봤다고 날 챙기는 거지? 방금 택시 한번 태워 준 것 말고는 얼굴 본적 없던 것 같던데. 이런 생각을 하면서 포커페이스를 유지하며 돈을 주고 내렸다. 신후네 아파트가 보인다. 구정물 질질 흐르는 우리 아파트와 다르게 삐까번쩍한 신후네 아파트. 사람은 어쩌면 운명이라는 것이 결정되어 있을지도 모르겠다. 그러니까 나는 조그마한 낡은 아파트에서 상당히 보수적인 아버지와 살고 있고 신후는 좋은 집에서 좋은 부모님 만나서 살고 있다. 아파트를 쳐다 본 짧은 시간 내에 꽤 많은 생각을 하며 엘리베이터를 탔다. 익숙하게 17층을 누르고 기다렸다. 나는 신후와 친하기에 자주 와보았다.

-딩동

뭔가 엄청 있어 보이는 집의 벨소리 같다. 맑고 투명한 초인종 소리. 우리 집은 평범하기 짝이 없는데 말이다. 누구세요 라는 말도 없이 문이 열린다. 내가 아니면 어쩔 뻔 했어 임마.

"어 왔냐?"
"그래, 부모님 또 야근?"
"그래. 아침에 오신다니 마음껏 놀고 가라. 오늘은 왜 쫓겨났냐?"
"오늘 성적표 나왔잖아."
"아. 맞다. 그랬었지. 짜식 공부 좀 하지. 매일 PC방에 발도장만 찍더니."
"시끄러워. 저녁 안 먹었다. 나 배고프거든."
"그렇지 않아도 라면 2개 끓이고 있다."

그러고 보니 문을 열자마자. 라면 냄새가 나긴 했었다. 나와 신후는 대충 라면을 젓가락으로 집어먹고 DVD를 보다가 잤다. DVD는 몇 년 전에 유행 했던 영화 '괴물' 이었다. 환경의 소중함을 깨닫게 해주는 그런 영화. 나는 4번째 보는 것이었기에 심드렁하게 보고는 소파에서 잠들었다. 그리고 날이 밝았다.

"야, 피현욱. 전화 온다."

밤에 다시 켜놓은 전화기. 눈을 부스스 하게 떴더니 블루투스로 친구한테 받은 최신벨소리가 울리고 있었다.

"너희 부모님은?"

"아직 안 오셨어. 전화나 받아라 바보야."

그래 그래 받는다고.

"여보세요. 아 엄마?"

"현욱아. 아버지 마음 풀리셨어. 지금은 일 나가셨고. 앞으로 열심히 하라고 전해주라고 하더라."

"네 엄마. 조금 있다가 들어갈게요."

"가야돼?"

"응 문자할게. 답장해."

"어 잘가라."

신후네 집에서 우리 집은 10분 정도만 걸어가면 된다. 집에 가는 길이 그리 가볍지는 않다. 이제 일상이 되어버린 아버지와 다투기. 시완이는 어떻게 되었을까?

"현욱이 왔니"

"네 엄마."

"시완이는 괜찮고?"

"아직 잘 모르겠어요. 폐종양이래요. 수술해야 된다고 하더라고요."

"어떻게 하니. 시완이 부모님 걱정이 많으시겠구나. 시완이에게는 안됐다마는 넌 그런 불량한 애들이랑 어울리지 말어라"

시완이가 담배 폈다고 그러는 것일까? 원래 어른들은 아이답지 않은 아이를 싫어한다. 엄마도 그런 거겠지. 내가 시완이의 아이답지 않은 그런 면을 닮을까봐 걱정하는 거겠지.

"공부하렴. 엄마는 오늘 모임 있단다. 점심은 시켜 먹고 알았지?"

"네 엄마."

평소 같으면 엄마가 모임 가신다면 바로 친구들 불러서 야구를 하러 나가곤 한다. 하지만 이번에는 집에서 쉬고 싶다. 침대에서 한숨 돌리고 있는데 전화가 온다. 새로 받은 벨소리 다시 들어보니까 은근히 마음에 안든다.

"여보세요. 피현욱입니다."

"어제 시완이 병원에서 만난 시완이 삼촌이다."

"네, 안녕하세요."

"시완이 조금전에 죽었다…"

시완이가 죽었단다. 폐종양으로 결국 죽었단다. 이제 열 네 살이 담배를 많이 피워서 죽었단다. 시완이가 원하는 대로 외할머니 옆으로 갔을까. 시완이는 유난히 외할머니를 따랐는데 하늘을 보면서 시완이는 늘 얘기했다. 나도 외할머니를 따라 가고 싶다고. 어쩌면 행복한 죽음일지도? 시완이는 늘 싸우는 부모님께 불만이 많았다. 그래서 담배를 피기 시작한 것이다. 시완이 부모님이 시완이가 죽은 걸 알면 어떤 반응을 보일까 궁금하네. 또 벨소리가 울린다. 제길. 이번에는 누군데.

"아 신후구나."

"야야. 문자한다면서~."

"시완이 조금 전에 죽었어."

"뭐? 구라치지마~."

"아니 진짜 죽었어. 폐종양으로."

"……"

"내가 왜 거짓말을 해."

끊겼다. 신후는 건태와 시완이와 친했다. 그런데 건태가 죽었고. 시완이도 죽었다. 이제 나는 신후하고만 놀아야 되는 건가? 아 민욱이도 있구나. 갑자기 졸음이 몰려왔다. 자고 자고 계속 자니 다음날 아침이 되었다. 오늘은 월요일이다. 이런 학교 가야 되잖아? 아버지는 먼저 가셨나? 고등학교 교사는 7시에는 최소 나가야한다. 급하게 씻고 가방을 맸다. 가방은 딱히 필요도 없는데 왜 매는 것일까? 아 나만 필요가 없는 것일까? 어쨌든 폼으로 매고 다니는 검은 가방에 학교 앞 논리속독학원에 같이 다니는 누나한테 받은 연필 2자루가 든 필통을 넣고 학교로 향했다. 아무리 내가 불량해도 학교는 빠지면 안되니까. 시완이의 죽음을 뒤로 한 채 학교에 갔다. 우리 아파트 앞에 떡볶이점 할머니가 문을 여는 것도 보이고 자전거를 타고 가는 고등학생 형들도 보인다. 고등학교에 가는 것이겠지? 내가 이대로 간다면 중학교에서 얼마나 많은 친구의 죽음을 보아야 하는 것일까? 갑자기 생각나는 미래에 대한 걱정. 이대로 공부를 게을리 하면 커서 나는 무슨 일을 하게 될까? 나는 얼마나 많은 패싸움에 참가해야할까? 우리 아버지는 나를 내버려 둘까? 이런 나를? 공부라도 시작해 볼까? 요즘 애들은 다 똑똑하단 말이지. 학교로 왔다.

"야 현욱이. 오늘 어떤 여자애 전학 온다고 하더라."

내 얼마 남지 않은 친구 중 한명 주민욱. 그보다 오늘 여자애가 전학온다고? 아 그렇구나. 어디서 이런 소식만 빨리 듣고 오기는.

"어? 진짜?"

"아까 봤는데 진짜 예뻐~ 너 좋아하는 연예인 있지 않냐? 그 티아라의 지연이라는 애.

그 애 닮았어."

닮아봤자 얼마나 닮았겠냐. 그리고 그리 좋아하지도 않거든? 나는 지금 2번째 친구를 잃은 슬픔이 더 커단 말이다.

"야 표정 왜 그래? 얼굴 펴 임마."

"시완이 죽었거든 새꺄? 너 같음 얼굴이 펴지겠어?"

"뭐? 시완이가 죽었다고?!"

민욱이는 친구가 죽는 거 처음이겠지? 당황스럽겠다. 민욱이는 누가 봐도 '나 지금 매우 당황스럽다' 라는 표정을 짓고 있다.

"폐종양으로 어제 죽었어."

"… 진짜야?"

"그래 내가 너 데리고 농담 따먹을까?"

민욱이의 표정이 어둡다. 잠시 후 담임이 들어온다. 어떤 여자애를 데리고. 저 애가 이번에 전학 온 여자아인가 보구나.

"인천에서 전학 온 송아진이다. 친하게 지내주고 전학생 왕따 시키다 걸리면 곧장 좋지 않은 일이 생길거다. 이상."

깐깐하기로 소문난 담임선생님. 우리 반은 유난히 문제아만 모아놓아서 '이문식' 선생님을 붙여 놓았다는 소문이 있다. 이런 반에 전학생을 붙여주다니. 수업을 듣는 건지 마는 건지. 뭐 늘 그랬지만. 대놓고 주민욱 녀석은 자고 있다.

"오늘 며칠이지?"

"17일입니다."

"17번 읽어보자."

17번이라는 애가 안 일어난다. 17번 누구지?

"17번 누구냐?"

"주민욱인데요?"

역시 주민욱 이었어. 애를 깨워야겠지? 팔꿈치를 흔들었다.

"우웅…"

우웅 같은 소리하고 있네. 선생이 너 불러.

"야 주민욱 일어나!"

"젠장!"

주민욱은 일어나서 크게 욕설을 읊었고. 교실은 한순간 정적이었다가. 아이들이 웃었다.

"주민욱. 남아."

"네."

또 남으라는 구나. 솔직히 주민욱은 맨날 남아라 남아라 하지만 진정 남은 적은 한 번도 없다. 주민욱은 늘 도망치기 때문이다. 그렇다고 해서 민욱이를 혼내는 선생님은 없다. 왜냐하면 민욱이는 국회의원 막내아들이니까. 막내아들이라 그리 국회의원에 명예 손상되는 일은 없다. 민욱이 형은 전교 등수 안에 꼬박꼬박 드니까. 민욱이 형으로 나름 아버지 명예 세우고 있고. 수업이 끝나고 나는 청소 당번이라 청소를 했다. 청소를 대충 끝내고 집으로 돌아간다. 학교 청소는 참 곤란하다 말이지. 애들이 얼마나 학교 물품을 함부로 쓰는지. 아. 물론 나도 포함 되어 있고 말이다. 나는 집으로 향했다. 우리 집 쪽에 사는 녀석은 한명도 없다. 하긴 요즘 시대에 누가 그런 땟구정 물이나 새는 아파트에 살겠어? 아파트라고 하기에도 뭣하다. 3층 짜리 아파트가 있나? 빌라도 아니고. 그런데 나와 같은 방향으로 가는 여자아이가 보였다. 누구지? 자세히 보니, 오늘 그 전학 온 여학생 이다. 송아진. 나는 딱히 할 일도 없고 해서 송아진을 따라갔다. 따라갔다. 뭐 할 것도 없이 말도 안되게 송아진은 나와 같은 동 옆 호에 이사왔다.

"뭐가… 이래…"

나도 모르게 크게 나온 말에. 송아진은 돌아봤다.

"누구야?"

"네 옆 호에 사는 사람이야. 너랑 같은 반이기도 하고."

"아 그래? 뒤에서 무슨 말 한 거 였어?"

"아무 것도 아니야… 근데 왜 집에 들어 가지 않고 있어?"

화제를 전환 했다. 진실을 들으면 송아진이라는 녀석이 조금 화내지 않을까. 싶어서.

"열쇠를 잃어버렸거든…."

"부모님은?"

"부모님은… 원래 같이 살고 있지 않아. 할머니가 지금 외출하셨거든. 그래서 열쇠를 준 거였는데. 열쇠가 보이지 않아."

열쇠가 보이지 않다니. 아직 열쇠를 쓰고 있는 집도 있었구나. 하고 감탄 하는 동시에 딱해보이기도 했다. 그래서 나도 모르게 말했다.

"열쇠, 같이 찾을래?"

왜 내가 이런 바보 같은 소리를 한 거지? 젠장. 나는 지금 전학생 열쇠를 찾아주고 있다. 전학생 말로는 학교에서 집으로 가기 위해 출발했을 때는 열쇠가 주머니 속에 있었다고 했다. 그래서 나와 전학생은 다시 학교로 가는 길을 쭈욱 따라갔다. 놀이터 모래밭도 뒤지고 잠시 다녀온 문구사 안에도 들어가 보았지만 열쇠는 보이지 않았다. 휴대폰이 울린다.

─────────────
*긴 글이어서 작품 전체를 수록하지 못합니다.
온전한 글은 문학사랑 카페 〈문학사랑 글짱들〉 청소년문학상 코너에서 읽어보세요.

 동상

엄마

장 윤 정
(양주 덕정고등학교 1학년)

 손에 흙이 잔뜩 묻어있었다.
 아, 이래서 흙장난하기 싫다니까. 나는 아이들을 살짝 노려봐주었다. 하지만 아이들은 나한테 이미 신경을 끊었는지 지들끼리 소꿉장난 하느냐 바빴다. 나는 볼에 바람을 부풀리고는 놀이터 벤치에 앉았다. 손에 묻어있는 축축한 흙의 감촉이 거슬렸다. 대충 손을 털어보아도 그 느낌은 사라지지 않았다. 불쾌한 감정이 스멀스멀 올라오자 짜증만 났다. 그때 누군가가 내 손을 잡았다. 엄마였다. 엄마는 천천히 내 손바닥을 부드럽게 털어주었다. 와, 엄마 빨리 왔네요! 매일 유치원이 끝나고 나면 나는 놀이터에서 엄마를 기다렸다.
 엄마는 내 말에 가만히 미소를 지으며 내 손을 꼭 잡으셨다.
 우리는 집으로 가기 위해 한참을 걸었다. 버스를 타면 되지 않으냐고 엄마에게 물었지만 엄마는 이것도 운동이라면서 묵묵히 걸었다. 햇빛에 기운을 빼앗기고, 오랜 걸음에 다리가 풀렸을 때 드디어 집이 나타났다. 나는 문을 열자마자 바로 집안으로 뛰쳐들어갔다. 차가운 마룻바닥에 발을 되자 몸이 한껏 움츠러들었다. 나는 곧바로 이불 속으로 들어가 버렸다. 엄마, 왜 이렇게 추워요. 엄마는 내 말에 보일러를 틀어주겠다고 하며 높은 구두를 벗었다. 쫙 달라붙는 치마와 뻣뻣한 블라우스. 나는 엄마가 그걸 왜 입는지 이해가 가지 않았다. 그냥 평소처럼 추리닝 입으면 되지 않나. 엄마는 내가 그런 말을 할 때마다 어쩔 수 없다며 내 머리를 쓰다듬기만 할 뿐이었다. 나는 텔레비전에 가까이 가 만화채널을 틀었다. 텔레비전에서는 시끄러운 만화주제가들이 울려 퍼졌다. 나는 고개를 돌려 엄마에게 물어보았다. 엄마, 오늘도 아빠 늦게 와요? 응, 아마 그럴 거 같아. 아빠. 솔직히 말하자면 이젠 나에게 별 존재가 아닌 인물이었다. 그저 씁쓸해 보이는 엄마의 얼굴을 보자 무의식적으로 말한 말일 뿐, 그 이상은 없었다. 부엌에서 통통 거리는 야채 써는 소리가 들렸다. 나는 비스킷을 살짝 씹었다. 극심한 단맛에 혀가 아팠다.

오늘도 놀이터에서 시간을 보내던 중이었다. 그런데 아무리 기다려 봐도 엄마는 오지 않았다. 왜지. 왜 오지 않을까. 하늘의 색이 점점 진해지고 있었다. 나는 하는 수 없이 엉덩이를 털며 일어섰다. 조금만 더 기다려 보고픈 심정이 가득했지만 밖은 너무 어두워져 있었다.

높은 담벼락과 어두워진 골목. 나는 그 사이 사이를 걸으며 이상한 상상을 했다. 혹시 엄마가 잘 못 되신 거면 어쩌지. 나를 깜빡 하신건가? 아니면 무슨 일 있나. 하지만 그 생각도 집 앞에 다 오자 사라져 버렸다. 집 밖에서 아빠의 목소리가 들려왔다. 나는 허겁지겁 현관문을 열고서 들어갔다. 아무리 소통이 없다고 해도 일단은 아빠는 아빠였다. 오랜만에 보는 아빠. 그 생각만으로도 반가움이 밀려왔다. 저 방문을 열면 다정하신 엄마와 온화한 미소를 짓는 아빠가 있겠지. 나는 손잡이를 잡고 방문을 열었다. 그리고 그 생각은 나의 착각으로 끝났다.

엄마는 회사에서 돌아오신지 얼마 안 됐는지 뻣뻣한 정장을 입고 계셨다. 그것은 아빠도 마찬가지였다. 엄마는 아빠를 향해 핸드백을 던지셨다. 핸드백은 아빠의 몸을 치고 무기력하게 떨어졌다. 아빠의 눈엔 독기가 가득했다. 그때 방안에 쫙 소리가 울렸다. 엄마의 고개가 아빠의 손바닥으로 인해 내 쪽으로 돌아갔다. 엄마와 눈이 마주치는 순간, 나는 나도 모를 공포를 느꼈다. 무서웠다. 엄마가 아빠를 치며, 아빠가 엄마를 쳤다. 하…하하……. 엄마의 실성한 웃음소리가 들려왔다. 엄마는 잠시 허탈하게 웃으시고는 땅바닥에 털썩 주저앉았다. 왜 때려…네가 뭔데 날 때려! 사나워진 엄마의 눈빛에 아빠는 당황했는지 크게 움찔하셨다. 아빠의 얼굴엔 이미 당혹감과 죄책감으로 얼룩져 있었다. 아빠가 용서를 빌려고 엄마의 어깨를 짚으려고 했을 때였다. 아까와 같은 음의 짝 소리가 울려 퍼졌다. 나는 귀를 꽉 막았다. 더 이상 듣고 싶지 않았다.

 엄마가 벌떡 일어나셨다. 아빠를 매서운 눈초리로 노려보고는 내 손을 잡았다. 가자. 나는 당황스러운 마음에 엄마라는 단어 밖에 내뱉지 못했다. 글썽글썽 거리는 엄마의 눈이 나를 향했다. 엄마랑 같이 살자. 나는 아빠 쪽을 보며 물었다. 그럼 아빠는요? 엄마는 한참을 망설이다가 대답해주었다. 영원히…못 볼 수도 있어. 괜찮겠어? 나는 고개를 끄덕였다. 엄마는 그런 나를 보며 씁쓸하게 웃었다. 그때 뒤에서 아빠가 급하게 달려왔다. 네가 왜 데려가! 성민아, 아빠랑 있을 거지? 아빠의 목소리가 미약하게 떨렸다. 나는 애써 아빠를 외면하고는 엄마의 손을 꽉 잡아 쥐었다. 후회 안 할 자신 있어? 엄마의 눈동자가 흔들리고 있었다. 엄마 역시 불안하긴 마찬가지였나 보다. 나는 안심하란 듯이 엄마를 보며 말했다. 난 엄마만 있으면 되요. 엄마는 오히려 더 불안한 얼굴을 하고 계셨다. 나는 엄마의 손을 더 세게 쥐었다.

 내가 아무 미련 없이 엄마는 따라간 이유, 그것은 간단했다. 똑같은 일거리, 똑같은 회식, 똑같은 직장생활. 하지만 엄마는 회식도 마다하고 나를 위해 일찍 퇴근하였고, 아빠는 술에 잔뜩 취한 채로 나를 보지도 않고 방안에 들어가셨다. 단순하면서 단순하지 않는 이유. 정말 그뿐이었다. 그리고 이게 엄마와 아빠의 차이였다. 조금만 더 나를 위해 주는 마음. 등 뒤에서 아빠의 목소리가 들려왔다. 나는 고개를 돌리지 않았다. 절대 뒤를 돌아보지 않을 것이다. 그래도 마음 한 곳은 찝찝해져 갔다. 괜찮아, 괜찮다고. 어차피 아빠라고 해도 별로 보지도 못했잖아. 다시는 아빠를 보지 못하는 거 빼면 평소랑 똑같아. 나는 고개를 번쩍 들었다. 다시 생각해 보니 정말 변한건 없었다. 단지, 아빠가 빠졌을 뿐이었다.

 동상

아버지의 기차

김 미 현
(호남 제일고등학교 3학년)

오늘은 아버지의 생신이다.
물론, 아버지 생신은 작년에도. 재작년에도 있었다. 하지만 바쁘다는 이유로 아버지께 가지 못한 지도 벌써 삼년. 시골에 내려갈 여유조차 없다며 아버지께 소홀했던 지난 삼년. 그렇기에 나는 올해 꼭 아버지께 가봐야겠다는 생각을 했다.
어제는 아버지께 전화를 드렸다.
전화를 건 시간은 저녁 아홉시. 아버지께서 주무실지도 모르는 시간이었다. 한참동안 전화를 받지 않으시는 아버지. 아마 주무시는 것 같았다. 그래서 전화를 내려놓으려고 한 그 때, 전화기 저쪽에서 여보세요. 하는 아버지의 목소리가 들렸다.
정말 오랜만에 듣는 아버지의 목소리. 그래서인지 그 목소리가 생소하게 느껴졌다. 그렇게 우린 전화기 이쪽에서도 저쪽에서도 아무 말도 없었다.
한참 후, 아버지께서 다시 여보세요. 하셨을 때야 비로소 나는 아버지, 저 연이에요. 했다. 이번엔 아버지께서 먼저 아무런 말이 없으셨다. 그래서 내가 다시 저 연이에요, 아버지. 했을 때 아버지께서 연이구나. 하셨다.
아버지께선 별말이 없으셨다. 나는 내일 시골에 가겠다는 것. 뭐 필요한건 없으시냐는 것. 생신 선물은 어떤 게 좋겠냐는 것. 그런 말만 했다. 아버지와 통화를 하는 것도 꼬박 몇 달만인데, 우리에게 서로의 안부를 묻는 말 같은 건 없었다.

이제 통화를 마칠 때쯤. 아버지께서 불쑥. 정말, 올 거냐? 했다. '정말'과 '올 거냐?' 사이에서 묘하게 느껴지는 간격. 내가 아무 말이 없자 아버지께선 바쁘면, 오지 말어라. 사회생활 하는 데야 바빠야 좋지. 했다. 이번에도 '바쁘면'과 '오지 말어라.' 사이에서 확연히 느껴지는 간격. 그리고 사이에서 느껴지는 아버지의 망설임.

나는 머릿속으로 그 날 해야 할 일이 있나 생각해봤다. 딱히 계획된 일이 없다. 내일은 꼭 갈게요, 아버지. 했다. 아버지께선 한동안 말이 없으셨다. 그러다가 또 갑자기. 좋아하는 음식이 뭐냐. 아직도 김치전이랑 좋아하냐? 하셨다. 나는 잠시 고민하다 뭐든 좋다. 고 했다. 그리곤 전화를 끊었다.

평일임에도 불구하고 기차는 붐볐다. 주말이 가까 온 탓이었다. 다행히 내 옆자리는 비어 있었다. 나는 내 자리에 앉아 빈 옆자리에 가방을 올려놨다.

기차는 곧 출발했다. 핸드폰을 들여다봤다. 지금은 오전 아홉시. 아버지와 통화했던 시간은 어제 오후 아홉시. 아버지의 '정말, 올거냐?' 했던 말과 '바쁘면, 오지 말그라.' 했던 말이 떠오른다.

문득, 삼 년 전에 나와 다투고 '다신 오지 말거라!' 하셨던 아버지의 말도 떠오른다. 생각해보면 그것은 아주 사소한 말다툼이었는데.

그 달 업무실적이 좋지 않아 태도 경고를 받은 나. 바로 다음 날에 명절을 쇠러 아버지께 갔었다. 아버지께선 유난히 지쳐있는 내 모습이 못내 안쓰러웠는지 힘든데 뭐 하러 여기까지 왔냐. 고 하셨고, 그 말을 들은 나는 왜 찾아온 딸한테 그런 소릴 하냐며 아버지께 성질을 냈다. 솔직히 지금 생각해도 화낼 일은 결코 아니었는데. 쌓였던 짜증은 아버지께 다 풀어버렸던 것이다. 그렇게 시종일관 무표정으로 일관하던 아버지께서 마지막엔 그렇게 소리를 지르고 나가버리신 것이었다. 그 후에 나는 울면서 올라와버렸는데.
 혹시, 아버지께선 내가 지난 삼년동안 시골에 내려가지 않은 이유를 그것 때문이라고 생각하실까. 정말 그것 때문이라고 생각하실까. 그래서 하시는 말마다 망설임이 가득했던 걸까.
 느리게 움직이던 세상이 점점 빠르게 달린다. 내가 향하는 곳과 반대로 향하는 이 세상. 한계점에 도착했는지 세상은 일정한 속도로 달린다.
 아버지께 가려면 아직 멀었다. 그 때까지 무엇을 해야 할까. 마땅히 할 것도 없고. 어제부터 휴가를 받은 터라 피곤하지도 않았다. 결국 집에서 챙겨온 책을 꺼낸다. 친구의 강요로 구입한 책. 이 책의 제목은 엄마를 부탁해.
 엄마를 잃어버린 가족의 이야기. 첫 장의 중심인물은 큰 딸. 큰 딸은 글을 쓰는 사람 같다.
 막힘없이 책을 읽어나가지만, 그냥 머리로만 이해될 뿐. 마음에 와 닿지 못한다. 엄마라니. 나에겐 너무 생소한 단어다. 이 세상엔 엄마라는 존재를 소재로 한 책이 왜 이렇게나 많을까. 이런 생각을 하며, 결국엔 책을 덮는다.
 그래도 책을 읽은 덕분인지 시간이 삼십분 정도 지났다. 하지만 여전히 아버지께 가는 길은 한참이나 남았다. 읽을 만 한건 이 책뿐이고. 딱히 달리 할 것도 없다. 지루한 심정으로 창밖만 본다. 창밖은 여전히 일정한 속도로. 반대로, 반대로, 달려간다.
 한 역에 도착했다. 세상은 잠시 달리기를 멈춘다. 내가 몸을 실은 기차와 멈춰버린 세상이 맞닿는다. 여기에서 어떤 사람들은 기차에 오른다. 또 어떤 사람들은 기차에서 내린다. 부품을 교환하듯. 사람들이 착착 바뀌어 진다. 그리고 내 옆에 어떤 백발의 노인이 멈추어 선다.
 그 노인은 나에게 아가씨, 여기 내 자리 아니유? 했다. 나는 얼른 가방을 치웠다. 그 노인은 자신의 자리에 풀썩 앉는다. 한시도 서있을 수 없는 사람처럼 푹 주저앉는다.

기차는 다시 출발했다. 세상은 또 달음박질을 시작한다. 그리고 옆에 앉아 있던 노인이 아가씨는 어디 가는감. 하며 말을 걸어온다. 나는 시골에 아버지 뵈러가요. 했다. 노인은 기분 좋게 허허허 웃는다. 그러다가 주머니에서 무얼 주섬주섬 꺼낸다. 낡은 사진 한 장이다. 노인은 나에게 요게 우리 딸내미여. 예쁘자? 하며 웃었다. 나는 사진을 들여다보는 노인을 쳐다봤다.

그러다 문득, 아버지를 떠올린다. 이 노인의 모습에서 내가 한 번도 보지 못한 아버지의 모습을 떠올린다. 내 사진을 항상 가지고 다니시는 아버지. 모르는 사람에게 아가씨 이게 우리 딸이여, 예쁘게 생겼지? 하는 아버지. 기분 좋게 하하하 하며 웃으시는 아버지.

이것은 내가 한 번도 보지 못한 아버지의 모습이다. 하지만 아버지의 그런 모습을 떠올리는 게 별로 어색하게 느껴지지 않는다. 내 생각 속 아버지께서 늙어버린 탓인가. 분명 지난 삼년동안 아버지께선 많이 늙으셨겠지. 흰머리도 늘어나고, 얼굴에 주름도 늘어났을 것이다. 딸 사진을 보며 좋아하는 이 노인의 모습과 아버지의 망설임 섞인 말들이 그것을 말해주고 있었다.

노인은 갑자기 훌쩍거렸다. 그리곤 딸이 멀리 유학을 가서 못 만난다. 고 했다. 나는 얼마나 못 보셨어요. 하고 물었다. 노인은 머릿속으로 지난시간을 헤아려 보더니 삼년 정도 됐다. 고 했다. 삼년. 나는 그냥 고개를 끄덕였다. 노인은 그런 내 쪽은 보지도 않고 혼자 중얼중얼 했다. 사진 속 딸에게 말을 거는 것 같았다. 그리고는 곧 잠들어 버렸다.

유학을 가서 삼년동안 아버지를 만나지 못한 노인의 딸과 바쁘다는 이유로 지난 삼년 동안 아버지께 찾아가지 않았던 나. 노인의 딸과 나는 뭐가 다른 것일까. 아니, 다른 게 있기는 할까? 어떤 이유에서든지 그녀와 나는 자신의 아버지를 혼자 두었다.

아버지께선 이 노인처럼 나를 기다리셨을까? 올해도 못가요, 아버지. 했을 때 어떤 표정을 지으셨을까. 내가 없던 지난 삼년의 공백은 아버지께 어떤 시간들 이었을까. 그 시간들을 외로움으로 채우셨을까. 아니면 무덤덤하게 지내오셨을까.

　미동도 없이 자고 있는 노인의 얼굴을 본다. 고단한 표정으로 잠이든 노인의 얼굴을 본다. 딸에 대한 그리움마저 고단해 보이는 노인의 얼굴을 본다. 아버지께서는 주무실 때 어떤 얼굴이었던가. 이렇게 고단한 얼굴이었던가.

　잠들어 있던 노인은 세 번째 역을 지날 때 깨어났다. 그리고 네 번째 역에 도착했을 때 자리에서 일어났다. 나는 노인이 짐 드는 것을 거들었다. 노인은 내리기 바로 전 주머니에서 꼬깃한 만 원짜리 지폐 한 장을 꺼내어 내 손에 쥐어주었다. 노인은 우리 딸내미 생각이 나서 그려. 했다. 나는 한사코 거부했으나, 끝내 노인의 고집을 꺾을 수 없었다. 그렇게 노인은 혼자서 세상 속으로 몸을 실었다.

　기차가 다시 출발한다. 창밖으로 멀어지는 노인이 보인다. 내가와 반대로 가는 세상 속에 서있는 노인이 보인다. 내 손에 들린 꼬깃한 만 원짜리 지폐 한 장도 보인다.

　나는 자리로 돌아와 앉았다. 이젠 옆 자리가 비어있다. 그럼에도 난 가방을 내려놓지 못한다. 대신 노인이 있던 자리에 아버지를 앉힌다. 그리고 내가 아버지를 모르는 낯선 여자가 되어 앉아본다. 이제 낯선 여자가 된 내 옆에, 딸 사진을 꺼내보는 아버지. 딸 자랑을 하는 아버지. 주머니에 꼬깃한 만 원짜리 지폐 한 장이 들어있는 아버지. 삼년이란 공백을 생각하며 눈물짓는 아버지. 그렇게 기차에 몸을 실은 아버지를.

　생각해 본다.

　아버지께선 철도 정비사셨다. 그것도 정식 정비사가 아닌, 보조기사. 하지만 나는 중학생이 되기 전까지 아버지께서 차장인 줄 알았다. 그래서 기차를 타고 싶다고 아버지께 얼마나 졸랐었던지. 아빠가 일하는 모습을 보고 싶다는 핑계를 댔던 초등학생의 나. 아빠는 차장이니까 아빠 기차를 타고 싶다고 억지 쓰던 그때의 나. 그랬을 때 아버지께서는 어떤 표정을 지었던가. 당황한 표정이었던가. 무표정이었던가. 아니면 화난 표정이었던가. 잘 기억나지 않지만 아버지께선 내 시선을 피하셨던 것 같다.

결국 아버지께선 나를 데리고 철도 정비소로 갔다. 그곳엔 달리는 기차도 아닌. 멋진 기차도 아닌. 정비중인 낡은 기차. 그 기차 하나만 있었다.

그때 아버지께서는 조심스럽게 나를 데리고 그 기차 안으로 들어가셨다. 처음 올라보는 기차에, 신기하다고 좋아하던 나. 아버지는 그런 나를 보며 무슨 생각을 하셨을까. 아버지께선 나를 데리고 차장실까지 가셨다. 차장실이 마냥 신기하기만 했던 나. 그런 곳에서 일하시는 아버지를 정말 대단하다고 생각했던 나. 아버지의 손을 꼭 잡고 아빠, 아빠가 이거 움직이는 거예요? 정말 아빠는 대단해요! 했을 때. 나를 향해 지어주신 아버지의 미소.

물론 중학생이 된 그 다음해. 부모님 직업에 '철도 정비사'라는 글씨를 꾹꾹 눌러쓰고 나서, 아버지께서 차장이 아니라는 사실을 알게 되었지만. 그날의 벅찬 마음도. 나를 향해 있던 아버지의 미소도. 지금까지 선명하다.

생각해보면 아버지께서 차장인 줄 알았던 초등학생 때도. 아버지의 진짜 직업을 알게 된 중학생 때도. 그리고 지금도. 어떤 사실과는 상관없이 내 마음속 아버지는 여전히 차장이시고, 그 때의 낡은 기차도 여전히 아버지의 기차인 것이다.

내 손에 쥐어진 지폐 한 장. 그리고 아버지의 기차. 이것들은 나를 눈물짓게 만든다. 아버지를 떠올리게 만든다.

결국 나는 울컥. 고개를 숙인다. 그렇게 뜨거운 것이 톡. 지폐위에 한 방울이 톡.

떨어진다.

아버지가 계신 곳이 이 기차의 종점.

바다가 있는 나의 고향.

가방을 들고 기차에서 내린다. 멈추면 금세 출발하던 기차도 이젠 제 자리를 지키고 있다. 시간은 어느덧 오후 두 시를 가리킨다. 시내버스를 타고 집까지 가려면 아직 삼십분은 더 걸린다. 그렇게 되면 점심을 하기엔 너무 늦은 시간. 아버지께는 점심시간에 맞춰 가겠다고 했는데. 함께 점심식사를 하자고 했는데. 생각보다 늦어버렸다. 이 시간까지 아버지께서 식사를 하지 않으셨을까. 내가 올 때까지 아버지께선 나를 기다리고 계실까. 삼년 만에 찾아가는 딸과 함께 늦은 점심을 먹기 위해 기다리고 계실까.

역 근처 버스 정류장에 선다. 지갑을 찾아 가방을 뒤적거리다가, 아버지 생신 선물로 챙겨둔 봉투를 본다. 그 봉투 안에 들어있는 빳빳한 만원짜리지폐. 삼십 장. 딱히 드릴 게 없어 고민 않고 넣은 삼십 만원. 아버지께서 어떤 것을 좋아하시는지. 어떤 게 필요한지. 심지어 어떤 옷을 입으시는지. 딱히 아는 게 없어 돈으로 준비한 생신선물.

생각해보면 아버지와 나는 똑같이 십구 년을 함께 살았는데. 나는 아버지께서 무엇을 좋아하시는지 아무것도 모른다. 아버지께선 아직도 내가 김치전을 좋아하느냐 물었다. 내가 좋아하는 게 뭔지 그 작은 것도 기억하신다.

원래 세상의 모든 아버지와 딸이 이런 것일까. 아니면 내가 아버지께 소홀했던 것인가. 그것도 아니라면 유독 아버지께서 내게 관심이 많은 것인가. 아버지에 대한 생각이 꼬리에 꼬리를 물고 끝없이 이어진다.

시내버스가 도착했다. 나는 버스에 돈을 넣고 맨 뒷자리에 앉았다. 버스에는 아무도 없었다. 시골집은 이 버스의 종점이다. 아버지께 가기 위해서는 뭐든 끝까지 가야만 했다. 정해진 일정도. 기차를 타는 것도. 버스를 타는 것도. 내 생각도. 어쩌면 이것은 내가 지난 삼년 동안 아버지께 쉽게 찾아가지 못한 수많은 이유 중에 하나일지도 모른다.

버스가 다섯 정거장쯤 지났을 때 승객이 넷으로 늘었다. 어떤 노부부와 할아버지 한 분

그리고 나. 노부부는 서로를 의지하며 버스에 오른다. 한 분의 할아버지께서는 노부부 근처에 혼자 앉아 멀리 바다를 바라본다. 할아버지의 뒷모습은 쓸쓸해 보인다. 할아버지께서는 어째서 혼자 이 버스에 오르게 됐을까. 할아버지께선 집에서 기다리고 있는 아내가 있을까. 아니면 아버지처럼 혼자 계신 것일까. 새삼 엄마는 왜 그렇게 일찍 돌아가셨을까. 지금까지 살아 계시다면 아버지께서 덜 외로우셨을 텐데. 하는 생각을 한다.

할아버지의 등이 많이 굽어있다. 그 할아버지의 구부러진 등을 보다가 또 아버지 생각을 한다. 아버지께서 젊으셨을 때는(내가 어렸을 때) 허리가 반듯하고, 인상이 바르게 생긴 사람이셨다. 하지만 나이를 더해갈수록 아버지의 허리는 심하게 굽고, 얼굴은 무너지고 계셨다. 그렇다면 아버지께서도 의자에 앉을 때마저 저렇게 허리를 굽히고 계신다는 건가.

머리가 지끈 거린다. 하루종일 아버지에 대한 생각으로 머리가 뒤죽박죽이다. 생각하면 생각할수록 자책감은 커지고, 이상한 기분이 된다. 곧 아버지께 도착한다. 이 이상으로 아버지에 대한 생각에 빠지게 되면, 나는 오늘. 아버지를 만날 수 없을 것 같다. 파란 지붕의 집 앞에서. 칠이 벗겨진 파란 대문 앞에서. 아버지를 뵙지 못하고 돌아설 수밖에 없을 것 같다.

아버지께 도착하기 바로 두 정거장 전. 노부부와 한 분의 할아버지께선 모두 버스에서 내리셨다. 내릴 때도 노부부는 서로 의존하고 있었지만, 할아버지께선 혼자 무거운 걸음을 놓으셨다.

이제 바로 한 정거장 전. 저 멀리 아버지가 계신 파란 지붕이 보인다. 속이 두근두근 거린다. 알 수 없는 긴장감.

버스가 집 앞에 도착했다. 속도가 점점 줄어들고. 이내 완전히 정차한 버스의 뒷문이 열린다. 나는 가만히 앉아서 창문으로 아버지가 계신 집을 본다. 버스기사 아저씨는 어서 내리라는 재촉도 하지 않는다. 그저 가만히 뒷문을 열어놓고 있을 뿐이다. 언제든 아버지께

가라고. 언제든 아버지께 가도 좋다고. 말하는 것처럼. 그렇게 문을 열어놓고 있다.

나는 천천히 버스에서 내린다. 버스는 천천히 움직여 종점이 아닌 목적지로 간다. 여운을 남기며 천천히 간다. 나는 가만히 서서 아버지가 계신 집을 본다. 파란지붕의 집. 어린 시절의 내가 있고, 젊은 시절의 아버지와 지금의 아버지께서 함께 계신 집. 여기까지 오는 게 왜 이렇게 힘들고 오래 걸렸는지.

주머니에 있는 꼬깃한 지폐 한 장을 만진다. 그리곤 천천히. 버스처럼 급하지 않게. 천천히 걸어 문 앞까지 온다. 파란 페인트가 거의 다 벗겨진 대문. 대문은 살짝 열려있다.

살짝 열린 문 사이로 누군가의 뒷모습이 보인다. 기다란 나무 빗자루를 들고 있는 사람. 익숙한 그 뒷모습. 많이 늙어버린 그 뒷모습. 아버지.

아버지 옆으로 조그만 밥상이 보인다. 밥상엔 반찬과 밥과 국이 가지런히 놓여있다. 아버지께선 삼년 만에 찾아온 나와 함께 늦은 점심을 먹기 위해 기다리고 계셨다.

나는 문에서 한 발자국 뒤로 물러났다.

이제 삼년만의 공백을 깨고 아버지께 가야할 차례다. 아버지를 보면 제일 먼저 어떤 말을 해야 할까. 아버지께선 나를 보면 제일 먼저 무슨 말을 하실까.

나는 천천히 문을 밀었다. 끼이익. 하는 소리와 함께 문이 열린다. 이제 완전히 보이는 아버지의 뒷모습. 그리고 작은 점심 밥상. 문 여는 소리에 비질을 멈추고 천천히 뒤돌아보시는 아버지.

나는 지난 삼년을. 노인의 지폐를. 아버지의 기차를 생각하며. 집 안으로 한발자국 발을 들여놓는다. 아버지께로 한발자국.

다가간다.

 동상

올 라이트

이 희 진
(경북여자상업고등학교 3학년)

모두 다 아니라고 했을 때 나도 아니라고 했어야 했다. 이런 날, 이렇게 후회가 드는 날 나는 뭘 어떻게 하면 좋은 걸까. 하지만 나는 깨닫고야 만다. 후회하거나, 후회하지 않거나 과거에 대한 내 마음의 모양이 어떻든 365일 언제나 둥그런 지구는 잘 돌아가고 있다는 것만 선명하게 머릿속에 각인 될 뿐이다. 자조 섞인 한숨을 쉬는 동시에 가방 안에 물티슈를 꺼내 빵가루가 묻은 입술을 닦았다. 아메리카노 두 잔 앞에 현이의 얼굴이 보인다. 그녀는 나의 오래된 친구이자 가까운 사이다. 고등학교 때 처음으로 만나 지금까지 계속 함께 해 오고 있다. 우리는 어제 삼년 동안 다니던 여고를 무사히 졸업했다. 그 사실만으로 무언가가 속에서 헤엄가슴 치고 있다는 게 어떤 의미인 걸까. 현이 제 앞에 블루베리무스 케이크를 한 스푼 떠먹는다. 얼굴이 오목조목한 현은 게다가 이목구비도 뚜렷해서 졸업하기 전까지도 남자들의 눈길을 한 몸에 받았었다. 그러나 정작 현은 이성에는 관심이 없다. 더 정밀히 말하자면 이성에 대해 굉장히 보수적이고 철저한 편이다. 그래서 놀랍도록 여태 자기 자신에게만 투자해 왔고 그런 시간을 즐겼다. 현이 크림이 묻은 스푼을 내려놓았다.

"어때, 맛있어?"

"응. 여기 오길 잘 했지?"

능청맞으면서도 내성적이고 단순한 듯하면서도 까다로운. 미워하지 않을 수 없는 사랑스러운 현이다. 이것이 그녀의 장점이자 매력이고 또 단점이자 약점이다. 모든 사람들이 그렇듯 자신의 장점과 단점은 늘 공유되고 얽혀있기 마련이다. 뫼비우스의 띠처럼. 아마 그래서 모든 사람들이 나 자신을 온전히 받아들이지 못하는 걸 거다.

"이제 그토록 바랐던 스물이네."

"아직 생일 안 지나서 아니야."

"아무튼, 우리 정말 무사히 졸업했네."

"졸업해서 정말 다행이다."

"지구가 멈추지 않는 이상 졸업식은 해야만 되는 건데 뭐."

"수우 두우 비."

"그래도 나는 왠지 못할 것 같았거든. 왜 정말 간절히 바라고 그러면 시간이 더 안가고 멈춰 버릴 것 같잖아."

"그야 그렇지. 시험 날처럼. 흐 헤헤."

저 가벼운 웃음은 나의 쓸쓸함을 대변하려는 취조의 행동이다. 긴장 좀 풀어 라는 말을 하지 않고서 내게 힘을 주는 현은 삼년 동안 항상 그래왔었다. 어제까지도.

졸업식 날에는 그저 무덤덤하기만 했다. 꽃다발을 들고 교문을 나가면서 그제야 잡고 있던 끈을 놓은 것과 동시에 그것과는 다르게 더 탄탄하고 굵은 끈으로 바꾸어 잡는 느낌이 들었다. 마냥 무겁지만은 않았지만 그렇다고 즐거워하거나 기쁘다는 건 아니다. 교통비가 삼백 원 늘어나고 휴대폰요금이 할인되지 않는다는 것쯤은 알고 있다. 걱정이 많은 나는 늘 지하철을 타고 내리면서 언젠가는 요금을 더 내야하겠지 하면서 생각해왔다. 그래도

가고 싶은 곳을 마음대로 갈 수 있으며 제한되는 게 없다. 나를 둘러싸고 있는 벽이 없어지는 대신 추가로 막아줄 수 있는 것도 사라진다. 어쩌면 지금 내 앞의 현도 그렇게 생각하고 있을 것이다.

"오늘은 이만 여기서 헤어질까?"

"그래. 주말 잘 보내고 연락할게."

"응. 조심해서 들어가."

베이지색 나비문양이 그려진 현의 플랫슈즈가 앙증맞게 스텝을 밟는다. 그녀가 역 안으로 들어갈 때까지 기다렸다가 돌아서서 집으로 가는 길 쪽으로 방향을 틀었다.

집으로 들어오는 길에 음료수와 요기 거리를 사들고 들어왔다. 현관문을 열자 머쓱하게 남동생이 서 있다.

"집에 있었어? 연락도 없더니. 오늘 할머니 집에 간다고 그러지 않았어?"

"나만 안 갔어."

은우가 퉁명스럽게 대답했다. 소매가 파란 긴팔티셔츠에 회색 면바지를 입고 있는 걸 보니 캐주얼한 영락없는 고등학생 이학년이다.

"그래? 밥은?"

"대충 라면으로 때웠는데. 저녁 먹고 들어온 거야?"

"어. 현이랑 같이 먹었어."

알았다는 듯이 내 어깨의 가방 끈을 당기더니 소파에 가방을 슬그머니 내려놓았다.

연년생인 덕분에 어릴 적에는 은우와 많이 싸웠었다. 말도 안 되는 사소한 것들로 틈만 나면 서로 얼굴을 붉히고 방문을 쾅쾅 닫던 일이 매사였다. 그중 하나로 역사적인 사건이 하나 있었는데 그때 은우가 중학교 일학년이었고 나는 중학교 이학년이었다. 우리는 서로 다른 중학교에 다녔었고 서로에게는 각자 친한 친구가 있었다. 그날은 내 생일이었는데 은우의 생일이기도 했다. 내 생일은 양력으로 1월 15일이고 은우도 1월 15일이다.

엄마가 연희 넌 한 살 많으니까 양보하고 하루만 미뤄서 하라고 말했었다. 그냥 양보하면 될 걸 별 것 아닌 일로 민감하게 반응했다. 그래서 그날 내 생일파티에 온 친구들과 은우의 친구가 겹쳐져 버렸고 하는 수 없이 집에서 그나마 가장 넓은 거실을 반씩 나눠 생일파티를 했었다. 아직도 그 날을 생각하면 자다가도 웃음이 난다. 대체 왜 그랬던 걸까 하고.

뭐 그것 말고도 많은 일이 있었다. 초등학교 때 수업이 끝나고 집에 누가 빨리 도착하나 같은 유치한 내기 같은 걸로도 많이 싸웠었다. 명절 때 친척을 보게 되면 모두다 약속이라도 한 듯 우리를 보고 놀라워하며 칭찬한다. 어릴 때 그렇게 별나던 너희들이 이렇게 컸냐는 둥, 서로 죽일 듯 노려보더니 죽고 못 사는 남매가 되었다며 화통하게 웃던 큰삼촌도 계신다. 옷을 갈아입고 나와 냉장고 문을 열어 물을 꺼냈다. 잔에 물을 따르자 경쾌한 소리가 났다.

"아 살 것 같다."

"밖에 나가서 물도 못 마셨어?"

고개를 내 쪽으로 돌린 은우가 퉁명스럽게 말을 던진다.

"아니 마셨지. 그냥 갑자기 갈증 나서. 근데 그렇게 티브이 보고 있어도 돼? 이제 고3인데 공부해야지."

은우가 비소를 날리더니 다시 티브이 쪽으로 고개를 돌렸다.

"아니 내 말은 어제까지만 해도 고등학생이었던 내가 지금은 아니잖아. 그러니까 지난날의 소중함을 더 잘 안다는 거지."

"그래서 졸업한 소감이 어때?"

"아무튼 사람들은 졸업 전에는 한참 기다리더니 졸업 후에는 졸업한 소감 묻기 바쁘다니까. 그것도 아주 쓸쓸하다는 듯.”

내 말에 동의한다는 듯 웃더니 맞아 맞아 라고 중얼거리며 고개를 끄덕였다.

"오지랖이 넓어서 그래.”

공감대를 형성한 은우 옆에 자리를 잡고 앉았다. 티브이에서는 여주인공이 자신을 떠나간 과거의 옛 남자와의 재회로 인해 자신의 현재를 잃어버리고 혼란에 빠져 허둥대고 있는 내용의 주말미니시리즈가 나오고 있다. 무릎위에 포장 해온 치킨 볼을 집어 입에 넣었다.

"저 여자는 왜 저럴까?”

한참 눈에 불을 켜 집중해서 보던 은우가 내게 넌지시 말을 던졌다.

"뭐가?”

"그렇잖아. 이미 끝난 사이인데 왜 저렇게 혼란해 해?”

"남자가 문제지. 봐봐 만났으면 그냥 스쳐 지나가면 될 걸 굳이 인사까지 하고 다시 시작할 수 없겠느냐는 그런 말을 하잖아. 그리고 저 남자 바람둥이잖아. 원래 여자들은 사소한 거에 더 민감하고 그래. 큰 일 보다는……."

만족스럽다는 뉘앙스의 말을 하고는 다시 조용해졌다.

"내일 주말인데 약속 없어? 약속 없으면 영화 보러 갈래?”

"요즘 볼만한 게 있던가.”

번화가로 나와 보니 은우와 함께 영화 본지도 조금은 오래 된 것도 같다. 아마 마지막으로 같이 밥 먹으러 나온 게 작년 7월이었으니.

아직 차가운 바람이 부는 때라 밖은 추웠다. 우리는 얼른 실내로 들어왔다. 언제나 와 같이 점심을 먼저 먹고 영화를 보기로 했다. 스크린에서 멀리 떨어진 중간쯤 되는 좌석에 앉고 나서야 안도감이 들었다. 광고가 시작되자 은우가 낮은 목소리로 내게 물었다.
"볼만 해?"
"넌 진짜 감성이란 건 없는 거야? 영화는 볼만한 게 아니라 작품이라고. 작품성을 좀 느껴봐."
"작품성? 알았어. 내가 작품을 진지하게 느껴보도록 하지."
장난스러운 은우의 말에 나도 모르게 실소를 터트렸다. 영화는 금방 시작되었고 조용해졌다. 숨소리마저 소음으로 들려지는 영화상영관에서 나는 숨죽이고 영화에 집중했다.
영화가 끝남과 동시에 엔딩 크레디트가 올라가고 사람들도 출구로 하나 둘씩 나가기 시작했다. 그 틈에 끼여 우리도 걸어 나왔다. 휴대폰 시계를 보자 거의 시계 침이 저녁을 향해가고 있었다. 저녁을 밖에서 먹을지, 집에서 먹을지 고민 끝에 집에서 먹기로 했다.
"그럼 나온 김에 장보고 들어가자."

마트에 들어오자 주말이라 사람이 많았다. 우리는 카트기를 밀면서 식품코너에 들어왔다. 은우는 낱개초밥을 상자에 반듯하게 넣고, 나는 두부를 사서 된장찌개를 해 먹을까 하다가 은우가 미역국을 먹고 싶다고 해서 미역을 카트기에 담았다. 장조림재료로 메추리알과 소고기 조금을 사고 그 뒤에 김, 바나나, 참치, 우유, 요구르트 등을 카트기에 담았다. 계산대로 향하는 동시에 전화벨이 울렸다.
"여보세요."
"뭐해?"
수화기 너머로 현의 차분한 목소리가 귀를 간질인다.
"은우랑 마트 장보러 왔어. 저녁은?"
"응. 오늘 가족이랑 외식했어. 저녁 아직 안 먹었구나."

"은우랑 루키보고 오는 길인데 저녁은 집에서 먹으려고 마트 들렀어."
"멋지네. 바쁜 것 같으니까 나중에 할랑할 때 연락 줘 통화하자."
"엉."

은우가 짐의 절반이상을 들고 와서 이마에 땀이 성글성글 매달려있다. 등은 땀이 흥건하게 젖어있었다. 도착하자마자 손과 발을 씻고 저녁준비를 했다. 저녁을 먹고 나서는 미루지 않고 설거지를 끝냈다. 지금은 장조림을 만들기 위해 메추리알을 깔 준비를 하고 있다.
샤워를 마친 은우가 젖은 머리칼을 수건으로 감싸면서 내 옆으로 와서 일을 거들었다.
"놔둬. 내가 할게."
"누나, 대학은 괜찮아?"
"뭐가."
"등록금 때문에 못 가는 거잖아. 안 가는 게 아니라."
갑자기 얼굴이 화끈거렸다. 은우도 사실은 알고 있었던 거다. 말은 별로 가고 싶지 않아서라고 했지만 사실은 아니었다. 아빠가 15년 동안 다녔던 회사사정으로 인해 일을 그만두게 되신 바람에 지금은 엄마와 아빠가 음식점을 하고 있다. 빠듯한 경제사정을 잘 알고 있는 나는 대학등록금을 내달라는 말을 할 수가 없었다. 학자금대출을 생각해봤지만 그것도 그것대로 문제이고, 그래서 잠시 휴식을 갖는 것으로 생각하고 아르바이트로 돈을 모아서 가는 게 가장 좋을 것 같다고 판단을 내렸었다.
"아니야. 정말 아니야."
"미안해 누나."
"무슨 소리하고 있어. 아니라니깐. 걱정 하지 마."

눈물이 날 것 같아서 눈을 아래로 내리깔았다. 조용한 늦은 밤, 우리 집에는 지금 메추리 알 껍질 벗기는 소리만 들린다. 슬그머니 고개를 돌리자 은우의 눈가가 촉촉했다. 그래야만 하는 은우의 모습에 나는 마음이 아프다.

목욕을 하고 나서 잠깐 은우의 방에 들어갔다. 은우는 곤히 잠들어 있었다.
조심스럽게 본체전원을 누르고 부팅이 될 때까지 기다리면서 잠시 여러 생각들을 했다. 개인미니홈페이지에 오늘 본 영화리뷰를 적었다. 아르바이트 구인공고 홈페이지에 클릭해 이리저리 찾아보다가 은우가 깨지 않게 조심스럽게 컴퓨터를 껐다. 내 방으로 들어와서 이것저것 정리하다보니 새벽 세 시에야 잠이 들었다.
아침 일찍 눈이 뜨여서 씻고 집을 청소 할 준비를 하고 있는데 은우도 졸린 눈으로 방에서 나왔다. 이리저리 뻗친 머리카락인 모습으로 화장실로 들어갔다.

한 손으로 청소기를 돌리고 한 손으로는 탁자와 유리창을 닦았다. 깨끗해진 유리창을 보면서 왠지 내 영혼도 깨끗해 진 것만 같은 느낌이 든다. 욕실 너머로 변기 물 내리는 소리가 들리더니 은우가 튀어나왔다.
"뭐 먹을래?"
"어, 홍차 내려놨는데 마실래, 줄까?"
"저번 주에 만든 레몬홍차?"
사실 저번 주에 마트에서 레몬 두 개를 사서 홍차를 만들기 위해 담아 놨었다. 설탕과 레몬이면 충분히 만들 수 있는 건데 현과 은우가 많이 좋아했었다. 은우가 냉장고를 열더니 유리병을 꺼내 흔들며 말했다.
"엇, 조금밖에 안 남았네."

나중에 또 만들어 넣어 놓을 거라고 말한 뒤 청소기를 작동시켰다. 봄방학이 한창일 때라 은우는 여유를 만끽하면서 좀 더 차분해진 것 같다. 자신이 하고 싶었던 일도 여유롭게 하는 것도 같고 무엇보다 정서적으로 안정감을 많이 느끼는 듯하다. 아무래도 학교를 다닐 때에는 자신도 모르게 스트레스를 많이 받고 있다는 것을 많이 느끼게 되니까.

머리카락 반을 잡아 집게 핀으로 고정시키고 흰 블라우스와 검정색 청바지를 차례대로 입었다. 현관에서 신발을 신고 신발장 위 벽면에 걸려있는 거울로 옷매무새를 정리하고 밖으로 나갔다. 집은 역과 가깝게 위치해 있다. 그 덕에 역과 가까운 편의점에서 일할 수 있을 것 같다. 투명한 유리창을 열고 들어오자 젊은 남자가 서 있었다. 남자는 평범한 흑갈색 머리에 평범한 뿔테 안경을 쓰고 있었다.

"저, 전화 드리고 왔는데요. 면접."

"아, 네…, 잠시만요."

남자는 최신형 휴대폰으로 전화를 걸었다. 이내 전화기 너머로 중저음의 남자목소리가 들렸다. 중저음의 목소리의 남자와 통화하는 젊은 남자의 목소리도 중저음이었다. 누가 누구의 목소리인지 구별하기 어려울 만큼. 남자는 전화를 끊고 자연스럽게 말했다.

"지금 바로 오신대요. 앉아 계세요."

그러고는 자신의 왼쪽 옆 플라스틱 원형 의자를 가리켰다. 앉은 지 일 분쯤 지났을까 어깨에 살짝 닿는 정도의 단발에 키가 조금 작은 여자가 들어왔다. 내게 미소를 지어 보인다. 가벼운 미소였지만 현처럼 남자라면 누구나 넋을 잃고 마는 매력적인 미소였다.

"사장님이 일이 있으셔서 제가 대신 왔어요. 여자의 목소리는 얇고 여성스러웠다."

"이력서는 가지고 오셨어요?"

이력서와 등본이 든 플라스틱 파일을 내 밀었다. 꼼꼼하고 세심한 눈길로 살피더니 나를 바라보며 말했다.

"학력에 고등학교만 적으셨네요. 대학을 지금 안 다니시나 봐요."
"네."
"졸업 한 지 얼마 안 돼서 걱정이 되는데요. 괜찮으시겠어요?"
"네. 학교 다닐 때 잠깐 아르바이트를 한 적이 있어요."
　나는 최대한 자신 있게 대답했다. 여자가 차분하게 숨을 골랐다. 그리고는 한 박자 쉬고 내게 대답했다.
"좋아요. 그럼 내일부터 나오세요. 승일아 여기는 송연희 씨라고 내일부터 일 하게 될 거야. 넌 야간이니까 일주일만 고생해서 좀 가르쳐줘."
　젊은 남자의 대답에 방긋 미소를 짓고는 내게 눈인사를 했다. 여자가 나가고 젊은 남자가 나를 불렀다.

"네?"
"내일부터 나오시면 되는데요. 오늘 조금만 배우고 가세요."
　남자는 계산대에 있는 'POS' 시스템과 물건정리, 기본적인 것을 내게 설명했다. 난생 처음 해 보는 계산일을 하려고 생각하자 어지러워졌다. 학교에서 배우는 것과는 다른 것. 사람들이 융통성 있게 행동 하라고 하는 의미는 모든 것에 완벽한 것을 이야기 하는 걸까.
"아시겠어요?"
"네, 조금은요."
"그럼 이제 가 보세요. 내일 시간 맞춰서 오세요."
　나는 젊은 남자의 말에 대답했다. 내 귀에 내 말이 친절하다 못해 비굴하게 들렸다. 제발 그렇게 안 들렸기를 애써 위로 해 본다. 다시 투명한 유리문을 밀고 나왔다. 오늘 같은 날 현과 함께 있고 싶다는 생각이 든다. 현의 전화번호를 꾹꾹 눌렀다.

"여보세요?"
수업 중인지 현이 속삭였다.
"현아."
"어. 왜? 수업 중인데 무슨 일이야?"
"어… 오늘 만날 수 있어? 수업 언제 끝나?"
"아직 수업 많이 남았는데…, 할 수 없지 이따 이것만 듣고 전화할게."
"그래 역 앞 카페에 있을 게. 두보 노에."
 전화를 끊고 카페로 들어갔다. 주문대 앞에 서서 프라페와 스무 디를 번갈아 보며 고민했다. 결국 피치 스무 디를 주문했다. 구석 진 곳으로 자리 잡고 앉아 휴대폰과 가방을 내려놓고 스무 디를 떠먹었다. 스무 디가 반이 줄어들고 볼이 발그레 진 현이 들어왔다.
"왜 그래. 뛰어왔어?"
"응. 기다릴까봐."
 현이 테이블 위 왼팔에 올려놓은 책을 내려놓으며 말했다.
"천천히 와도 되는데."
 나도 모르고 대답이 힘없이 흘러나와서 현이 놀란 눈치다.
"왜, 면접 잘 못 봤어? 힘이 왜 이렇게 없어."
"아니, 잘 봤어. 뭐 마실래?"
"졸업을 해도 식성은 변함이 없네. 피치 스무 디 라…, 깜찍하다."
 정말 깜찍한 건 내가 아니라 현인데 단어의 주인공이 그렇게 이야기하자 나도 모르게 무안 해졌다.
"주문하고 올게."
 현이 발랄하게 얘기했다. 돌아온 현의 받침대 위에는 녹차 프라페가 있었다. 자리에 앉은 현이 프라페를 마시며 천천히 얘기했다. 얼굴이 발그레져 있어 그런지 전보다 더 앳돼 보였다. 대학생 일학년으로서 권리와 의무를 행복하게 즐기고 있는 걸까. 마스카라를 칠했는지 숱이 많고 긴 속눈썹이 오늘따라 더 튀게 보였다. 카페에 들어올 때부터 현의 상아색 블라우스가 내 눈을 반짝거리게 만들었다. 현이 빨대를 유리 잔 옆에 두고 비스듬한 자세로 내 이름을 불렀다.
 "응. 왜?"
 "너 오늘 나 왜 불렀어? 내가 알아 맞춰볼까? 너 오늘 쓸쓸했던 거지."
 장난스러운 표정과 애교스러운 말투로 내게 말하고 있는 현은 언제나 변함이 없다.
 쓸쓸하다고 말하지도 않았는데 현은 나의 속사정을 다 알고 있었던 것이다. 잠시 생각해보면 삼년이라는 시간동안 우리는 생각보다 정말 가까운 사이가 되어 있었다. 가족처럼 늘 옆에 붙어서 감시하고 있는 것도 아닌데 말이다. 수업도 빼 먹고 이렇게 달려와 준 현에게 괜히 미안하고 고마운 감정이 엇갈려 교차했다.
 "그냥 좀 그랬어."
 "편의점 알바라고 했지? 몇 시 부터 해?"
 "오후 두 시에서 저녁에 끝나."
 "음. 괜찮네. 열심히 해봐. 넌 잘할 수 있을 거야. 분명."
 현이 자신의 일처럼 기뻐했다. 그 뒤 자신의 전공인 영어 책과 자습서를 보여주면서 내게 열심히 설명을 해댔다. 활기차고 생기 있는 목소리로 그렇게 행복해 하면서 떠들어 대는 현이 정말 부럽게 느껴졌다. 원서 접수 당시에 현은 내게 미안해 했었다. 내가 대학을 가지 못하는 게 자신 때문인 것처럼. 가고 싶던 대학에 붙은 현이었지만 내게 대학에 관한 일은 입 밖에도 꺼내지 않았다. 지금은 현도 나도 전혀 그런 것에 내색하지 않는다. 이런 사람이 있으면 저런 사람도 있는 거니까. 내게도 꿈이 없었던 것은 아니다. 꿈도 있었고 내가 원하는 대학도 있었다. 지금도 꿈도 있고 가고 싶은 대학도 있지만 어렵다는 것뿐이지 내가 꿈을 포기 할 만큼의 용기는 있는 것이 아니다. 언젠가는 나도 현처럼 될 수 있게 지금 현재에 충실하자는 다짐을 많이 한다. 슬며시 눈가에 힘을 주고 웃었다. 내 진심이 현에게 보였으면 좋겠다. 마른 목을 축이고 현에게 넌지시 말을 건넸다.
"고마워."
현이 무어라 얘기하려는 순간 현의 팔꿈치 옆에 있던 휴대폰이 반짝거렸다.
"미안 잠깐만. 여보 세요? 응."
전화를 받는 현의 모습이 어쩐 지 전보다 부쩍 어른스럽게 보인다. 현이 전화를 끊고 휴대폰을 조심히 내려놓았다.
"순철이 오빠."
순철오빠는 현의 오빠다. 얼마 전에 군복무를 마치고 집으로 들어왔다. 학교 다닐 때 가끔 비가 오는 날 순철오빠가 마중을 나오곤 했었다. 오빠가 있는 현이 굉장히 부러웠었다. 챙겨 주는 입장이 아니라 보호 받는 입장은 어떨지 궁금하다. 나보다 현은 걱정 따위 없어 보여서.
"있잖아, 연희야. 힘들지 않지?"
걱정스럽게 바라보며 현이 나긋한 목소리를 물었다.
"난 정말 너가 힘들지 않았으면 좋겠어. 괜찮은 거지?"
나는 괜찮다는 의미로 아이처럼 가만히 고개를 끄덕였다. 현의 얼굴에서 해가 저무는 풍경이 보였다. 내일 아르바이트를 걱정하면서 현이 집에 나를 들여보내고 바쁜 듯 택시에 올라탔다. 창문 너머로 손을 흔들며 인사하는 현의 얼굴이 햇볕에 반사되어 비쳤다. 비밀번호를 누르고 집에 들어오자 아무도 없었다. 슬펐지만 씩씩하게 해가 저물어서 붉은색과 검은색으로 덮인 거실 형광등 스위치를 눌렀다. '딱' 하고 소리가 났다. 나도 모르게 가슴이 쿵쾅쿵쾅 뛰었다. 티브이를 켜고 씻기 위해 욕실로 들어갔다. 그리고는 저녁 준비를 했다. 두부를 썰어 냄비 안에 투척하고 있는데 은우가 들어왔다.
"와 있었네."
"응. 방금 왔어. 어디 갔다 왔는데?"
"가게에."
잠시 당황해서 등을 돌린 채 은우에게 말했다.
"그래? 잘 있다 온 거야?"
"응."
은우가 담담하게 말했다. 방으로 들어가는 은우의 모습이 축 처져 보였다. 얼굴이 거뭇해진 것도 같다. 막내인데다가 모든 일에 스스로 알아서 하니 엄마, 아빠가 걱정은 없다고 말하셨다. 그러나 은우도 자신이 스스로 견뎌내기가 힘들 때가 많을 것이다. 내가 좀 더 멋진 누나라면 좋을 텐데. 가슴이 저려온다. 상 차리는 일을 은우가 도왔다. 저녁을 먹으면서 이런 저런 이야기를 했다. 뭐든지 잘 될 거라며 우리는 끝까지 웃음을 잃지 않으면서.
"안녕하세요."
"네. 안녕하세요."
형식적인 인사를 국어 책 읽듯 뱉어냈다. 평범한 젊은 남자는 어제보다 조금 더 친절했다.
그에게서는 민트와 라임이 섞여진 향기가 났다. 민트가 추출되어 있는 담배를 피우나 보다.
손님이 들어오면서 나는 긴장이 되기 시작하면서 종아리와 발목 사이에 힘이 들어갔다.
담배를 달라고 하는 손님으로부터 당황하여 이름도 다양한 것 중에 그것을 찾느라 허둥지둥 되자 자책하며 고개를 숙였다. 젊은 남자 그가 '여기 있습니다.' 라고 하며 파란 색

얇은 줄이 그려져 있는 담배 한 갑을 정중하게 건넸다. 손님이 나가고 나를 보며 친절하게 말했다.
"괜찮아요. 처음에 다들 어려워해요."
그 말에는 놀라울 만큼 진심이 담겨 있었다. 나는 가벼운 목례를 하고 고맙다는 말을 잊지 않았다. 손님이 하나 둘 늘어가면서 그와 함께 대화하는 시간이 늘어났다. 낮에도 사람이 꽤 많이 왔다. 저녁 여섯시부터가 사람이 가장 많다. 나는 박스에서 과자봉지를 하나씩 꺼내 진열을 했다. 그때 키가 크고 늘씬한 여자가 들어와 커피와 껌을 손에 쥔 뒤 계산대로 향했다. 바코드를 찍는 소리가 들렸다. 진지한 그의 얼굴도 보였다. 가까이서 봤을 때와 조금 다른 것 같기도 하다. 이름이 승일이라고 했지. 대학생인 걸까?
라면박스를 뜯고 있는데 그가 내 왼쪽으로 걸어왔다.
"안 힘들어요?"
"괜찮아요."
괜찮다고 말하자 그가 상자에 있는 라면 봉지를 꺼내 진열했다.
"새벽에도 일하신다고 하셨죠? 힘드시겠어요."
"아, 네. 그래도 돈은 더 많이 주니까요."
"대학생이세요?"
"네. 휴학 중이에요."
휴학생이었구나. 왠지 모르게 친근감이 들었다. 나는 다시 묵묵히 라면봉지를 꺼내 들었다.
그때 허벅지에서 진동이 느껴졌다. 주머니에서 휴대폰을 꺼내 보았다. 현이었다.
'일은 잘하고 있어? 난 정말 지겨운 수업 듣고 있는데. 좋겠다.^^*'
현의 다정다감한 목소리의 환청이 들렸다. 나는 전화기를 주머니에 넣고 빈 박스를 들었다. 유리창에 비친 내 얼굴을 보자 저녁이라 그런 지 피부가 촉촉해 보이는 것도 같다. 나도 모르게 나를 칭찬하고 있었다. 현에게 말했다면 좋은 거라고 칭찬했을 것이다. 현이야 말로 긍정적인 사고와 가치관을 가진 사람이니까.

퇴근시간이 다 되어가자 은우에게 문자가 왔다. 언제 오냐고 묻는 은우의 문자에 버튼을 꾹꾹 눌러 '금방' 이라고 찍었다. 승일이라는 남자에게 나는 고개를 숙여 인사를 했다.

"저 이만 가볼게요. 수고하세요. 아, 그리고 오늘 감사했어요."

"아니에요. 그럼 조심히 들어가세요."

그가 슬며시 웃어보였다. 나도 따라 슬며시 웃었지만 문을 열고 나와서 쓸쓸하게 후회가 섞여 한숨이 흘러나왔다. 내가 너무 바보 같지는 않았을지 하고.

집으로 들어가는 길에 퍼먹는 아이스크림을 샀다. 은우는 아이스크림을 많이 좋아한다. 어릴 때부터 아이스크림이라면 사족을 못 썼다. 집에 들어오자 은우가 티브이를 켜 놓은 채로 잠이 들어 있었다. 다리를 오른 쪽으로 접은 채로 불편하게 자고 있었다. 냉장고에 아이스크림을 넣고 옷을 갈아입기 위해 방으로 들어갔다. 오늘따라 내 모습이 피곤해 보인다.

그래도 힘내야한다는 말을 속으로 하면서 벗은 옷을 고이 접어 가지런히 놓았다. 은우가 깨지 않도록 조심스레 욕실 문을 열었다. 오늘의 고단함과 내일이 시작된다는 밀려드는 감정의 파도가 나를 씻어주고 있다. 잠자리에 들기 전에 알람을 맞춰 둔 휴대폰을 머리맡에 놓았다. 스멀스멀 나는 무의식으로 빠져들었다.

＊긴 글이어서 작품 전체를 수록하지 못합니다.
온전한 글은 문학사랑 카페 〈문학사랑 글짱들〉 청소년문학상 코너에서 읽어보세요.

비가 그쳤어요, 이제 나가봐요

고 명 수
(대전둔산여자고등학교 3학년)

빵– 빠앙–

처음 들었을 때 그것은 악기 소리라기보다는 자동차의 경적 소리에 가까웠다. 길거리를 걷다보면 흔히 들을 수 있는. 다만 그 두 소리에 차이점이 있었다면 경적 소리는 무언가를 경고하고, 끊어 내며 귀를 찢는 소리였지만 이 소리는 그 보다는 무언가를 호소하려는 듯, 마치 조금 더 나은 것을 창조해내려는 몸짓을 하고 있었나는 점이었다. 그러니까, 누군가가 경적을 울리시면 "별 거 아닌 일에 왜 빵빵 거리고 그러세요!", 라고 나는 아마 소리를 쳤겠지만, 이 소리에는 그런 뾰족한 외침은 나오지 않을 것 같았다. 듣기 싫더라도 어쩐지 가만히 앉아서 들어주고 싶은 그런 호소였다.

빠앙– 빵빵– 빠아앙–

그것을 처음 듣게 된 건, 약 이주일 전의 일이었다. 언제인가 기억이 정확하게 나지는 않지만 달력을 보아 대충 따져보건대 그 때 즈음이었던 것 같다.

나는 왜 아무 것도 호소하려고 하지 않았었는지?

내가 학원에 가는 길은 두 가지가 있다. 공원을 거쳐 가는 길과 지하보도를 지나는 길. 나는 기분에 따라서 그 두 길 중 하나를 선택해 걷곤 했다. 비가 오는 날이면 나는 언제나 지하보도를 지나는 방법을 골라 걸었다. 지하보도는 사실 외진 곳에 위치하기도 했고, 비가 오면 특히 더 어둡고 음습한 장소라 비오는 날에는 지나는 사람이 거의 없었다. 적막. 그렇지만 나는 깨물면 비린 맛이 나는 그 적막을 꽤나 좋아하는 편이었다.

　장마의 철이 열려 비가 쏟아지고 있었다. 끈적거림이 마음에 들진 않았지만, 그 시원하게 내리 붓는 풍경이 좋았다. 겉으로는 학원에 가야지, 하는 핑계로, 속으로는 그 빗속을 걷고 싶다는 마음으로 우산을 들고 집을 나섰다. 우산 위로 쏟아지는 빗소리가 마치 왈츠처럼 들려 기분이 퍽 즐거워 졌다. 갈래 길이 나왔을 때, 나는 익숙하게 지하보도 있는 길쪽을 택했다. 계단을 내려가고 있을 적이었나, 그것이 들려왔다.

　빠아앙 - 빠앙 -

　그곳에서 만나게 된 그것은 내가 즐기려 했던 적막을 덮어 버리고 있었다. 나는 계단을 뛰어 내려갔다. 내 비오는 날이 망쳐졌음은 확실했다. 나는 내 특권이 박탈당했다는 것에 입을 조금 쭉 내밀었다. 그러나 그 뿐이었다. 무언가 바라는 듯, 떠는 선율. 내가 그 소리에 이끌리지 않았다고 한다면 그것은 거짓말이었다. 막내 동생의 어린 피아노처럼 떨리고 아직 덜 여문 그런 연주였다.

　'이 지하보도에서 누가 혼자 트럼펫을 연주하고 있는 걸까?'

　어떤 감상과 짜증보다도 앞선 것은 어쩔 수 없는 궁금증과 신기함이었다.

　지하보도의 벽은 요란한 낙서로 채워져 있었고, 전등은 깨져서 깜빡깜빡 거리고 있었다. 마치 눈을 감았다 뜨는 것 같았다. 새로 생긴 낙서들은 빛에 반사되어 은빛을 냈다. 또다시 '사랑 한다'고 외치는 문구. 소리는 그 안, 좀 더 안쪽에서 들려오고 있었다. 나는 '관계자 외 출입 엄금'이라고 쓰인, 벽에 달린 문 앞에 섰다. 아무래도 전기실인 듯싶었다. 살그머니 귀를 문에 대어 보았다. 철 특유의 찬기가 볼 위로 올라왔다. 차가웠다. 소리는 그 안에서 흘러나오고 있었다.

'생각보다 소심한 사람인가?'

생각을 하며 얼굴을 떼었다. 손을 구부려 문을 똑똑, 두드려 보았다. 그러자 갑자기 연주가 뚝하고 멎어 버렸다. 밤에 머리를 감다가 갑작스럽게 단수가 되어 버린 듯 당황스러움이 밀려왔다.

'연주를 멈추어 버린 것은 나 때문인가?'

나는 고개를 휘휘 저었다. 몸을 벽에 기댔다. 기다릴 작정이었다. 연주가 재개되기를. 나는 묵묵히 입을 다물고 서 있었다. 동상이 되 버릴 것만 같았다. 트럼펫 소리가 다시 들려오기 시작한 것은 십 분 남짓 지나서였다.

빠아- 앙- 빵-

귀를 기울였다. 어떤 이야기를 하고 싶은 건지, 나는 듣고 싶었다. 어떤 사람일까, 서툰 연주에 자신의 진심을 넣어 연주할 수 있는 사람은. 적어도 나 같은 사람은 아닐 것이 확실했다. 아니, 나는 그렇게 확신했다.

나는 왜 아무 것도 하지 않았었는지?

나는 다시 용기를 내어 문을 똑똑, 두들겼다.

"저기, 계시죠?"

문에 대고 이야기하는 내 꼴이 바보 같아 보이기는 했지만 어쩔 수 없었다. 부딪히지 않으면 이 사람을 다시는 만나지 못할 지도 모른다는 불안감이 척박한 땅에서 기름 솟듯 퐁퐁 났다.

"저, 연주 잘 들었어요. 정말 인상 깊은 연주였는데… 나와 주시면… 안 될까요?"

안 된다고 하면 어쩌지, 초조한 기분이었다.

"부족한 연주지… 않았습니까?"

목소리가 나왔다. 비록 모습을 드러낸 것은 아니었지만 나는 뛸 듯이 기뻤다.

"누구나 완벽할 수는 없잖아요, 충분히 멋진 연주였어요."

솔직히 말하자면 그것은 실제로 최고의 기준점에는 훨씬 밑돌 연주였다. 나는 음악을 잘 모르기는 하지만, 그 사항은 알 수 있었다. 떨리는 음정, 부족한 폐활량에 끊어지는 연주 그리고 지나친 감정 이입. 내가 그 연주에 점수를 매기는 평론가였다면 험한 점수를 주었을 것임은 의심할 수 없었다. 그렇지만 나는 단지 그저 지나가다가 우연히 연주를 듣게 된 행인, 좀 더 나쁘게 표현한다면 그 소리를 지나가다 훔쳐 들은 도둑에 불과했다. 또한 그 연주에 잠시나마 공명을 했던 나로서는 그것에 어떤 쓴 말도 할 수 없었다.

"왜 혼자 숨어서 연주를 하세요?"

나는 조심스레 물었다. 안에서 트럼펫을 내려놓는 소리가 들렸다. 그와 더불어서 그 사람이 바닥에 털썩 앉는 소리도. 목소리는 말했다.

"장소가 마땅치 않아, 그렇습니다."

목소리는 한 차례 한숨을 쉬었다.

"장소요? 집은요?"

"반대를 하십니다, 부모님께서. 나올 수밖에 없었지요. 잘 연주하는 것도 아니라 누군가에게 보여줄 처지는 더욱이 못 돼서… 어쩌겠어요, 혼자 숨어서 연주하는 수밖엔…."

나는 아아, 했다. 이해가 갈 법한 이야기였다. 부모님이 트럼펫을 하는 것을 반대하셨지만, 그래도 이 사람은 그것을 놓고 싶지 않았다. 소중한 것을 놓아버릴 수 있는 사람은 몇 안 되니까. 연주에 감정이 실리는 것도 역시 당연했다. 인정받고 싶어서, 어서 잘 연주하게 되지 않으면 안 되니까. 감정이 흘러넘치게 될 밖에. 그건 생각보다 복잡 미묘한 감정이었다. 자신의 실력에 대한 회색빛, 인정을 받고 싶은 노란빛, 좋아하는 일은 한다는 데에서 오는 녹 빛, 여러 가지 색을 덕지덕지 바른 캔버스.

"부모님, 설득은 해보셨어요?"

"설마 해보지 않았겠습니까. 전부터 하고 싶었던 일이라고, 나의 꿈이었다고 마구 외쳤었지요. 결국, 모두 거부당하고 말았습니다만….'

꿈. 그 말에 왠지 가슴이 쿵쿵, 뛰어 왔다. 나는 또다시 아아, 했다. 이 사람은 나름대로 절박했다. 청년이 꿈을 잃는다면 그것은 나라의 죽음이라고 말했던 이는 누구였던가. 기억은 가물가물했다. 나는 생각하며 입을 열었다.

나는 왜 바꾸어 보려고 조차 하지 않았던지?

"아까 연주하셨던 곡, 제목이 뭔가요?"

그는 대답했다.

"Apres Un Reve. 포레의 바이올린 곡을 트럼펫 버전으로 편곡한 곡입니다."

Apres Un Reve. 이 곡은 나도 아는 곡이었다. 비이올린과 같은, 활로 켜는 현악기 특유의 낑낑 소리를 좋아하지 않아서 나는 바이올린 곡들은 별로 좋아하지 않았다. 그렇지만 포레의 곡들은 그 작곡자 특유의 신비로운, 그러나 슬픈 음색이 있어서 그의 음악은 즐겨 듣곤 하는 편이었다. Apres Un Reve는 '꿈꾸고 난 뒤'라는 뜻이었다. 꿈에서 깨고 난 뒤의 그 아득함. 눈물이 차오를 듯 그 아련함을 그려낸 곡이었다. 포레의 친구였던 뷔신이 쓴 시에 포레가 음을 붙인 것이라 했는데 나는 그 시구보다는 이 음악을 더 좋아했다. 처음 이 곡을 들었을 때, 나는 울어 버렸었다. 무언가가 끝난다는 것은 언제나 그리움과 그만큼의 슬픔을 동반한다. 내가 그 때 끝맺어 버렸던 것은, 나의 꿈과 그와 함께 어린 나의 유년 시절이었다. 분명히 그랬었다. 이 사람은 무엇을 끝내려고 하는 걸까. 나는 몸을 일으켰다. 들려오던 빗소리가 멎어 오고 있었다. 장마철의 비는 뒤죽박죽이다. 내린 지 얼마나 됐다고 그치려는 거지.

"잠깐 기다려 보세요."

계단을 조금 올라 하늘을 바라보았다. 파란 하늘. 비가 오면 세상은 맑아진다고 하더니 정말이었다. 아까의 반쯤 툴툴댔던 감정이 하늘처럼 맑아졌다. 그것은 온데간데 없이 사라지고 즐거움만이 남아 그 자리를 채웠다. 나는 살짝 웃었다.

"저기요, 비가 그쳤어요!"

망설이면 항상 때가 늦어버린다는 사실을 알고 있었다. 그리고 비구름이 곧장 떠나버렸듯이 지금은 움직여야 할 때였다. 나는 망설임 없이 문을 열어 젖혔다. 그 안에는 적잖게 놀란 듯한 어수룩한 청년이 바닥에 앉은 채로 나를 응시하고 있었다. 무언가를 적극적으로 해본 일은 드물었는데. 나도 따라서 어수룩하게 웃었다.

"비가 그쳤어요, 이제 나가봐요."

세찬 비에 유월의 마지막 장미는 무너졌다. 아직도 어슴프레 아른거리는 장미꽃 향기가 느껴질 듯 했다. 벽에 쓰여 있는 흔한 사랑 타령보다 아름다운 '사랑 한다'는 외침. 장미 꽃잎을 하나 주워 책 사이에 끼어놓은 일이 있었다. 이제 그것은 보기 좋게 말라서 아득한 바스락 소리를 낼 것이다. 모든 것에는 끝이 있다. 나는 그 사실을 알고 있었다. 단지 남는 것은 그 길 위의 흔적. 나에게 장미가 꽃잎을 남겼듯, 모든 일의 종결에는 흔적이 남는다. 나의 꿈은 흉터를 남기고 죽어갔다. 그런데도 그에 아직까지도 저릿저릿한 이 가슴은 무엇의 증거일까.

사실은, 그것을 언제까지고 끌어안고 있고 싶었는데…….

"네?"

그는 반문했다.

"세상이 온통 맑아졌어요. 나가봐요, 나가서 외쳐 봐요."

그는 망설였다. 일단 무작정 움직이긴 했지만 나도 또한 그를 바꾸어 버릴, 그의 손을 붙잡아 이끌어 낼 그런 큰 용기는 없었다. 무엇보다도 그의 생(生), 그 한자리를 변화시킬 자격이 내가 있는 걸까, 하는 의심이 들었다. 나도 망설였다. 먼저 그 흐름을 끊은 것은 소심한 줄로만 알았던 그의 쪽이었다. 그는 트럼펫을 정리하곤 일어섰다. 한층 더 맑아진 눈동자가 나를 바라보았다. 마치 방금 본 하늘같았다. 그의 눈동자 안에서 비가 그친 하늘이 맴돌고 있었다.

"하늘은 아름다웠습니까?"

무슨 말이 더 필요할까.

"더 할 나위 없이요."

이제 그 길을 걸어 나가도 괜찮은 걸까?

우리는 밖으로 나왔다. 여름의 풀잎은 비를 맞아 더욱 반짝이며 초록 빛깔 향기를 내고 있었다. 우산을 접은 사람들이 걷고 있었다. 어떤 사람은 바빠 보였고, 어떤 사람은 비가 멎은 여름의 오후를 즐기고 있었다. 제각기 서로의 이야기를 만들어 내고 있는 것 같아 다시 웃음이 나왔다. 내가 서있는 곳은 이런 세상이었다. 이곳을 힘껏 껴안고 싶었던 때가 있었다. 숨이 가쁠 정도로 이곳을 끌어안아 나아가고 싶었던 때가 있었다. 나는 그의 팔을 툭툭, 두드렸다.

"외쳐 봐요."

그는 조금 머쓱한 듯 웃었다.

"피지 못할 꽃은 아름답지 않아요. 그처럼 피지 못할 꿈이라면 어떤 연습도 소용이 없다는 것, 아시죠?"

그는 무언가를 다짐하는 듯 하며 답했다.

"압니다. 그리고 알아갈 겁니다."

어쩔 수 없다며 웃는 웃음에는 체념이라기보다는 진실을 인식한 현자의 그 향기로운 감정이 묻어있었다. 햇빛을 받아 트럼펫은 빛을 내고 있었다.

빵― 빠아아― 앙

그의 연주는 여전히 떨림이 가득했다. 그러나 원숙함이 그대로의 아름다움을 가지고 있듯 미숙함은 그와는 다른 또 다른 미숙한 그대로의 아름다움이 있었다. 그의 연주는 그 자체로 아름다웠다.

그의 Apres Un Reve는 나에게 어떤 기억을 가져다 주었다. 그것은 그립다면 그립고, 아프다면 아픈 유년 시절의 기억이었다. 내가 먼지 쌓이도록 잊고 방치해버렸던, 나의 흉터.

빠- 앙

정말로 닮고 싶었던 사람이 있었다. 나보다 먼저 삶을 더 세차게 살아나가 버렸던 사람. 그래서 놓아버릴 수밖에 없었던가.

"글을 써서 세상을 노래하는 일은 즐거운 일이란다."

아버지는 그렇게 이야기하시곤 했었다. 어렸던 나는 아버지께서 그려내시는 그 세상이 마냥 좋았었다. 그 이야기가 마냥 좋았었다. 아버지의 일에 대한 할아버지의 반대는 심하셨다. 할아버지께서는 돈이 되지 않는 글 나부랭이 따위는 삶을 구원할 수 없다고, 너는 대체 어디서 헤매고 있는 것이냐고 호통하셨다. 할머니는 늘 반쯤 통곡하시며 아버지의 넓은 등을 무던히도 때리시곤 하셨다. 나는 그것에도 꿋꿋이 서 있었던 그 날의 아버지의 등허리를 잊지 못한다. 그렇게 말을 듣고 나서도 나에게는 웃어주시던 그 다정하셨던 얼굴이 나는 좋았다. 이렇게 강한 사람이 나의 아버지라는 사실이 자랑스러웠다. 어떤 옷 하나 없이 겨울을 버텨내는 겨울나무처럼 아버지는 강한 사람이셨다. 그럼에도 할아버지의 호통과 할머니의 손은 때때로 아버지를 굉장히 찔러왔었나 보다.

"아빠는 무엇을 노래해요?"

아무 것도 몰랐던 나는 아버지를 동경했다. 글을 쓰시는 아버지는 어떤 새보다도 자유로워 보였었다. 나는 그 날개에 매달려서 잠시나마 내려다보았던 세상이, 끝없던 그곳이 아름다웠음을 역시 잊지 못한다. 그 아름다움에 취해서 나는 종종 멍하니 밖을 바라보며 앉아 있기도 했었다.

"세상을 노래하지. 진실을 비추려고, 노래하고 있는 거란다. 아빠, 멋있지?"

쑥스러움을 모르는 듯 웃으시던 그 얼굴. 나는 그 마음을, 그 눈길을 닮고 싶었다. 그때부터 이었던가. 나는 아버지를 닮은 글을 쓰는 작가가 되고 싶었다. 숨 가쁘게, 내가 서 있는 이곳을 끌어 당겨 안고, 아버지와 조금 다른 향기가 나는 나의 이야기를 하고 싶었다. 그 시절에는 그랬었다.

언제나 곧던 아버지께서 갑작스레 절필을 선언하시게 된 것은 어느 겨울의 일이었다. 날씨가 갑작스레 추워지자, 할아버지의 지병이 악화되었던 것이다. 아버지는 하얗게 질린 얼굴로 병원을 왔다 갔다 하셨다. 그 고통 가운데서도 할아버지는 아버지에게 모진 소리를 많이 하셨었나 보다. 할아버지의 병실을 다녀온 날 밤이면 아버지의 옷깃에서는 항상 지독한 냄새가 났다. 나는 그것이 고여 있던 무언가가 곪고 터져버려서 나는 냄새라고 생각했다. 아버지의 상처, 흉터. 아버지는 자신의 꿈만으로 차마 할아버지를 돌아서실 수는 없으셨던 듯싶다. 마침내 두 손을 들고 절필을 외치시는 아버지의 얼굴은 잘못 구운 도자기처럼 일그러져 있었다. 그 겨울 내내, 아버지는 나사가 풀린 의자처럼 삐걱 대셨고, 그 흔들거림에 나는 무언가를 잃은 듯 비틀댔다. 아버지가 잃은 것은 분명 소중한 것이었다. 내가 잃어버리게 될 것 역시도.

그러고 나서 아버지께서는 공무원 시험을 보시더니 평범한 사람이 되어버리셨다. 다달이 나오는 월급에 허덕이는 평범한 직장인. 아버지의 입가는 이제 굽힐 줄을 모르게 되어버렸다. 마치 그런 방법은 영영 잊었다는 듯이.

내가 당당하게 적어오던 나의 꿈을 놓아버리게 된 것은 그 일이 있은 후, 열네 살이 되던 해의 봄이었다.

"글을 쓰고 싶어요."

 나는 그렇게 말했다. 아버지가 할머니께 등을 맞던 것처럼, 어머니는 나의 등을 때리셨다. 아버지는 어느 샌가 습관이 되어버린 담배를 뻑뻑 피우셨다. 원망스러웠다. 아픔은 느껴지지 않았다. 아버지는 더 이상 무엇도 노래하지 않으셨다. 담배와, 잦은 야근 그리고 모든 꿈을 놓아버린 데에서 온 허망함은 아버지의 목을 서서히 졸라왔다. 그 해, 가을, 아버지는 결국 암으로 앓아 누우셨다. 아버지가 마침내 그렇게 처참하게 꺾여버린 순간, 나도 놓아버렸다. 꿈이든, 뭐든 글은 아버지가 보여주었듯, 절대로 구원이 될 수 없다는 것을 알았다. 그것을 계기로 나의 유년 시절은 끝이 났다. 나도 더 이상 무엇도 노래하지 않았다. 나의 꽃은 너무도 쉽게 꺾여 버렸다. 아버지처럼 약간의 저항을 시도함도 없이 그저 사라져 버렸다. 마치 밤 달과 같이. 내 글은 달처럼 그나마 아름답기라도 했을까. 이것은 나의 상처, 흉터.

 나도 이 사람처럼 나아가도 괜찮은 걸까?

 사람들이 제법 모여 그의 연주를 듣고 있었다. 가느다랗게 떨리는 눈썹이 그의 기분이 어떠한지 말해주고 있었다. 떨림, 그럼에도 누군가가 들어 주고 있다는 벅참. 나는 박수를 치기 시작했다. 이 사람은 놓아 버리지 않게 될 것이다. 소중한 것을 쉽게 접지 않을 것이고, 어쩌면 꽃을 찬란하게 피울 지도 모르겠다. 나는 그를 뒤로 하고 걷기 시작했다. 남겨진 일은 그의 몫이기 때문이었다. 나는 웬일인지 울고 싶었다. 솔직히 말하자면, 나는 이 감정이 울고 싶은 느낌인지 잘 알지 못했다. 무슨 말로 표현해야 될지 모르겠어서 그저 울고 싶다고 적을 뿐, 이 쿵쿵 거리는 감정은 어떤 감정의 발현일까. 돌아와 버린 기억은 그저 나를 둥둥 쳐 댈 뿐이었다.

 학원 수업이 끝나고 집에 돌아와 책상 앞에 앉았다. 책상 위는 어지럽혀져 있었다. 나는 책을 한 권씩 들어 책장에 꽂았다. 책을 꽂다가 문득 공책 한 권이 눈에 들어왔다. 이것을 아직도 버리지 않았던 걸까, 나는. 오후에 내린 비로 내 가슴 속 무언가도 흘러 넘쳐 버렸나 보다. 나는 상처를 어루만지는 듯, 다시는 볼 일이 없다고 생각했던 공책을 빼내어 한 페이지, 한 페이지를 넘겨보았다. 그곳에는 나의 흔적이 남아 있었다. 내가 썼던 나의 작은 이야기. 삐뚤빼뚤한 글씨에서 아득한 향기마저 나는 듯싶었다. 그 속에서 내가 슬픈 얼굴로 나를 바라보고 있었다. 아이는 물었다.

"아직도 포기해버리고 싶어? 아직도 나를 바라보고 싶지는 않은 거야?"

나는 그 물음에 대답 없이 가방에서 담임선생님이 나누어 주신 진로 조사표를 꺼냈다. 갈림길이 된다던 열아홉. 나는 나의 장(障)에 무엇을 기록해야 할까. 이 기록은 아이의 물음에 대한 대답도 될 터였다.

창문 사이로 희미한 소리가 새어 들어왔다. 트럼펫 소리였다. 희미한, 트럼펫 소리.

'누굴까?'

Apres Un Reve는 아니었다. 그 사람의 연주보다는 조금 더 능숙한 연주였다. 그럼에도 나에게는 그 연주가 그가 연주하는 것처럼 생각되었다.

빵– 빵– 빠앙–

아, 그 곡이었다. Cirque Du Soleil, 그러니까 태양의 서커스의 La Nouba 중에서 '달에게'라는 뜻을 가진 곡. 며칠 전에 라디오에서 들은 연주라서 이 곡에 대한 기억은 선명했다. 그러나 이 연주는 라디오에서 들었던 것과는 조금 달랐다. 무언가를 풀어내는 듯 힘찬 연주. 나아갈 길을 아는 이가 아니라면 불 수 없을 역동적인 몸짓이 뺨 위로 느껴졌다. 외국 곡에 한이라는 것이 존재할 리가 없는데도 이 움직임은 명백히 한풀이였다. 쌓였던 무언가가 끝나고 그 자리에서 새로운 것이 생겨나는, 그런 한풀이. 이 사람은 달에게 무엇을 이야기하려고 하는 걸까. 나의 글이 밤 달 같던 때가 있었다. 부디 사라지지 않도록 호소하던 때가. 새로운 이야기를 열려고 하는 이 연주가 나를 세차게 두드려왔다. 마치 내가 그 문을 활짝 열어 제치고 그를 내보냈던 것처럼. 내 자신도 내보내라고.

가자, 그 길로, 나를 만나자.

나는 아버지와 어머니의 소망대로 늘 '공무원'이라 써왔던 나의 진로 란을 지웠다. 너무도 일찍 져버린 나의 꽃을 다시 피울 수 있을까. 나는 늦었지만 쓰러져 버린 그 아이에게 부목이라도 되어 주어야겠다고 생각했다. 이걸로 대답은 충분히 될 것이다.

무엇이 되어야 할지는 잘 모르겠습니다. 다만, 글을 쓰고 싶습니다.

웃음이 나도 모르는 사이에 흘러나오고 있었다. 아버지의 말라버린 얼굴은 다시 나를 흔들지도 모르겠다. 무조건 곧은길이란 존재하기 어렵고, 이미 한 번 끊기었던 길이므로 다시 굽어버리고 끊겨버릴 지도 모르겠다. 그렇지만 나는 이렇게 말하고 싶었다.

"아버지, 나는 '나'를 만났어요."

아빠를 언제부터 아버지라고 불렀는지는 잘 기억나지 않는다. 호칭이 바뀐 것이 내가 아버지와 멀어졌음을 의미하지는 않을 것이다.

"아니오, 아버지와 같은 길을 걷진 않을 거예요."

아버지는 어떤 표정을 지으실까.

"다만, 저는 글을 쓰고 싶어요. 아마 꺾이게 될 지도 모르겠어요. 그래요, 그 겨울의 아버지 처럼요. 그렇지만, 저는 이제 알아요. '진정한' 나를 나는 이 길에서 만나게 될 거에요. 한 번 마주쳤던 그 아이는 저를 슬픈 얼굴로 바라보고 있었어요. 저는 너무도 쉽게 무너져 버렸거든요. 다시는 그 아이를 슬프게 하고 싶지 않아요. 그러니까, 지금은 그저 지켜봐주세요. 웃는 그 아이를 만날 때까지만 이라도, 지금은 그저 어깨를 두드려주세요. 무엇보다도 저의 이야기를 적을게요. 아버지가 노래하지 못했던 것들 모두를 노래할거에요. 그러니까, 부디, 지금은 지켜봐주세요…."

트럼펫 연주 소리가 달에 닿으려는 듯 밤하늘에 가득 울려 퍼졌다. 그것은 내가 들어본 연주 중 무엇보다도 아름다운 연주였다.

어떻게든 살아보려고.

그 옆에 서 있으면 이제 웃음이 나오지 않는데, 그저 아플 뿐인데, 나는 그 옆에서 나를 떼어 놓을 수 없었다. 떼어 놓는다는 것이, 곧 '사라진다'의 증거가 되어버릴 것 같아서. 나는 또다시 뒷걸음질 친다. 사라짐을 동경했다면서 마주하고 나서는 몸을 떨었다. 나는, 어쩌면 사라지고 싶지 않았는지도 모른다.

아프기만 한 그 자리에서 버티고 있는 일은 이제 그만 끊어버리라고 짝꿍이 말했다. 나는 그 얼굴을 바라보며 웃었다. 짝꿍은 그렇게 몇 친구들을 끊어내었다. 그러고 나서 그 아이는 행복했을까. 나는 무언가를 끊어 본 적이 없어서 잘 모르겠다고, 말했다. 아니, 사실 그 말은 거짓말이었다. 나는 이미 열두 살 때, 아버지를 한 번 끊어내는 연습을 했었다. 나는 아버지의 휘청거림에 아버지는 영영 돌아서버릴 줄만 알았다. 그럼에도 아버지는 돌아오셨다. 아프기만 한 이 집에, 그 분은 꿋꿋한 어깨로 돌아오셨다. 그러나 다시 나를 업어주시는 일은 없었다. 나는 그 때, 아버지의 목에 흉터로 남은 수술 자국을 보았다. 아버지는 어떻게든 살아보려고 하셨다. 그런 몸부림이었다.

어떤 노동자는 어떻게든 살아보려고 굴뚝 위에 서서 시위를 하고, 대학생들은 어떻게든 살아보려고 드디어 일어섰다.

나는 태어날 권리를 가지고 생을 가진 것이 아니므로, 죽을 권리 또한 가지고 나지 않았음을 알았다.

'자살'의 반대말은 '살자'라고 교문 앞에서 아이들이 피켓을 들고 서 있었다.

세상이 끝난다는 말은 결국 그 시대의 사람들이 어떻게든 살아보려고 꾸며낸 말이라는 사실을 어느 책에선가 배웠다.

  나는 나의 흉터를 마구 문질렀다. 이제 아프지는 않았다. 어느 정도 시간이 지났다. 새 살이 돋고 있었다. 어떻게든 버텨보려고 아우성치고 있었다. 나는 왠지 새벽까지 잠이 오지 않을 것 같았다. 아파도 눈을 감고 살아야함을 알았다. 달님은 그렇게 속삭였다. 지금은 눈을 감고, 걸어야만 할 때라고.

둥지

윤 다 혜
(서대전여자고등학교 3학년)

알 수 없는 이상한 새 울음소리에 잠을 깨어 흐릿한 새벽별을 보면서 학교로 향한다.
산 쪽 경사진 곳에 있는 우리 학교는 유난히 큰 나무와 갖가지 꽃들이 즐비하다.
언덕 산속에서 불어오는 바람과 오랜 교정을 지키고 서있는 아름드리 소나무, 전통과 명문 학교로 빛내주신 든든한 선생님들도 큰 몫이다.

일요일도 없이 공부를 하고 한밤중 12시가 되어서야 집에 도착한 고3, 피곤에 지쳐 쓰러져 자기 바빠서 언제한번 마당 감상할 여유도 없다.
화단에 장미꽃이 담장에 목을 빼도, 한쪽에는 부추, 고추, 미나리가 식탁에 오를 때까지 안마당에서 무슨 일이 있었는지 관심조차 없었다.
감나무에선 견디지 못하고 떨어진 애기감이 발밑에 밟혀 터지고, 여름엔 매미, 여치 배짱이가 제 집 인양 나무에 앉아 노래를 하고 가을엔 잘 익은 주황빛 감들이 온 식구를 분주하게 했다.
추위에 날아든 까치가 남겨둔 홍시를 먹으러 찾아와 차가운 겨울날을 훈훈하게 만들었다. 보도블럭 깨진 틈 사이 번식력 강한 민들레가 노랗게 웃는 집을, 자꾸만 메말라가는 정서가 아쉬운 현실이다.

　태풍 메아리가 북상한다는 일기예보는 하늘이 구멍이 난 것처럼 계속 비가 내려 우울한 수험생의 마음을 더욱 더 습하게 만든다.
　놀 토요일, 그날따라 유난히 새 울음소리가 귀에 들려 거실을 나왔더니 엄마가 숨소리도 내지 않고 가만히 마당을 보고 계셨다.
　억수같이 내린 비에 버티지 못하고 허물어진 새둥지, 떨어져 갓 부화한 새끼들이 떨면서 베란다 장독대 뚜껑에 앉아 엄마를 애타게 찾고 있었다.
　껍질이 남아있는 3마리였다.
　'불쌍해서 어떡해…' 한참을 뚫어지게 바라보고 있으려니 엄마가 쌀을 으께서 화분 앞에 가져다 주셨다 놀란 기색에 먹지도 않고 두 눈이 휘둥그레져서 계속 짹짹거렸다.
　울음소리를 듣고 온 걸까 어디서 엄마 새가 큰 지렁이를 물어다 입을 크게 벌린 새끼에게 넣어준 것이다. 빗속을 헤매며 쉴 새 없이 먹이를 날라 차례차례 거둬 먹였다. 엄마는 큰 삽으로 화단의 흙을 뒤집어 지렁이와 벌레들을 헤쳐 놓으셨다. 엄마새가 더 많은 먹이를 찾도록 배려를 함일까?

　밤길에 다 성장 못한 딸이 걱정되어서 잠도 편하게 주무시지도 못하고 기다려주는 엄마가 고마워서 눈시울이 뜨거워졌다.
　디카로 빗소리에 꾸벅 졸고 있는 새끼들을 담아두고 한나절이 되도록 진풍경을 구경했다. '날아야 사는 새처럼 어릴 적 어미의 보호가 없다면 푸르른 창공을 향해 어떻게 훨훨 날 수 있을까' 밤낮으로 보살피는 부모님이 고마울 뿐이다.
　힘들다 투덜대며 화를 내기도 한 지난 시간이 새삼 부끄럽게 느껴진다.

수능 시험이 얼마 남지 않은 시간, 학교는 선생님이, 어미 새는 새끼를, 부모님은 우리를 지키신다. 해가 뜨면 학교로 날 저물면 가족이 있는 집으로 돌아 갈 곳이 있다는 건 축복받은 일이다.

사람은 각자의 지켜야 할 둥지가 있는 것처럼 열심히 최선을 다해 공부를 해서 이 나라를 빛낼 수 있는 훌륭한 사람이 되어야겠다고 다짐해본다.

한바탕 굵은 빗줄기가 마음을 쓸고나가 머릿속이 온통 깨끗하다.

이젠 제법 엄마 흉내를 내며 담장으로 얕은 감나무 가지 위로 날아오르는 연습을 하는 새끼 새들이 무척 귀엽다.

짹짹 짹짹……

 **운문심사평**

새로운 장으로 떠오른 '청소년문학'

아동문학이 동시 동화 동극을 장르로 하고 있듯이 '청소년문학'이 새로운 문학 장르로 떠오른 것은 근자의 일이라고 할 것이다. 한국문인협회 기관지《월간문학》의 신인작품상 모집에 청소년문학이 민조시와 함께 신설되었고, 한국문인협회 회원 주소록을 보면, 청소년문학, 민조시 회원이 등장하고 있다. 이는 낭송문학이 새로운 문학 장르로서 바람을 일으키고 있는 현상과 함께 시대의 흐름을 읽게 하는 대목이다.

중·고등학교 학생들의 시와 산문에서, 뽑혀져 오는 작품들을 보면, 거의 기성문인들의 작품과 흡사해 보일 정도로 뛰어난 것이 없지 않다. 그러나 행간의 요소 등 학생들의 인식과 주제는 여전히 미숙의 티가 있게 된다.

이번 제9회 한국청소년문학상은 대상과 금상의 구분을 짓기가 쉽지 않았다. 「등대지기」 외 3편(서울문영여고 전혜인)과 「사내의 그림자에선 물가 냄새가 난다」 외 2편(광주동아여고 송민진)은 모두 좋은 수준을 유지한다. 소재의 신선도, 무리없는 운문 편제, 감성적 인식의 재기발랄에서 옥석을 구분하기가 어려웠다.

앞의 것이 삶의 진수에 더 많이 관심했다면, 뒤의 것은 이색적 소묘에 더 많은 의도를 보인 것이다. 이러한 견해가 「등대지기」를 대상으로, 「사내의 그림자에선 물가 냄새가 난다」를 금상으로 각각 선정하게 되었다.

은상에는 5명의 학생을 선정했다. 「목련의 말」(안양예고 황희정), 「사라진 아프리카」(안양예고 김현재), 「그림자」(서울 대진여고 주영주), 「그믐달」(경기도 고양 백마중 허환), 「가로등」(대전 버드내중 배동섭) 등이 그것이다. 3편은 고교생, 2편은 중학생의 작품이다.

「목련의 말」 외 2편 「사라진 아프리카」 외 2편, 「그림자」 외 2편 등 고교생의 작품들은 모두 시의 틀을 갖고 있는 수작들이다. 고교생들은 중학생들에 비하여 시가 비교적 긴 편이다. 그만큼 사색적인 흐름을 유지한다. 직관보다는 자칫 설명적으로 흐르기 쉬운 약점이 있을 것이다.

이에 비하여 「그믐달」 외 2편, 「가로등」 외 1편 등 중학생의 작품은 감각적이고 시의 길이도 자제한다. 청초하면서도 감동적 요소를 시의 율조로 한다.

일반적으로 시의 등급을 말한다. 범작 가품, 묘품, 명품, 신품이 그것인데, 청소년들의 입상 작품에는 '가품'이 주류를 이룬다고 할 것이다. 시인에 따라서는 많은 시를 썼어도 '명품(명시)' 한 편이 없을 수 있을 것이다. '신품'에는 중국의 이백 같은 시성을 들 수 있을 것이다.

이번 청소년문학상의 응모 작품은 비교적 전국적인 경향을 보였고, 작품도 거의가 수준에 값하는 것이었다. 앞으로 노벨문학상을 받을 뛰어난 인재들이 이런 배양토에서 성장되었으면 한다.

심사위원 조남익 시인, 대전문예대학 학장
엄기창 시인, (사)문학사랑협의회 의장

····산문심사평

1318세대에 맞는 꿈과 고민을 형상화해야

영상미디어에 익숙한 청소년들이 글쓰기, 활자미디어를 경원한다는 인식은 이번 청소년문학상 심사를 통하여 상당부분 불식되었다. 감각적이며 충동에 치우치고, 차분한 설득력보다는 자신의 감정을 여과없이 드러낼 것이라는 선입견은 수필, 소설, 희곡, 시나리오 분야 응모 작품 행간행간에서 수정될 수 있었다.

중, 고교생에 해당되는 1318세대들은 그들 나름의 꿈과 포부, 기쁨과 보람, 그리고 고민과 갈등을 감성적 문체와 젊은 호흡으로 형상화하였다. 기성세대가 잘 모르고 있는, 안다고 하더라도 피상적이고 고정관념으로 각인되어 비쳐지는 청소년세대의 내밀한 정서는 더러 놀랄 만한 표현과 서사를 타고 관심을 끌기에 충분했다.

아쉬운 것은 문장에 대한 염결성, 하나의 표현을 놓고 깊이 고심하며 다듬고 고치는 각고의 끈기가 부족한 점이었고, 10대가 잘 알지 못하는 어른세계를 지레 짐작으로 예단하여 접근하려는 시도였다. 모쪼록 10대 그들만의 교감과 소망, 성장통을 신선하고 개성있는 문장에 담아 드러내는 노력을 당부한다.

끝까지 대상을 놓고 경합한 「알사탕」과 「친애하는 나의 아저씨」 두 작품 가운데 심사위원들은 「알사탕」을 최종 선택했다. 분량과 호흡면에서 장편소설에 해당하는 「친애하는 나의 아저씨」가 갖고 있는 여러 미덕은 돋보였지만 「알사탕」은 문자 그대로 알사탕처럼 단단하고 치밀하면서도 달콤하게 기성세대를 향한 10대의 시선을 세밀하게 더러 거시적으로 그려내고 있다. 자칫 밋밋해 보이는 결말이지만 글쓴이는 서두르지 않고 할 이야기를 차분하게 풀어가는 재능을 보였다.

금상 수상작 「친애하는 나의 아저씨」는 고등학생답지 않은 묘사력과 특히 대화를 이끌어 가는 리듬에서 재능을 보였다. 은상, 동상 수상자를 포함하여 입상자 모두의 정진을 당부한다.

10대 습작시대에는 만루 홈런에 집착하지 말고, 착실한 기본기를 몸에 익혀 적절한 단타를 연속적으로 성공시키는 훈련이 필요함을 강조한다. 소형차 엔진을 대형차에 장착해서도 안 되고 반대로 큰 자동차에 필요한 엔진을 작은 차에 얹어도 효용이 없는 까닭이다.

심사위원 안일상 소설가, 한밭소설가협회 회장
이규식 문학평론가, 한남대 프랑스어문학과 교수

사라진 아프리카

제9회 한국청소년문학 수상작품집

| 펴낸날 | 2011년 8월 20일
| 엮은이 | 한국청소년문학상 운영위원회
| 편집 · 인쇄 | 도서출판 한밭예술
             T. 625-2981
| 발행 · 총판 | 오늘의문학사
      대전광역시 동구 삼성1동 125-6 한밭오피스텔 401호
      ℡(042)624-2980 Fax(042)628-2983
      e-mail | hs2980@hanmail.net
      등록 • 제55호(1993년 6월 23일)

  ISBN 978-89-5669-448-1

  값 10,000원

*이 책은 2011년도 대전광역시 '사회단체 보조금'에서 사업비 일부를 지원받았습니다.